·추·천·사·

우리 목회자에게 부여된 설교의 특권은 어떤 것과도 비교할 수 없는 영광이며 또한 어깨를 누르는 부담이기도 합니다. 어떤 이들은 진리보다도 설교를 멋지게 하려고 하기도 하고 본인의 성숙의 무게보다 더한 말들을 하려고도 합니다.

이런 때에 찰스 스윈돌 목사님의 신약 인사이트 시리즈가 나오게 된 것은 모든 목회자들을 위한 축복이라고 생각합니다. 그는 50년 가까이 사역을 하면서 단 한 번의 소란스러운 소문도 내지 않고 모든 교인에게 존경을 받은 목회자입니다. 탁월한 삶의 안목으로 진리를 발견하고, 가장 풍성한 언어로 본문의 강해를 전하는 목회자입니다. 그런가 하면 그는 가장 말씀을 잘 교육하는 달라스 신학교를 맡아 후학들을 교육하여 미국에서 가장 영향력 있는 신학교로 발전시켜나갔습니다.

이 책은 그의 50년 말씀 강해 사역의 결산입니다. 어렵고 난해한 설명이 아니라 진리에 대한 분명한 이해와 전 생애를 통해 입증한 진리의 말씀을 그만이 할 수 있는 언어의 연금술사적 표현으로 이 강해를 완성했습니다. 이 시리즈는 가볍고 빈약한 말씀으로 얼룩진 한국 교회의 강단에 풍성한 말씀의 은혜를 가져다줄 것입니다. 성경 본문을 다시 보게 만들고, 진리의 깊은 뜻에 목회자 자신이 먼저 은혜를 받게 하며, 전해야 할 메시지를 분명하게 정리해 주는 가이드가 될 것입니다. 한국 강단에 말씀이 흥왕되기를 간절히 바라며 젊은 목회자뿐만 아니라, 말씀 앞에 오늘도 씨름하며 간절히 사모하는 모든 설교자에게 진심으로 이 책을 권합니다.

홍정길 목사_남서울은혜교회 원로 목사

찰스 스윈돌은 우리 시대 하나님의 선물입니다. 그는 가장 신실한 강해 설교의 모본을 보이신 분입니다. 그는 학자는 아니지만 언제나 본문에 성실한 설교자입니다.

그는 주석/ 석의의 기본을 중시하면서 본문을 강해하는 분입니다. 그러면서 탁월한 적용으로 우리를 삶의 마당으로 안내합니다. 이번에 도서출판 디모데가 『찰스 스윈돌의 신약 인사이트』 시리즈를 펴낸 것에 대해 한국 교회와 더불어 축하하며 기뻐하고 싶습니다.

그만큼 한국 교회 강단이 풍성해질 것을 기대하기 때문입니다. 설교자들은 옷을 팔아서라도 이 시리즈를 비치하고, 모든 성경 연구자는 새로운 재산 목록으로 이 시리즈를 추가하십시오. 이 시리즈가 오늘의 허약한 강단을 부요하게 하고, 위기에 처한 한국 교회를 살리는 보약이 될 것을 예감합니다. 진지하게 말씀을 묵상하는 모든 이에게 이 책은 우리 시대의 동의보감이 될 것입니다. 찰스 스윈돌이 이미 끼친 영향력보다 더 오래, 그리고 더 깊게 이 시리즈는 말씀을 연구하는 모든 사람의 길잡이가 될 것입니다.

함께 귀한 보화를 나누는 기쁨으로 이 책을 추천합니다.

이동원 목사_지구촌교회 원로 목사

찰스 스윈돌 목사님은 저 개인의 판단으로는 현재 생존하고 있는 설교자 가운데 최고의 설교자라고 늘 생각해왔습니다. 제가 미국에 거주했던 오랜 시간 동안 기회가 있을 때마다 스윈돌 목사님의 설교를 들으면서 하나님의 말씀이 얼마나 귀하고 위대한 진리인지를 강하게 느끼곤 했습니다. 특히 설교를 전달하는 그분의 능력은 누구와도 비교가 되지 않습니다. 사실 이러한 판단은 저만의 느낌이 아니고 그분의 설교를 들어본 전 세계 수많은 기독교인들이 같은 판단을 하고 있다고 생각합니다. 스윈돌 목사님의 설교는 거의 강해식 설교인데 성경 말씀의 현실적 가치를 남김없이 드러내줍니다. 설교자들이 본받아야 할 모델임에 틀림없습니다. 달라스 신학대학원 총장을 은퇴한 스윈돌 목사님은 달라스에 교회를 개척하신 후 오늘까지도 설교를 하고 계십니다. 그 설교 시리즈를 〈인사이트 포 리빙〉(Insight for Living)이라 부릅니다. 이번에 디모데에서 출판한 『찰스 스윈돌의 신약 인사이트』 시리즈는 그분의 설교를 주석 형태로 정리하여 출판한 것으로서, 비록 활자화된 책이 그분의 현장 설교를 그대로 반영할 수는 없겠지만, 그래도 그분의 탁월한 말씀 선포를 최대한 반영한 것이라 할 수 있습니다. 한국의 모든 목회자와 신학생과 한국 교회에 이 시리즈가 소중한 자료로 사용되어지고, 독자들에게 큰 은혜를 끼치게 될 것을 기대해마지 않습니다.

김상복 목사_세계복음주의연맹(WEA) 회장, 할렐루야교회 원로 목사

포스트모던 시대에 살고 있는 현대 크리스천들과 목회자들과 선교사들에게 있어서 가장 큰 취약점은 날이 갈수록 성경 말씀이 그들로부터 멀게 느껴진다는 사실이다. 찰스 스윈돌 목사님의 설교와 성경 강해는 이런 추세를 돌이키고도 남음이 있음을 지난 47여 년 동안 그의 설교를 듣고 하나님의 말씀이 주는 감동을 다시 찾은 미국 교회 회중들에 의해 충분히 입증된 바 있다. 이『찰스 스윈돌의 신약 인사이트』시리즈도 현대 한국 크리스천들과 목회자들과 선교사들로 하여금 말씀에 대한 이해와 적용을 할 수 있도록 도움으로써 다시 한 번 성경의 원저자가 의도했던 감동을 주기에 충분할 것이다.

성경 말씀이 처음 선포되었을 때 이를 들은 회중에게 일어났던 임팩트가 재현되기 위해서는 최소한 다음 두 가지 여건이 재조성되지 않으면 안 된다. 첫째, 하나님이 원래 의도하셨던 대로 그 의미(meaning)가 정확하게 전달되어야 한다. 둘째, 듣는 이들의 마음속에 말씀이 들어가서 하나님이 그 말씀을 통해 의도하셨던 일이 선명하게 드러나야 한다. 이럴 때 비로소 우리는 전해진 말씀이 자신들과 연관성(relevance)이 있다는 사실을 피부로 느끼게 될 것이다. 이를 다시 한국 상황에 맞게 정리하면 성경에 대한 이해와 아울러 이 말씀을 듣는 회중, 즉 한국 사람들의 마음에 대한 이해가 깊지 않으면 안 된다는 말이다. 이에 한 가지 중요한 요소를 더 보탠다면 이 둘 사이에 다리를 놓는 것, 즉 커뮤니케이션이 잘 되어야 한다는 것이다.

이 시리즈는 이 세 가지 모두를 탁월하게 이해한 이 시대의 가장 저명한 강해자 가운데 한 사람이 그의 전 생애를 건 결실이기도 하다. 이를 사용하는 한국 크리스천들과 목회자들과 선교사들에게도 다시 한 번 하나님의 말씀이 가슴속 깊이 파고들어가 원저자이신 성령이 의도하신 대로의 메시지에 따라 삶이 변화되며, 급기야 그 가치관과 세계관이 성경적이 되어 더 이상 얄팍한 크리스천이라는 비난을 받지 않게 되기를 간절히 기원하며 이 시리즈를 모든 사람에게 추천한다.

이태웅 목사_한국글로벌리더십연구원 원장

찰스 스윈돌 목사님은 우리 시대 최고의 목회자요 설교자로서 이미 수많은 저서를 통해 우리에게 잘 알려진 존경받는 저술가이기도 하다. 『찰스 스윈돌의 신약 인사이트』 시리즈는 목회자에게 유익을 주는 또 하나의 저서이다. 이 책은 목회자들의 설교나 성경 공부 준비에 아주 요긴한 좋은 지식을 제공하고 있어 대단히 유익하다.

김경원 목사_서현교회

"나는 성경 말씀을 고찰하고 선포하는 일에 중독되었다고 서슴없이 말할 수 있습니다." 이것은 찰스 스윈돌 목사님이 서문에서 고백한 내용이다. 그는 설교자로서 하나님의 말씀을 정확하고, 명료하고, 현실적이고, 통찰력 있게 전달하고자 애썼으며 이 일에 자신의 전 생애를 헌신했다. 이 책은 지난 50여 년 동안 설교하고 가르치면서 하나님의 진리를 이해하고 설명하고 적용한 귀한 책이다.

김병삼 목사_만나교회

찰스 스윈돌 목사님은 본문 주해와 적용에 탁월한 강해 설교자이다. 그에게는 원어로 말씀을 분석하는 지력과 말씀을 삶에 실제적으로 적용하는 통찰력이 있다. 그에게는 하나님의 말씀인 로고스(Logos), 그 말씀을 자신 있게 전하는 설교자의 에토스(Ethos), 그리고 열정과 헌신으로 가득한 설교자의 파토스(Pathos)가 있기에 이 시리즈가 말씀을 사랑하는 평신도와 목회자에게 큰 유익이 되리라 확신한다.

노창수 목사_워싱턴 중앙장로교회

찰스 스윈돌은 모든 사역자에게 존경을 받는 분입니다. 그분의 분명한 성경 강해와 실천적인 적용의 원리는 모든 곳, 모든 사람에게 깊은 영향력을 끼치고 있습니다. 이번에 디모데에서 출간된 『찰스 스윈돌의 신약 인사이트』 시리즈는 설교를 준비하는 신학생으로부터 담임목사에 이르기까지 매 주일 말씀을 선포하는 사역자들의 목마름을 해갈시켜줄 좋은 도움서입니다. 모든 분들의 일독을 적극 추천합니다.

박은조 목사_샘물교회

지난 반세기를 말씀을 전하는 일에 헌신해온 찰스 스윈돌 목사님은 과연 이 시대 가장 탁월한 설교자답게 모든 설교자를 위하여 대단히 귀한 선물을 준비했다. 설교자 치고 자료의 중요성을 모르는 사람이 어디 있을까? 이번에 그가 펴낸 이 새로운 시리즈는 어렵고 난해한 주석들과 너무도 평범한 설교집들 사이에서 방황하던 설교자들에게 마침표를 찍어줄 것이다.

박정근 목사_부산영안침례교회

내가 처음 강해 설교를 배운 후 연습을 위해 참고한 것이 찰스 스윈돌의 성경 공부였다. 그가 말씀을 묵상한 내용은 깊이도 있지만 적용의 포인트가 아주 신선했다. 무엇보다도 의사소통에 천재적인 능력을 보여주었다. 그는 자신이 강조하는 것처럼 성경 신학자는 아니다. 그럼에도 불구하고, 아니 그렇기 때문에 그의 성경 해석은 모든 사람에게 쉽게 전달이 된다. 이 시리즈는 성경을 공부하는 사람들에게 부담을 주지 않으면서도 실제적으로 많은 도움을 줄 것이다.

방선기 목사_직장사역연구소 소장

신약의 성경들과 관련된 주석들을 많이 읽어보았지만 찰스 스윈돌 목사님의 시리즈만큼 인사이트풀한 책은 없었습니다. 방대한 자료를 제시하며 깊이 있게, 여러 가지 관점으로 볼 수 있도록 인도하는『찰스 스윈돌의 신약 인사이트』시리즈는 신기할 정도로 한결같이 친절하고 생생한 언어를 사용해 성경의 원저자들을 만난 것 같은 기분을 느끼게 합니다. 가르치는 사람이라면 꼭 읽고 공부하시기를 권합니다. 다만, 이 책을 펼치시기 전에 조심해야 할 일이 있습니다. 이 책을 읽는 사람이라면 누구나 이 시리즈의 전도사가 될 것이기 때문입니다.

서정인 목사_한국컴패션 대표

명료하면서도 풍성한 표현, 정확하면서도 깊은 이해, 어렵지 않으면서도 부족함이 없는 성경 해석서가 있기를 바라왔는데 주님은 그런 축복을 찰스 스윈돌 목사님을 통해 우리에게 주셨습니다. 훌륭한 목회자로, 탁월한 설교자로서 그의 47년 목회 사역의 귀중한 자료들을 망라한 이 책을 말씀에 대한 갈증을 느끼는 모든 목회자, 특별히 설교를 준비하는 모든 설교자에게 진심으로 권합니다.

이찬수 목사_분당우리교회

오늘날 교계의 가장 빼어난 지도자 가운데 한 분으로 나는 주저 없이 찰스 스윈돌 목사님을 꼽는다. 그는 탁월한 지도력을 갖춘 목회자이고, 건강한 신학적 안목을 지닌 성경 강해자이며, 선명한 복음을 선포하는 설교자이다. 그러나 내가 그를 존경하는 진짜 이유는 말과 행실이 일치하는 그의 성숙한 신앙 인격 때문이다. 평생 스캔들 한 번 없이 수많은 사람들에게 거룩한 영향력을 미친 그의 47년 사역의 결정체가 책자로 출간되었다니 말할 수 없이 기쁘고 감사하다. 전통적 주석과 달리 성경을 통합적으로 꿰어내는 통찰력이 그의 라디오 사역인 〈인사이트 포 리빙〉(Insight for Living)을 연상시킨다. 이 보석 같은 책자를 모든 성도와 신학도와 설교자에게 자신 있게 추천한다.

정민영 선교사_WBT 부총재

찰스 스윈돌 목사님은 우리에게 잘 알려져 있는 목사님이다. 그가 가진 성경 공부와 강해 설교에 대한 탁월한 은사는 우리로 하여금 성경을 전체적으로 그리고 세밀하게 바라볼 수 있도록 도와준다. 그리고 그가 저술한 여러 책들은 누구나 성경을 바로 이해할 수 있도록 도와줄 뿐만 아니라 말씀을 삶에 적용하고 실천하는 데 대단히 훌륭한 가이드가 된다. 이번에 디모데에서 출판한 『찰스 스윈돌의 신약 인사이트』 시리즈는 목회자들의 설교 사역에 대단히 큰 도움을 줄 것이라고 확신한다.

정주채 목사_향상교회

드디어 기다리던 작품이 나오게 되어 기쁘다. 찰스 스윈돌, 그는 실천적 성경 해석가요 본문을 살아나게 하는 설교자이다. 그는 '그때 거기서' 주어졌던 말씀을 '지금 여기에서도' 적용되도록 실용적 인사이트를 준다. 특히 그는 어느 본문에서도 예수 그리스도가 나타나도록 설교의 절정을 이루는 원리와 비법을 자연스럽게 제시해준다. 그래서 말씀을 듣는 사람들을 부활의 능력으로 소생시켜준다. 이것이 그가 만들어내는 인사이트 주석의 핵심이다.

조봉희 목사_지구촌교회(서울)

본문에 대한 세밀한 통찰력과 시대를 읽어내는 예리한 지성이 청중을 사로잡는 수사학과 버무려진 책이다. 본문을 통하여 하나님의 음성을 읽어내는 영성과 그 음성을 청중의 삶에 적용하기 위한 찰스 스윈들의 열정과 사랑이 집대성되었다. 이 책에는 천상의 소리를 지상의 소리로 만드는 비법이 고스란히 담겨 있다.

최명덕 목사_건국대학교 교수

『찰스 스윈돌의 신약 인사이트』 시리즈를 통해 찰스 스윈돌 목사님을 우리 개인의 서재로 초대하고, 그분과 함께 목회 동역자로 일할 수 있는 길이 가능해졌다. 성경에 대한 그분의 애정과 깊은 영성은 모든 목회자에게 엄선된 자료, 탁월한 분석과 요약, 놀라운 통찰력, 감동과 도전을 준다. 우리는 더 이상 성경 본문 속에서 방황할 필요가 없다. 왜냐하면 이제 성경의 핵심으로 바로 뛰어들어갈 수 있기 때문이다.

홍인종 목사_장로회신학대학원 교수

찰스 스윈돌의 신약 인사이트

히브리서

Swindoll's Living Insights NT Commentary #12: Hebrews

찰스 스윈돌
신약 인사이트 시리즈

윤종석 옮김

SWINDOLL'S NEW TESTAMENT INSIGHTS

HEBREWS

히브리서

디모데

차례

그리스도는 우리 믿음의 경주를 위해 우월하시다(11:1–13:25) … 185

■ **지도·도표·사진과 보충설명 목록**

머리말

60년이 넘도록 나는 성경을 애독해왔습니다. 성경을 향한 그 사랑에 내가 해병대 복무 중에 받은 복음 사역으로의 부르심이 더해져 나는 달라스 신학교에 입학하게 되었습니다. 그 4년 동안 나는 하나님의 말씀을 사랑하는 훌륭한 하나님의 사람들 밑에서 수학하는 특권을 누렸습니다. 그분들은 무오한 하나님의 말씀을 추앙하고, 신중하게 가르치며, 열정적으로 설교하고, 행동으로 실천하는 모범을 보여주었습니다. 나는 내 것이라고 선포된 위대한 유업에 대해 하나님께 감사하지 않고 보낸 주가 한 주도 없었습니다! 하나님의 진리를 이해하고 설명하고 적용하는 일에 이토록 헌신하도록 나를 키워준 그 훌륭한 신학자들과 멘토들에게 나는 영원한 빚을 지고 있습니다.

45년 이상을 나는 이 일에 정진해왔습니다. 그리고 얼마나 이 일을 사랑하는지 모릅니다! 고백하건대 나는 성경 말씀을 고찰하고 선포하는 일에 중독되었다고 서슴없이 말할 수 있습니다. 그렇기 때문에 이 시리즈-특히 하나님이 기록하신 말씀 속에 담겨진 진리를 설명하고 이해를 돕는-는 내 삶에서 매우 중요한 의미를 가집니다. 오랜 세월 힘을 다해 성경을 성실하게 연구하면서 발견한 소중한 서적들을 모아 널찍한 서재를 만들었습니다. 생의 마지막 날까지 내 인생의 가장 중요한 목표는 하나님의 말씀을 정확하고, 명료하며, 현실적이고, 통찰력 있게 전달하는 것입니다. 찾아볼 수 있는 많은 정보가 담겨진 신뢰할 만한 서적들이 없었다면 나의 작업은 몇 십 년 전에 '고갈'되어버렸을 것입니다.

내가 가장 많이 그리고 즐겨 사용한 책들은 성경의 본문을 더 잘 이해하는 데 유용한 책들입니다. 대부분의 주석가들이 그렇듯이 나는 끊임없이 나의 재능을 연마하고 더 날카롭게 해줄 문헌들을 찾고 있습니다. 다시 말해서, 복잡한 것을 단순하고 이해하기 쉽게 만들어주고, 내가 살고 있는 21세기 세상의 관점에서 신성한 진리와의 관련성을 볼 수 있게 해주는 통찰력 있는 해설과 눈으로 보는 듯한 생생한 서술을 제공하며, 그 진리들을 내가 쉽게 잊지 못하도록 마음속 깊이 새겨주는 자료들을 찾는다는 뜻입니다. 그런 책을 발견하면 나는 그것을 손에서 놓지 않고 탐독한 후에 나중에 다시 찾아보기 위해 내 서재에 보관합니다. 그리고 정말로, 나는 자주 그 책들을 찾아봅니다. 신선한 통찰이 부족하거나 적합한 이야기나 예화가 필요할 때, 또는 본문 해석이 잘 풀리지 않아 빠져나올 방법을 찾을 수 없을 때 찾아볼 수 있는 자료들이 있다는 게 얼마나 다행인지 모릅니다. 열정적인 주석가들에게 서재는 반드시 있어야 합니다. 나의 멘토 중 한 분이 이런 말을 한 적이 있습니다. "도대체 다른 어디에서 자네 손바닥에 만 명의 교수들을 올려놓을 수 있겠나?"

최근에 나는 내가 방금 설명한 것과 같은 충분한 자료들이 턱없이 부족하다는 사실을 알게 되었습니다. 그리고 문제를 한탄하기보다는 내가 그 해답의 일부가 되자는 생각을 품게 되었습니다. 그러나 그 해답은 큰 임무를 떠맡는 것이 될 터였습니다. 신약의 모든 책과 편지들을 망라하는 저술 작업은 너무나 벅차고 두렵게 느껴졌습니다. 그러나 내가 지난 50년이 넘도록 신약 성경의 대부분을 가르치고 설교했다는 사실을 깨달았을 때 안도감이 밀려왔습니다. 내 자료 파일들은 이 시대의 필요에 부응하는 새로운 의미가 보태어져 세상에 나가 주님의 신선한 말씀을 갈망하는 사람들의 삶에 적용되기를 기다리며 숨어 있던 메시지들에 대한 주석들로 가득했습니다. 이거면 됐다! 나는 그 모든 파일을 바탕으로 신약 주석을 집필하기로 계획을 세웠습니다.

직접 편집을 해준 마크 게이더(Mark Gaither)와 마이크 스비겔(Mike Svigel)의 지칠 줄 모르는 노고에 감사의 마음을 전합니다. 그들은 신약 성경 27권의 각 장과 구절들을 모두 섭렵하는 작업을 멋지게 해냈습니다. 그들은 원고를 성경 본문에 충실하고 흥미롭고 독창적이면서도 읽기 편한 문체로 다듬고 자연스럽게 내 목소리가 드러나게 해주었습니다. 그 과정을 지켜보는 것은 또 다른 즐거움이었습니다.

내가 50년이 넘도록 섬겨온 미국 여러 지역의 교인들에게도 깊은 감사를 드립니다. 매년 하나님의 메시지를 지키고 전달하는 소명을 수행하면서 그분들의 사랑, 지원, 인내 그리고 수많은 격려의 말을 들을 수 있었던 것은 행운이었습니다. 나는 목자로서 그 양 떼들을 이루 말할 수 없이 사랑했습니다. 또한 내가 지금 기쁨으로 섬기고 있는 텍사스 주 프리스코에 있는 스톤브라이어 교회(Stonebriar Community Church)의 양 떼들은 더더욱 그렇습니다.

마지막으로, 공부와 설교와 글쓰기에 중독된 나를 이해해준 아내 신시아(Cynthia)에게 감사합니다. 아내는 내가 이 일을 하는 것을 한 번도 반대한 적이 없습니다. 언제나 내가 최선을 다하도록 격려해주었습니다. 그녀의 애정 어린 지원과 더불어 35년이 넘도록 인사이트 포 리빙(Insight for Living)을 훌륭히 이끌어온 그녀의 헌신에 힘입어 "때를 얻든지 못 얻든지" 나의 소명에 충실할 수 있었습니다. 평생을 함께 사역하면서 형성된 동역자로서의 관계는 그렇다 치더라도, 나에 대한 그녀의 헌신이 없었다면 이 시리즈는 결코 시작되지 못했을 것입니다.

이 책에 당신의 손길이 닿을 수 있어서 그리고 궁극적으로 당신의 서가에 놓일 수 있게 되어서 정말 기쁩니다. 나의 끊임없는 기도와 바람은 이 책들이 당신이 성경을 공부하고 적용하는 데 유용하게 쓰이는 것입니다. 내가 오랜 세월에 걸쳐 깨달았듯이 당신 또한 하나님의 말씀은 시대를 초월하는 진리라는 사실을 깨닫는 데 이 책이 도움이 되기를 기도합니다.

"풀은 마르고 꽃은 시드나
우리 하나님의 말씀은 영원히 서리라"(사 40:8).

찰스 스윈돌(Charles Swindoll)
텍사스주 프리스코

스트롱 번호 체계

찰스 스윈돌의 신약 인사이트 주석은 스트롱의 단어 연구 번호 체계를 사용하여 초보자와 경험자를 막론하고 성경 학도들이 성구사전, 사전, 신학사전 등 유익한 원어 자료를 더 신속하고 간편하게 찾아볼 수 있도록 했다. *Strong's Exhaustive Concordance of the Bible*을 통해 보편화된 스트롱 번호 체계는 대다수 성경 헬라어 및 히브리어 참고문헌에 쓰이고 있다. 고대 히브리어, 아람어, 헬라어 철자에 익숙하지 않은 이들도 해당 번호만 찾아보면 각 단어에 대한 정보를 바로 얻을 수 있다. 애매한 활용과 어형 변화의 사전적 형태를 신속히 찾아볼 수 있어 성경 원어를 아는 이들에게도 도움이 된다. (로고스 역간 『개역개정 · 개역한글 비교 성구사전 스트롱 원어코드』를 참고하라–역주.)

본문에 헬라어 단어를 언급할 때마다 괄호 안에 스트롱 번호를 병기했다. 예컨대 '사랑'을 뜻하는 헬라어 단어 *agapē*(26)의 경우 스트롱 번호 체계와 연계된 모든 헬라어 자료에 같은 번호 26이 쓰인다.

간혹 본문에 히브리어 단어가 언급될 때도 있는데 스트롱 히브리어 번호는 헬라어 번호와는 완전히 별개로 앞에 H가 붙는다. 예컨대 '속죄소'를 뜻하는 히브리어 단어 *kapporet*(H3727)는 '속량하다, 선물로 호의를 얻다'는 뜻의 *kopher*(H3722)에서 파생했다.

히브리서 인사이트

본문 속으로 뛰어들면 금방 알겠지만 구약의 오래된 많은 샘은 하나님의 백성에게 참신한 메시지를 던져준다. 풍부한 역사와 생생한 은유와 달변의 문체가 어우러진 히브리서는 우리의 사고를 새롭게 하고 영혼을 정화해주는 말씀이다.

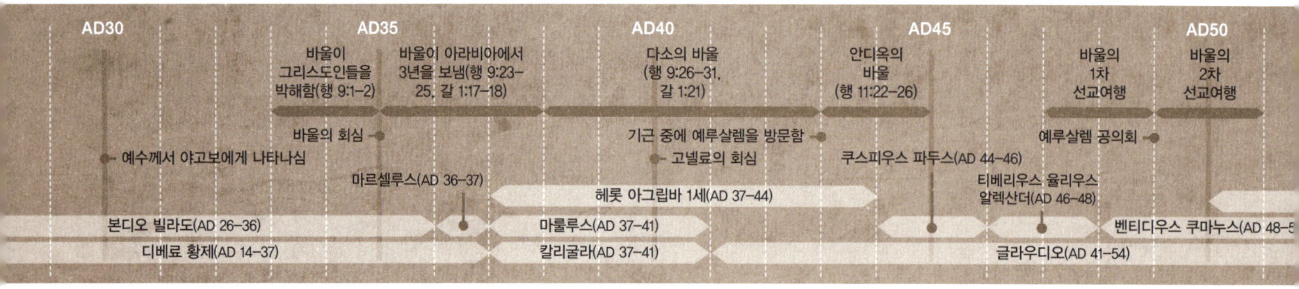

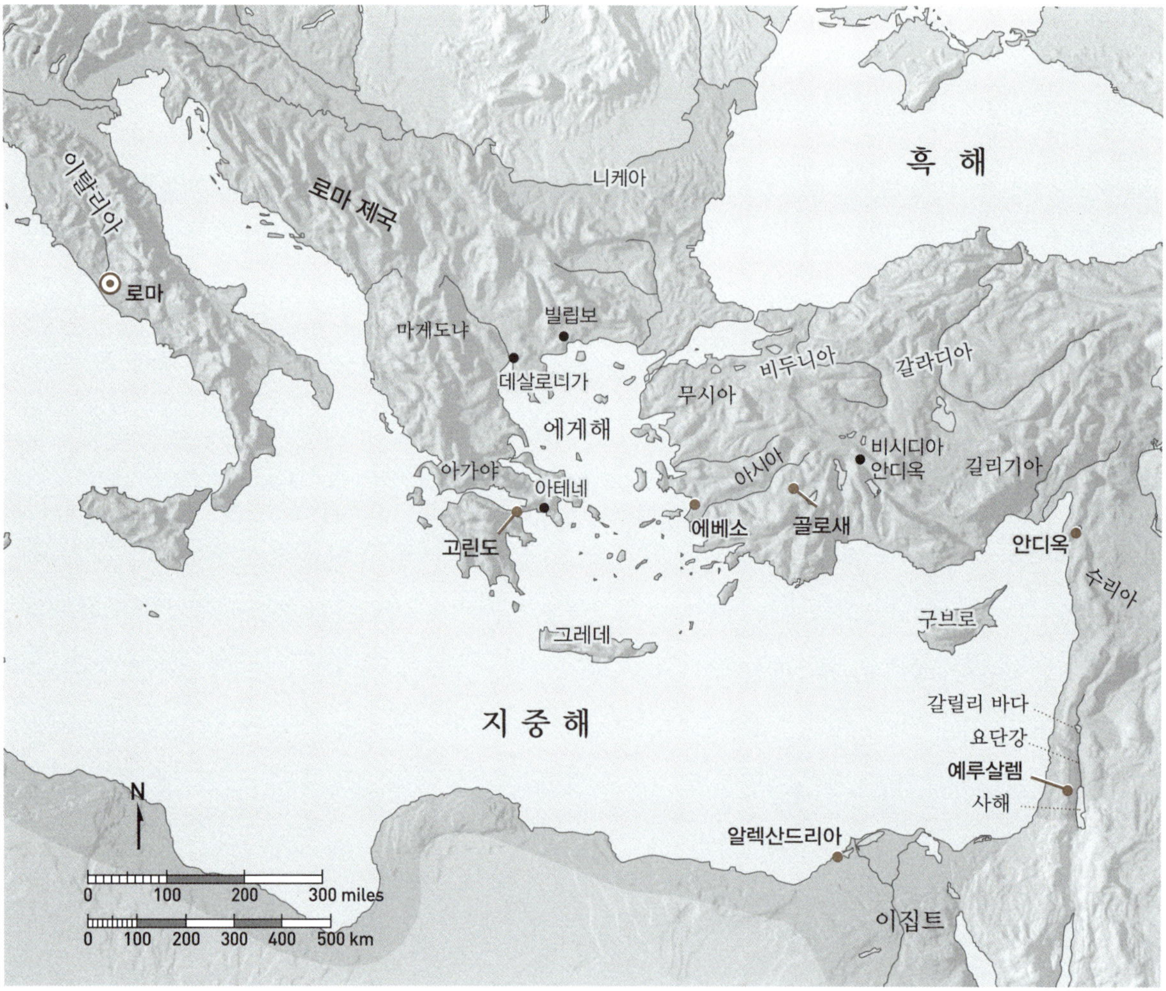

본래 히브리서를 읽고 들은 수신자들은 필시 로마에 살고 있었을 것이다. 무명의 저자가 이 편지를 쓴 장소는 다른 그리스도인들이 모여 있던 여러 곳일 수 있는데, 아마 지도에 굵게 표시된 도시 중 하나일 것이다.

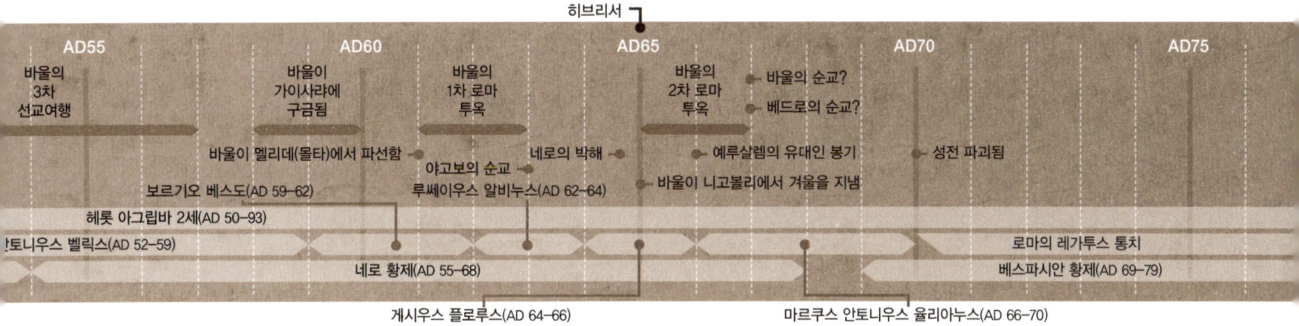

히브리서

서론

히브리서는 잠자리에서 편하게 읽는 책이 아니라 밀도와 깊이가 있어 복잡하면서도 설득력 있고 심오하면서도 실제적인 책이다. 내용을 이해하고 적용과 씨름하려면 영적인 의욕을 가지고 정신을 집중해야 한다. 그렇게 아낌없이 투자하면 그 수익으로 영원한 배당금을 돌려받는다.

총 13장으로 된 히브리서는 신약에서 가장 긴 서신서 중 하나로, 이보다 더 긴 것은 로마서와 고린도전서뿐이다. 그런데 비슷한 분량의 두 서신에 비해 그간 설교자들과 교사들에게 훨씬 주목받지 못했다. 이 책에 깊이 뛰어들기를 주저하는 사람들 때문에 우리까지 이 샘의 영적 통찰과 원기를 흠뻑 들이마시지 못해서는 안 된다. 본문 속으로 뛰어들면 금방 알겠지만, 구약의 오래된 많은 샘은 하나님의 백성에게 참신한 메시지를 던져

히브리서가 기록된 배경

언제 기록했는가? AD 65년경에 기록했다.

어디서 기록했는가? 기록한 곳은 알 수 없지만, 대상은 로마의 어느 교회일 것이다(참조. 히 13:24).

누가 기록했는가? 미상이지만 본래의 독자들에게 잘 알려진 영향력 있는 사역자다. 아마 디모데 및 바울과 밀접하게 연관된 사람일 것이다(참조. 13:23).

왜 기록했는가? 저자는 유대인 신자들을 격려하여 옛 언약의 습성으로 돌아가지 말고 메시아께 계속 충실하게 하고자 단순한 주제를 제시한다. 즉 그리스도가 인격과 사역에서 우월하시다는 것이다.

한눈에 보는 히브리서

<table>
<tr><th>단락</th><th>그리스도는 인격에서
우월하시다</th><th>그리스도는 우리의
대제사장으로서
우월하시다</th><th>그리스도는 우리 믿음의
경주를 위해 우월하시다</th></tr>
<tr><td rowspan="3">주제</td><td colspan="2">그리스도의 탁월하신 인격에 대한 교훈</td><td>실제적 신앙생활을
위한 권면</td></tr>
<tr><td>예수님은 이것들보다
나으시다:
선지자
천사
모세
여호수아
안식일
다른 제사장들</td><td>예수님은 이것들보다
크시다:
땅의 제사장직
옛 언약(모세 율법)
동물 제사
매일의 제사</td><td>예수님은 이것들의
근원이시다:
하나님을 신뢰하는 믿음
시련을 견디는 소망
다른 사람을 격려하는 사랑</td></tr>
<tr><td>경고
2:1-4
3:7-4:13</td><td>경고
5:11-6:20
10:19-39</td><td>경고
12:25-29</td></tr>
<tr><td>핵심
용어</td><td>훨씬 뛰어나다
영광
안식</td><td>둔하다
타락하다
언약</td><td>믿음
징계</td></tr>
<tr><td>본문</td><td>1:1-4:16</td><td>5:1-10:39</td><td>11:1-13:25</td></tr>
</table>

준다. 풍부한 역사와 생생한 은유와 달변의 문체가 어우러진 히브리서는 우리의 사고를 새롭게 하고 영혼을 정화해주는 말씀이다.

그러나 뛰어들기 전에 우선 책의 배경부터 알아야 한다. 히브리서는 누가 누구에게 썼고, 언제 썼으며, 왜 썼는가? 귀한 열세 장을 간략히 개괄하면 이 책이 성경 전체에 어떻게 들어맞고 오늘의 우리와는 어떤 관계인지 더 잘 이해할 수 있다.

히브리서의 저자와 수신자와 정황

신약의 대다수 서신에는 누가 주된 저자이고, 누가 집필을 돕거나 협력했으며, 누가 기록자 역할을 했는지가 분명히 나와 있다(아래 표를 참조하라). 세 편의 이른바 요한 서신에는 저자의 이름이 언급되지 않지만, 이 서신들은 초대 교회가 처음부터 증언한 대로 예수님의 사랑받는 제자이자 야고보의 형제인 사도 요한의 저작임이 분명하다.

신약 서신서의 저자와 협력자	
서신	저자, 공저자, 필사자
로마서	바울과 더디오(롬 1:1, 16:22)
고린도전서	바울과 소스데네(고전 1:1)
갈라디아서, 에베소서, 디모데전서, 디모데후서, 디도서	바울(갈 1:1, 엡 1:1, 딤전 1:1, 딤후 1:1, 딛 1:1)
고린도후서, 빌립보서, 골로새서, 빌레몬서	바울과 디모데(고후 1:1, 빌 1:1, 골 1:1, 몬 1:1)
데살로니가전서, 데살로니가후서	바울과 실루아노와 디모데(살전 1:1, 살후 1:1)
히브리서	미상
야고보서	야고보(약 1:1)
베드로전서	베드로와 실루아노(벧전 1:1, 5:12)
베드로후서	베드로(벧후 1:1)
요한일서, 요한이서, 요한삼서	무명의 “장로”(요이 1:1, 요삼 1:1)
유다서	유다(유 1:1)

유독 히브리서만은 작자 미상의 서신이라서 초대 교회도 누구의 저작인지에 대해 의문이 많았다. 그래서 3세기의 교부인 알렉산드리아의 오리겐(Origen)은 "이 서신을 누가 썼는지는 하나님만이 아신다"고 말했다.[1] 그래도 켄트 휴즈(Kent Hughes)는 "저자가 누구였든 대단한 문장가로서 어휘력이 뛰어나고 헬라어 구약에 대한 지식도 방대했다"고 썼다.[2] 신원을 확실히 알 수는 없지만, 히브리서 저자가 본래의 독자들과 직접 아는 사이였고, 바울의 제자인 디모데의 동역자였음은 분명하다(히 13:23). 그래서 확신컨대 이 글은 외부의 어떤 주변인이 예수님과 사도들의 가르침에 어긋나는 취지로 쓴 것이 아니다. 이는 그리스도를 높이며 신학적으로 건전한 서신의 내용으로도 확인된다.

히브리서의 저자로 볼 만한 상위 후보	
바울	히브리서에 나오는 개념들의 출처는 바울이지만, 본문은 바울과는 문체가 다른 누군가가 기록했다는 것이 초대 교회의 중론이었다. 바울이 본래 히브리어로 쓴 책을 다른 사람이—어쩌면 누가가—매우 격에 맞는 헬라어로 번역했다는 견해도 있다.[3]
누가	헬라어의 문체가 바울 서신보다는 누가복음이나 사도행전과 더 비슷해 보인다. 그래서 아마도 바울의 가르침에 기초하여 누가가 직접 썼다고 보는 이들도 있다.[4]
아볼로	마르틴 루터를 비롯한 많은 사람은 서신의 언변과 지성이 사도행전 18장 24절에 묘사된 아볼로와 어울린다고 본다.[5]
바나바	2세기 말과 3세기 초 카르타고의 테르툴리아누스는 바나바를 저자로 보았으나, 이 견해에 동조하는 사람은 거의 없다.[6]
실루아노 (실라)	실라는 바울의 가까운 동료이자 "선지자"(행 15:32)로서 데살로니가전서와 데살로니가후서의 공저자(또는 적어도 공동 권위자)로 거명되었고(살전 1:1, 살후 1:1) 어쩌면 베드로전서의 공저자일 수도 있다(벧전 5:12).[7]
로마의 클레멘트	히브리서를 광범위하게 인용한 최초의 인물은 로마의 클레멘트인데 그는 AD 90년대에 고린도 교회에 쓴 편지에 히브리서를 인용하면서 저자의 이름을 밝히지 않았다(클레멘트일서 36). 그래서 일각에서는 이 서신을 클레멘트가 오래전에 바울의 지도를 받고 직접 썼을 수도 있다고 결론지었다(참조. 빌 4:3).[8]

히브리서의 저자는 우리에게 신비로 남아 있지만, 본래의 수신자들이 대체로 누구이며 어떤 상황에 처해 있었는지는 분명하다. 서신의 대상은 모든 면에서 세상으로부터 소외당

한 유대인 그리스도인들이었다. 유대인은 주변 이방인에게 이미 "타국의 나그네"였을 것이다(참조. 출 2:22). 즉 편견의 대상이자 구경거리와 조롱거리였다. 그런데 유대인 신자는 예수님을 메시아로 믿었고, 약속된 하나님의 영을 받았으며, 유대인과 이방인의 한 몸인 교회에 속하기까지 했으니 박해가 더욱 심해졌을 것이다. 유대인으로서 이방인의 냉대로도 모자라 동족에게까지 배척당한 기독교 개종자는 집과 가족과 일자리는 물론 한때 동료였던 유대인의 지원까지 잃기 일쑤였다.

이 편지는 넓게는 히브리 혈통의 사람들을 위한 것이지만, 본래는 이탈리아에 모여 있던 특정한 유대인 신자 집단에 보내졌을 수 있다. 왜 이탈리아인가? 왜 예루살렘을 비롯해 유대의 다른 지역이 아닌가? 히브리서 13장 24절에 그럴 만한 단서가 나온다. 저자는 "이달리야에서 온 자들도 너희에게 문안하느니라"고 썼다. 한 주석가는 "이달리야에서 온 자들을 가장 자연스럽게 해석하면 집필 당시 이탈리아에 살고 있던 사람들이 아니라 타지에 거주하던 이탈리아 사람들이 된다"고 주해했다.[9] 실제로 헬라어 원문은 약간 모호하다. 집필 당시에 저자와 함께 이탈리아에 있던 사람들을 지칭하는 말로 보는 입장도 있는데, 그러면 로마는 편지의 수신지가 아니라 발신지가 된다.[10] 그러나 히브리서를 인용하거나 암시한 글들이 처음 등장한 곳이 1세기 말과 2세기 초의 로마였다는 사실을 생각하면[11] 편지의 수신자가 로마에 살던 유대인 그리스도인들이었다는 견해에 한결 힘이 실린다.

요컨대 필시 히브리서는 AD 65년경에 로마에 살고 있던 유대인 그리스도인들에게 쓴 편지일 것이다. 이탈리아 그리스도인들과의 친분이 두터웠던 유대인 신자들에게 로마에서 썼을 가능성도 있지만 말이다. 어느 경우든 박해가 극심했던 로마의 상황과 제국 전역으로 박해가 확산될지 모른다는 우려가 모든 그리스도인을 두려움에 몰아넣었을 것이다. AD 65년과 68년 사이에 네로 황제의 광기와 로마 그리스도인들을 향한 박해는 최악에 달했다. 한 저자는 이렇게 썼다.

> AD 64년 로마에 대화재가 발생하여 도시가 크게 파괴되었다. 네로가 자신의 황금 저택을 신축할 터를 마련하려고 방화했다는 소문이 돌았다. 그 저택은 그가 에스퀼린 언덕에 지은 화려한 궁전이다…네로는 비난에서 벗어나려고 이 재난을 그리스도인들 탓으로 떠넘겼다. 이교도에 거리를 두던 그리스도인들의 태도와 종말에 세상이

> 불로 멸망하리라던 그들의 말이 비난의 꼬투리가 되었다. 그중 다수가 재판에 회부되어 고문으로 죽었고, 전승에 따르면 베드로와 바울도 이 박해 중에 목숨을 잃었다. 국가에서 가한 첫 박해였다.[12]

이 시기는 예수님을 믿는 유대인 신자들에게 특히 고통의 때였을 것이다. 기독교로 개종한 그들은 유대인 비신자 사회에서 이미 조롱거리였다. 대다수 유대인이 기독교를 이단으로 여겼기 때문이다. 그런데 이제 메시아를 믿고 교회에 속했다는 이유로 실제로 목숨을 잃는 경우가 생기기 시작했다. 이처럼 박해가 혹독하다 보니 유대인 신자 중 다수는 방해가 가장 적은 길을 따르려는 유혹을 느꼈을 것이다. 즉 회당으로 돌아가면 교회에 닥쳐오는 불 시험을 면하고, 로마법으로 법적 지위가 보장되던 유대교의 울타리 안에서 보호받을 수 있었다. 조상의 오랜 신앙과 모세와 선지자들의 친숙한 글로 돌아가 마음 편하게 율법의 뻔한 명령에 따르기만 하면 되었다.

그런데 이때 히브리서가 회람되기 시작했다. 그들의 믿음을 강건하게 하고 확신을 굳혀주어 박해의 풍랑 속에서 인내할 힘을 주려는 글이었다. 그들을 격려하여 옛 언약의 낡고 폐기된 삶으로 되돌아가지 말고, 길이요 진리요 생명이신 메시아께 계속 충실하게 하고자 히브리서 저자는 단순한 주제를 제시한다. 즉 그리스도가 인격과 사역에서 우월하시다는 것이다.

히브리서에 나타난 그리스도의 우월성

그리스도가 인격과 사역에서 우월하시다는 주제는 히브리서의 모든 장에 울려 퍼진다. 서신의 모든 주제가 그 되풀이되는 선율과 완벽한 화음을 이루어 공명한다. 그리스도의 우월성이라는 성가곡을 전개해나가고자 저자는 독자를 크게 세 악장으로 안내한다.

1. 그리스도는 인격에서 우월하시다(1:1–4:16).
2. 그리스도는 우리의 대제사장으로서 우월하시다(5:1–10:39).
3. 그리스도는 우리 믿음의 경주를 위해 우월하시다(11:1–13:25).

그리스도는 인격에서 우월하시다. 저자는 첫 단락(1:1-4:16)에 하나님이 예수 그리스도를 통해 자신의 말씀을 가장 충만하게 나타내셨다고 역설하면서 예수님의 온전한 신성을 강조한다(1:1-3). 그래서 그분은 천사보다 크시고(1-2장), 모세와 여호수아보다 크시며(3-4장), 율법과 제사장직보다 크시다(4장). 천지간의 그 무엇도 이 아들의 우월성을 능가하지 못한다. 저자는 온전한 인간이면서 온전한 신이신 구주의 절대적 영광을 예시함으로써 유대인 신자들을 격려하여 참 메시아이자 왕이신 예수님께 다시금 충성을 다짐하게 하려 했다.

그리스도는 우리의 대제사장으로서 우월하시다. 그리스도가 구약의 율법과 제사장직보다 탁월하시다는 개념(4장)을 확장하여 이제 저자는 많은 예를 들어가면서 그분이 땅의 제사장직보다 크시고(5-7장), 옛 언약보다 크시며(8-9장), 모세의 모든 제사 제도보다 크심을 보여준다(10장). 이런 비교를 통해 유대인 신자들은 유대교로 돌아가는 것이 하나님이 진행 중이신 구속의 계획에 역행하는 퇴보임을 분명히 깨달았을 것이다.

그리스도는 우리 믿음의 경주를 위해 우월하시다. 끝으로 11-13장에 역설되듯이 믿음으로 예수님을 따르는 삶은 유대교의 율법대로 사는 케케묵은 생활방식을 훨씬 능가한다. 그리스도는 삶의 도전 앞에서 우리의 길잡이시다. 그리고 의의 행보란 곧 믿음의 행보다(11장). 믿음의 삶에 소망이 따라와 시련을 견뎌낼 힘을 주고(12장), 또 믿음과 소망에 따라오는 사랑으로 신자는 다른 사람들이 인내하도록 격려할 수 있다(13장). 실천이 강조되는 이 마지막 석 장은 흔들리는 유대인 신자들에게 혹독한 시련과 유혹 속에서도 믿음과 소망과 사랑으로 인내하도록 강권했을 것이다.

히브리서는 우리를 위한 책이다

오늘날 히브리서를 읽는 사람은 대부분 유대인 신자가 아니다. 설령 히브리 혈통이라 해도 1세기 로마의 공포와 네로의 광기 아래 살고 있는 사람은 없다. 그러나 점점 더 반기독교로 치닫는 문화의 고조되는 열기는 유대인과 이방인 할 것 없이 우리 모두에게 감지된다. 어두운 세상의 가치관과 우선순위에 동조하게 하려는 압박도 느껴진다. 1세기에 메시아를 따르던 유대인들도 그분의 길과 진리와 생명을 버리고 더 편한 길로 가려는 유혹을 느꼈다. 그들처럼 우리도 그리스도의 충족성과 만물 위에 뛰어나신 절대적 우월성을 깨달아야 한다. 자신의 피로 우리를 사신 주님께 충성을 서약하며 굳게 서야 한다.

지금 당신이 겪고 있는 시련이나 혼란이 무엇이든 간에 그리스도가 우월하시다. 우리에게 다가오는 시련으로는 우선 외부의 압력이 있다. 비신자 친척이 당신이 믿는 '구닥다리' 종교를 조롱할 수 있다. 군림형 상사가 당신의 신앙 때문에 승진에 퇴짜를 놓을 수 있다. 배우자가 당신과 그리스도의 인격적 관계를 질투할 수 있다. 가정에 불화가 있거나 건강의 예후가 어둡거나 교회에 분란이 났더라도 그리스도가 우월하시다. 내면의 압박감도 우리를 힘들게 한다. 수십 년째 품고 살아온 정서적 짐이 있을 수 있다. 외롭거나 슬프거나 실망했을 수 있다. 앞날이 걱정되고 과거가 후회스러우며 스트레스가 많은 하루하루를 살고 있을 수 있다. 당신이 밤잠을 못 이루고 자꾸 곱씹고 집착하는 문제가 무엇이든 간에 그리스도가 우월하시다는 사실을 알기에 당신은 평안을 누릴 수 있다.

어쩌면 당신은 포기하고 그만두려는 중인지도 모른다. 삶에 치여 쓰러지다 못해 아예 뻗어버리고 싶을지도 모른다. 그렇다면 히브리서는 당신을 위한 책이다. 우리가 부딪히는 가장 큰 도전과 가장 비참한 절망보다 우월하신 분은 오직 그리스도뿐이다. 그분은 당신을 속속들이 아시고 자상히 돌보신다. 무엇보다 중요하게 당신을 온전히 구원하실 우월한 능력과 지혜와 사랑이 그분께 있다.

왜 그럴까? 그분의 인격과 사역이 그 무엇보다도 우월하시기 때문이다.

주

1. 다음 책에 인용된 말이다. Eusebius, Ecclesiastical History 6.25. 출전: Eusebius, *The History of the Church from Christ to Constantine*, G. A. Williamson 번역, Andrew Louth 개정 편집, Penguin Classics(New York: Penguin Books, 1989), 202.(『유세비우스의 교회사』 은성 역간)
2. R. Kent Hughes, Hebrews: *An Anchor for the Soul*, Preaching the Word(Wheaton, IL: Crossway, 2015), 16.
3. 2세기 말 알렉산드리아의 클레멘트의 견해였다. 다음 책을 참조하라. David L. Allen, *Hebrews*, The New American Commentary: An Exegetical and Theological Exposition of Holy Scripture, 제35권, E. Ray Clendenen, Kenneth A. Mathews & David S. Dockery 편집(Nashville: Broadman & Holman, 2010), 30.
4. Donald Guthrie, *New Testament Introduction*, 제4판(Downers Grove, IL: InterVarsity, 1990), 20-21.(『신약 서론』 CH북스 역간)
5. Raymond Brown, *The Message of Hebrews*, The Bible Speaks Today, John R. W. Stott 편집(Downers Grove, IL: InterVarsity, 1982), 15-16.(『히브리서 강해』 IVP 역간)
6. Allen, *Hebrews*, 33.
7. Guthrie, *New Testament Introduction*, 678.
8. 그러나 도널드 거스리는 클레멘트가 히브리서를 인용했다는 사실을 클레멘트가 그 책의 저자일 수 없는 한 이유로 보았다. 다음 책을 참조하라. Donald Guthrie, *Hebrews: An Introduction and Commentary*, Tyndale New Testament Commentaries, 제15권, Leon Morris 편집(Downers Grove, IL: InterVarsity, 1983), 23.(『히브리서: 틴데일 신약주석 시리즈 15』 기독교문서선교회 역간)
9. Brown, *The Message of Hebrews*, 271.
10. 이 표현이 지칭하는 그리스도인들이 이탈리아에 있었는지 아니면 이탈리아 출신인지에 대한 찬반양론에 대해서는 다음 책을 참조하라. Allen, *Hebrews*, 631-632.
11. 다음 책을 참조하라. 1 Clement 36. 아울러 히브리서 6장을 암시했을 수 있는 다음 책도 참조하라. *Shepherd of Hermas*, Mandate 4.3.1.
12. Merrill C. Tenney, *New Testament Survey*, Walter M. Dunnett 개정 편집(Grand Rapids: Eerdmans, 1985), 8-9.(『신약 개설』 기독교문서선교회 역간)

그리스도는 인격에서 우월하시다

히브리서 1:1–4:16

히브리서의 중심 주제는 단순하면서도 위력적이다. 즉 그리스도가 인격과 사역에서 우월하시다는 것이다. 저자는 책 전체에서 이 주제를 생생하게 자세히 전개하는데 이번 첫 단락(1:1-4:16)에는 그리스도가 인격에서 우월하시다는 사실을 예증한다. 하나님이자 인간이신 예수 그리스도는 구약의 모든 선지자보다 크시다. 그분의 예언이 완전하실 뿐 아니라 인격도 완전하시다(1:1-3). 그분은 또 천사보다 크시고(1-2장), 모세와 여호수아보다 크시며(3-4장), 율법과 제사장직보다 크시다(4장).

그리스도의 우월한 인격이 우리에게 어떻게 적용되는지는 자명하다. 완전함의 정점에 그리스도가 계시므로 만일 그분을 떠난다면 가장 크신 존재를 더 작은 것들과 맞바꾸는 것이 된다. 예수 그리스도가 만유보다 나으시기에 우리는 그분이나 복음에서 흘러 떠내려가지 않도록 조심해야 한다. 저자가 이 단락의 절정부에 역설했듯이 “우리에게 큰 대제사장이 계시니 승천하신 이 곧 하나님의 아들 예수시라 우리가 믿는 도리를 굳게 잡을지어다… 우리는 긍휼하심을 받고 때를 따라 돕는 은혜를 얻기 위하여 은혜의 보좌 앞에 담대히 나아갈 것이니라”(히 4:14, 16).

핵심 용어

κρείττων [*kreittōn*, 크레잇톤]*(2909)* ‘훨씬 뛰어나다’, ‘더 크다’

이 단락에 한 번밖에 나오지 않지만(1:4), 이 단락만 아니라 히브리서 전체의 총 주제를 알리는 단어다. ‘지위가 높다’, ‘더 탁월하다’, ‘신분이 더 높다’, ‘더 좋다’, ‘더 낫다’는 뜻이다.[1] 히브리서 저자의 주안점이 이 단어로 표현된다. 즉, 그리스도가 인격과 사역에서 천사, 모세, 아론의 제사장직, 구약의 제사 등 만인과 만물보다 우월하시다는 것이다.

δόξα [*doxa*, 독사]*(1391)* ‘영광’, ‘존귀’

구약의 헬라어 역본에서 하나님의 영광은 대개 그분의 거룩하시고 의로우시며 초월적인 속성의 물리적 현현이다(출 16:7, 사 6:1). 히브리서에도 영광이 하나님 임재의 현현이라는 사상이 배경으로 깔려 있으나, 그것이 전개되는 방향은 여러 가지다. 우선 예수님은 하나님의 영광의 “광채”시다(히 1:3). 그리스도와의 관계를 통해 구원받은 인간도 “영광”의 관을 쓴다(2:7, 9-10). 사역 면에서도 그리스도는 모세보다 더욱 영광을 받으실 만하다(3:3). 그래서 그분은 영광의 정수이자 화신이시다. 즉 “하나님의 형상과 영광”이시다(고전 11:7, 히 1:3).

κατάπαυσις [*katapausis*, 카타파우시스](*2663*) '안식', '노동의 중지', '안식처'

이 헬라어 단어에는 '일이나 활동이 중지된 상태'라는 뜻도 있고 '안식처'라는 뜻도 있다.[2] 히브리서 3–4장의 특정 용례에서 "안식"의 의미가 구체적으로 천국의 안식이라는 견해도 있고(영화),[3] 회심할 때 믿음으로 구원받은 상태라는 견해도 있으며(칭의),[4] 신뢰와 순종을 통해 현재 신자들에게 주어지는 경험이라는 견해도 있다(성화).[5] 이 모든 안식 개념이 구원에 관한 성경의 가르침에 기초한 것이지만, 히브리서 저자가 강조하는 안식은 신자들에게 주어지는 현재의 실재다. "모든 지각에 뛰어난…평강"(빌 4:7), "여러 가지 시험"을 "기쁘게 여"김(약 1:2), "환난" 중에도 인내하게 해주는 "소망"(롬 12:12) 등과 비슷하다.

경배받기에 합당하신 마지막 "말씀"(히브리서 1:1–14)

1옛적에 선지자들을 통하여 여러 부분과 여러 모양으로 우리 조상들에게 말씀하신 하나님이 2이 모든
날 마지막에는 아들을 통하여 우리에게 말씀하셨으니 이 아들을 만유의 상속자로 세우시고 또 그로 말
미암아 모든 세계를 지으셨느니라 3이는 하나님의 영광의 광채시요 그 본체의 형상이시라 그의 능력의
말씀으로 만물을 붙드시며 죄를 정결하게 하는 일을 하시고 높은 곳에 계신 지극히 크신 이의 우편에
앉으셨느니라 4그가 천사보다 훨씬 뛰어남은 그들보다 더욱 아름다운 이름을 기업으로 얻으심이니

5하나님께서 어느 때에 천사 중 누구에게
너는 내 아들이라 오늘 내가 너를 낳았다 하셨으며 또 다시
나는 그에게 아버지가 되고 그는 내게 아들이 되리라
하셨느냐
6또 그가 맏아들을 이끌어 세상에 다시 들어오게 하실 때에
하나님의 모든 천사들은 그에게 경배할지어다
말씀하시며
7또 천사들에 관하여는
그는 그의 천사들을 바람으로, 그의 사역자들을 불꽃으로 삼으시느니라
하셨으되
8아들에 관하여는
하나님이여 주의 보좌는 영영하며 주의 나라의 규는 공평한 규이니이다
9주께서 의를 사랑하시고 불법을 미워하셨으니 그러므로 하나님 곧 주의 하나님이
즐거움의 기름을 주께 부어 주를 동류들보다 뛰어나게 하셨도다
하였고

10또
주여 태초에 주께서 땅의 기초를 두셨으며
하늘도 주의 손으로 지으신 바라
11그것들은 멸망할 것이나 오직 주는 영존할 것이요
그것들은 다 옷과 같이 낡아지리니
12의복처럼 갈아입을 것이요 그것들은 옷과 같이 변할 것이나
주는 여전하여 연대가 다함이 없으리라
하였으나
13어느 때에 천사 중 누구에게
내가 네 원수로 네 발등상이 되게 하기까지 너는 내 우편에 앉아 있으라
하셨느냐
14모든 천사들은 섬기는 영으로서 구원 받을 상속자들을 위하여 섬기라고 보내심이 아니냐

E. F. 허튼(E. F. Hutton)이 말하면 무슨 일이 벌어질까? 1970년대에 텔레비전을 본 50세 이상의 사람은 알겠지만, "E. F. 허튼이 말하면 사람들이 듣는다." 한때 유명했던 이 금융자문회사의 광고 카피는 그 회사가 말을 멈춘 지 오래도록 수십 년간 내 뇌리에 박혀 있다!

그 광고를 볼 때마다 내 마음속에 떠오르던 또 다른 유명 집단이 있다. E. F. 허튼이 등장하기 수천 년 전에 빛을 발했던 그들은 제품이나 서비스를 파는 금융업자가 아니라 성령의 능력을 입은 선지자들이다. 하나님의 선지자가 말하면 하나님의 백성이 들었다. 그들의 말은 하나님 자신의 숨결과도 같았기에 영향력이 있었다. 그들의 말은 곧 하나님의 말씀이었다. 그러나 모든 선지자의 말에 순종하는 것이 합당했어도 그중 경배받기에 합당한 선지자는 하나도 없었다.

구약의 히브리 민족은 계시의 주요 통로였던 선지자와 천사를 매우 중시했다. 그래서 히브리서 저자는 천상과 지상의 이 유명인사들을 하나님의 마지막 말씀이자 메신저이신 예수 그리스도와 비교한다. 이 거룩한 인간들과 거룩한 천사들이 아무리 위력적이고 중요했어도 하나님의 아들보다는 열등했다. 하나님의 마지막 말씀이신 그분만이 이전에 하나님의 메신저와 사역자였던 다른 인간이나 천사보다 인격에서 우월하시다. 왜 그럴까? 예수님은 성육신하신 말씀이시기 때문이다. 온전한 인간이시면서 온전한 신이신 그분은 만물보다 우월한 자리를 점하신다.

—1:1—

1세기에 사도 베드로는 구약 선지자들의 사역을 가리켜 "예언은 언제든지 사람의 뜻으로 낸 것이 아니요 오직 성령의 감동하심을 받은 사람들이 하나님께 받아 말한 것"이라 했다(벧후 1:21). 하나님의 영감이 임한 과정을 베드로가 간략히 요약한 말인데, 그때까지 수세기 동안 선지자들은 대대로 성령의 초자연적 지도를 받아 하나님의 말씀을 말하고 기록했다. 그들의 말은 "하나님의 감동으로 된 것으로 교훈과 책망과 바르게 함과 의로 교육하기에 유익"했다(딤후 3:16). 선지자들이 발한 경고와 책망은 화살처럼 그들의 입술을 떠나 청중의 심중에 가 박혔다.

엘리야와 엘리사, 이사야와 예레미야, 다니엘과 요나, 말라기와 세례 요한 등 예언의 은사를 받은 하나님의 종들의 이름은 성경 인명사전의 명부처럼 읽힌다. 선지자는 하나님의 대리인이자 대변인으로서 그분이 원하시는 대로 말하고 행동하고 기록했다. 매번 그들이 일어나–대개 홀로 서서–진리를 말하면 오래지 않아 청중이 모여들었다. 결코 듣기 쉬운 말은 아니었으며 하나님을 멀리 떠난 사람일수록 특히 더했다. 그래도 하나님의 메시지를 도맡아 인류에게 전하는 그들을 무시할 수는 없었다.

역본에는 1장 1절이 대개 "옛적에"라는 단어로 시작되지만, 실제로 헬라어 원문에는 "여러 부분과 여러 모양으로"가 문두에 나온다. 이런 강조 용법을 통해 저자는 하나님의 메시지가 전달되던 "옛적"의 다양한 방식을 지적한다. 구약의 책장을 넘겨보면 그 말이 무슨 뜻인지 알 수 있다. 하나님은 꿈(창 37:5), 환상(사 1:1), 천사(슥 1:9), 음성(삼상 3:4), 글자(단 5:5), 심지어 발람의 나귀(민 22:28)를 통해 말씀하셨다!

다양한 방식으로 주어진 하나님의 메시지는 또한 한꺼번에 전부가 아니라 매번 일부분씩 주어졌다. 모든 메시지가 정확했으나 그게 다는 아니었다. 하나님은 늘 하실 말씀이 더 있다. 내 어린 시절이 생각난다. 오랜 세월 부모에게서 많은 정보를 받았는데 매번 단편적인 일부였지 전부는 아니었다. 정보는 교훈이나 징계나 살아 있는 본보기의 형태로 올 때도 있었고, 밥상머리 대화나 아버지와의 독대나 전화 통화나 육필을 통해 주어지기도 했다. 물론 누구나 기억하다시피 어머니의 '그 눈빛'으로 전해지던 무언의 묵직한 메시지도 있었다. 유년기와 사춘기 내내 끊임없이 전해진 이 모든 메시지가 점차 나를 장성한 성인으로 세워주었다.

구약의 선지자들이 펼친 사역도 이런 유년기의 경험과 비슷하다. 그들이 전한 정확한 메시지는 점차 하나님이 자기 백성에게 주시는 총체적 계시의 일부가 되었다. 거장 음악가의 손에 들린 악기처럼 선지자는 하나님이 소통하시려는 음표들을 전달했다. 각 선지자의 글이 구약의 정경에 한데 모아졌고, 그것이 계시의 교향곡으로 화음을 이루어 위대한 크레센도로 치달았다. 그러다 마침내 하나님의 계시를 완성하는 마지막 악장이 공개되었으니 곧 주 예수 그리스도시다.

—1:2–4—

"옛적"과 "이 모든 날 마지막"의 대비가 1절과 2절에 즉시 부각된다. 구약의 선지자들이 대망하던 일이 그리스도 안에서 새 언약으로 성취되었다. "옛적에" 선지자들을 통해 말씀하신 하나님이(1절) 이제 "이 모든 날 마지막에는" 직접 말씀하셨다(2절). 헬라어를 직역하면 "이 날들의 마지막"이다. 즉 선지자들을 통해 말씀하시고 난 후 정점에 달한 순간이다. 요컨대 구약의 선지자들이 전한 하나님의 메시지는 아들의 인격과 사역으로 절정에 달하고 최고의 표현에 이르렀다(2절).

음악의 은유를 약간 다듬어보면 그리스도를 통한 하나님의 궁극적 계시가 얼마나 심오한지 알 수 있다. 계시의 교향곡은 웅장하게 울리는 차이콥스키의 "1812년 서곡"처럼 그저 감동의 절정으로 완결된 것이 아니다. 작곡자이자 지휘자이신 하나님이 친히 무대에 나와 독주를 맡으셔서 여태까지 펼쳐진 모든 주제와 악상과 선율을 자신의 연주로 마무리하셨다.

다시 말해 그리스도가 인격과 사역에서 우월하시다. 온 인류를 향한 하나님의 메시지와 말씀이 마지막으로 가장 충만하게 아들로 표현되었다. 이전에 그분의 백성에게 말씀이 전해진 수단과 방법이 틀렸거나 하자가 있었다는 뜻이 아니다. 그것도 위대했지만, 그리스도는 위대하심 자체다. 선지자들이 전한 주님의 메시지도 온전했지만, 예수님은 온전하심 자체다. 과거의 선견자들이 악기였다면 아들은 음악 자체시다. 이전의 모든 음악가는 그분께, 그분을 위해, 그분을 통해, 그분에 관해 연주했다.

이어지는 히브리서의 논지를 보면 하나님의 계시 과정에서 그리스도가 중심이신 까닭은 그분의 인격과 사역이 우월하기 때문이다. 저자는 이 점을 강조하고자 설교 같은 편지를 일곱 가지 강력한 진술로 시작하여 하나님의 말씀이신 아들이 눈에 보이거나 보이지 않는 천지간의 만물보다 우월하심을 예증한다.

첫째, 아들은 정당하게 만유의 상속자로서 통치하신다(2절). "만유"는 모든 것이라는 뜻이다. 아무것도 그 반경을 벗어나지 못한다. 일찍이 하나님은 그분의 형상을 지닌 아담과 하와에게 창조세계를 다스릴 책임을 나누어주셨다(창 1:26-28). 그러나 첫 인간들은 죄에 빠져 하나님이 창조하신 세계의 상속자로서 그것을 다스릴 권리를 잃었다(창 3장). 그런데 하나님의 아들이 인간으로 오셔서 "마지막 아담", 즉 예수 그리스도가 되셨다(고전 15:45). 아담이 잃었던 모든 것이 그분께로 회복되었다.

둘째, 아들은 시공의 우주를 창조하셨다(2절). "세계"로 번역된 헬라어 단어[아이온(*aiōn*), 165]를 직역하면 '세대들'이라는 뜻이다. 영어 단어 '*eons*'(영겁)가 거기서 유래했다. "창조 질서가 존재해온 시기들"도 여기에 포함된다.[6] 예수님은 온전한 인간으로서 창조세계를 다스리실 뿐 아니라 온전한 창조주로서 모든 창조세계의 과거와 현재와 미래를 주권적으로 통치하신다. 바울도 창조주이신 그리스도의 역할을 이렇게 밝혔다. "만물이 그에게서 창조되되 하늘과 땅에서 보이는 것들과 보이지 않는 것들과 혹은 왕권들이나 주권들이나 통치자들이나 권세들이나 만물이 다 그로 말미암고 그를 위하여 창조되었고"(골 1:16). 마찬가지로 사도 요한도 똑같은 장엄한 진리로 복음서의 문을 열었다. "태초에 말씀이 계시니라 이 말씀이 하나님과 함께 계셨으니 이 말씀은 곧 하나님이시니라 그가 태초에 하나님과 함께 계셨고 만물이 그로 말미암아 지은 바 되었으니 지은 것이 하나도 그가 없이는 된 것이 없느니라"(요 1:1-3).

셋째, 아들은 하나님의 영광의 찬란한 광채시다(3절). 명사 "광채"[아파우가스마(*apaugasma*), 541]는 "광원체의 빛"을 가리킨다.[7] 화염 궤도가 계속 타오르는 한 태양 광선은 계속 빛과 열기와 에너지를 뿜어낸다. 마찬가지로 하나님의 아들도 영원한 과거부터 영원한 미래까지 하나님의 영광과 위엄과 권능을 영원히 뿜어내신다. 선지자는 아무리 거룩하거나 지혜로울지라도 이런 광채로 자처할 수 없다. 선지자는 하나님의 영광스러운 빛의 반사체일 뿐이지만 아들은 빛 자체시다.

넷째, 아들은 하나님의 본체의 형상이시다(3절). 네 단어로 된 이 헬라어 문구에 심오한 신학적 의미가 가득 담겨 있다. 기본적으로 하나님의 모든 신성을 아들도 공유하신다는 단언이다. "형상"으로 옮겨진 단어는 비유적 용법인데 본래는 눌러서 주조된 동전처럼 "금형이나 도장을 통해 새겨진 글자나 자국"을 뜻하던 명사[카라크테르(*charaktēr*), 5481]였다.[8] 아들은 신성의 싸구려 복제품이 아니고 우월한 원본의 열등한 사본도 아니다. "본체"에 해당하는 원어[휘포스타시스(*hypostasis*), 5287]는 하나님의 진정한 속성을 가리킨다. 요컨대 아들은 "아버지의 속성과 완전히 동일"하시되[9] 위격은 아버지와 구별되신다. 아버지는 아들이 아니고 아들은 아버지가 아니지만, 아버지의 본체는 전부 아들의 본체이기도 하다.

다섯째, 아들은 자신의 말씀으로 만물을 강력하게 붙드신다(3절). 아틀라스 신이 등과 어깨에 지구를 메고 무거워 낑낑대느라 그 불거진 근육에 땀이 맺힌 그림을 누구나 보았을 것이다. 그 장면일랑 머릿속에서 지워버리라! 하나님의 아들은 이 세상만 아니라 온 우주를 붙드시며, 또 창조세계를 물리적 힘이 아니라 능력의 말씀으로 지탱하신다. 자신의 말씀으로 떠받치실 능력이 아들 자신에게 있다.

여섯째, 아들은 죄를 완전히 정결하게 하셨다(3절). 첫 아담은 불순종으로 인류를 파멸시키고 세상을 어둠과 죽음과 죄와 고난에 빠뜨렸다. 그러나 마지막 아담이신 예수 그리스도는 자원하여 고난당하시고 십자가에 죽으심으로 어둠과 죽음을 몰아내셨다. 죄의 독이 그리스도의 피로 치유되었다. 단번에 영원히 완성된 일이므로 다시는 되풀이될 필요도 없다. 히브리서 저자가 책 전체에 설명하듯이 이는 땅의 인간도 하늘의 천사도 결코 이룰 수 없는 일이다.

끝으로, 아들은 지극히 크신 이의 우편에 앉으셨다(3절). 요한계시록에 묘사된 천국 보좌의 장면을 보면 모든 인간과 천사가—정말 "하늘 위에와 땅 위에와 땅 아래와 바다 위에와 또 그 가운데 모든 피조물이"(계 5:13)—창조주와 구원자이신 하나님을 경배한다. 아무리 고매한 성인(聖人)이나 능한 천사라도 아버지의 우편에 서서 찬송과 영광을 받을 수는 없다. 그것은 지극히 크신 하나님만의 몫이다. 그런데 높으신 아들이자 하나님의 온전한 어린양이신 예수 그리스도는 그 영광의 자리에 앉아 천지 만물의 경배를 받으시기에 합당하다. "보좌에 앉으신 이와 어린 양에게 찬송과 존귀와 영광과 권능을 세세토록 돌릴지어다"(계 5:13).

우주에서 가장 높은 지위에 앉으신 예수님은 인격과 사역에서 만물보다 우월하시다.

"천사"(4절)도 만물에 포함된다. 천사는 하나님이 아들을 통해 사역자와 섬기는 자로 지으신 영적 피조물이다(7절). 아들은 인간이 되어 우리 죄 때문에 죽으셨고 죽음을 이기고 부활하여 승천하셨는데, 그때 그분이 기업으로 받으신 이름은 감히 천사가 사칭하지 못할 이름이다(4절). 그 이름은 무엇인가? 인간 세계에서도 부자의 성이 같듯이 성자 하나님도 성부와 이름이 같으니 곧 하나님의 이름 여호와시다. 구약의 헬라어 역본에는 여호와가 대개 주[퀴리오스(*kyrios*), 2962]로 번역되었다. 바울도 빌립보서 2장 9–11절에 똑같이 가르쳤다. "하나님이 그를 지극히 높여 모든 이름 위에 뛰어난 이름을 주사 하늘에 있는 자들과 땅에 있는 자들과 땅 아래에 있는 자들로 모든 무릎을 예수의 이름에 꿇게 하시고 모든 입으로 예수 그리스도를 주라 시인하여 하나님 아버지께 영광을 돌리게 하셨느니라."[10]

—1:5–6—

히브리서 1–2장처럼 천사를 장황하게 공들여 논한 곳은 성경 어디에도 없다. 사실 천사가 언제 창조되었는지도 명확히 기록된 데가 없다! 창세기 1–2장에도 천사가 창조된 대목이 나오지 않는다. 다만 아담과 하와가 타락한 직후 하나님이 에덴동산 동쪽에 그룹들, 즉 천사를 두어 낙원의 입구를 지키게 하신 것만은 분명하다(창 3:24). 따라서 하나님이 천사를

히브리서 1장에 인용된 시편	
히브리서	시편
히브리서 1:5상	시편 2:7
히브리서 1:5하	시편 89:26–27
히브리서 1:6	시편 97:7
히브리서 1:7	시편 104:4
히브리서 1:8–9	시편 45:6–7
히브리서 1:10–12	시편 102:25–27
히브리서 1:13	시편 110:1

창조하신 때는 창세기 3장 이전의 어간이다.

하나님의 능한 피조물인 천사는 여러 방면으로 주님을 섬긴다. 그분의 메시지를 전하고 우리 가운데 그분의 뜻을 수행한다. 경고하고 보호하고 돕고 구조한다. 이 초자연적 피조물은 하늘에서 땅을 향해 봉사한다. 천사들은 숭배받아 마땅한 "작은 신들"의 군상이 아니라 우리처럼 하나님만을 경배하는 그분의 종이다(계 5:13). 또 천사는 땅에서 하늘로 우리의 메시지를 상달시키는 우주적 중개자가 아니라 하늘에서 땅으로 하나님의 메시지를 전한다. 영광스럽게 발산되는 순전한 광채이신 하나님의 아들에 비하면 아무리 대단한 천사의 눈부신 빛도 퇴색하고 만다. 저자는 하나님을 섬기는 천사들의 중요한 역할을 경시하지 않으면서도 아들의 인격과 사역에 비해 그들이 하위임을 분명히 밝힌다.

저자는 천사보다 아들이 우월하심을 입증하고자 구약의 본문을 줄줄이 인용하여 능숙하게 논지를 전개한다. 알다시피 많은 유대인 독자가 메시아를 믿는 새로운 신앙을 버리고 회당의 옛 규정으로 돌아가려는 유혹을 느꼈는데, 회당은 구약 성경을 최고로 떠받들었던 곳이다. 저자는 메시아가 천지 만물보다 우월하심을 바로 그 구약 성경에서 보여줌으로써 독자를 감화시켜 구주요 주님이신 예수님께 더 굳게 헌신하게 했을 것이다.

그가 제일 먼저 인용한 두 구절은 특히 장차 다윗 자손으로 오실 메시아와 관련하여 예언적 의미가 풍부하다. 시편 2편과 89편은 둘 다 다윗 왕조에서 나올 미래의 왕을 예고한 구약의 중요한 본문이다. 우선 2편은 이렇게 시작된다.

> 어찌하여 이방 나라들이 분노하며
> 민족들이 헛된 일을 꾸미는가
> 세상의 군왕들이 나서며
> 관원들이 서로 꾀하여
> 여호와와 그의 기름 부음 받은 자를 대적하며(시 2:1-2).

히브리어 단어 마시야흐(*mashiyach*, H4899)와 이에 상응하는 헬라어 단어 크리스토스(*christos*, 5547)는 둘 다 '기름 부음 받은 자'라는 뜻이다. 거룩한 직분인 선지자(왕상 19:16)나 제사장(출 40:15)이나 왕(삼상 10:1)으로 구별되어 기름 부음 받은 사람이라면 누구에게나 쓰일 수 있던 말이다. 시편 2편 2절의 경우 하나님의 "기름 부음 받은 자"는 다윗 왕조의 왕을 가리키는데 세상의 나라들과 관원들이 나서서 그를 대적한다. 히브리서 저자는 이 왕의 정체가 바로 메시아이심을 못 박아두려고 시편 89편 26-27절을 인용한다. 하나님이 이렇게 선포하신다. "그가 내게 부르기를 주는 나의 아버지시요 나의 하나님이시요 나의 구원의 바위시라 하리로다 내가 또 그를 장자로 삼고 세상 왕들에게 지존자가 되게 하며."[11]

하나님은 이 메시아에게 "너는 내 아들이라 오늘 내가 너를 낳았도다"(시 2:7)고 선언하신다. 데이비드 앨런(David Allen)은 이 인용 구절에 대해 이렇게 주해했다. "시편 2편은 왕의 대관식을 기리는 시이므로 7절의 "되었도다"["오늘 내가 너의 아버지가 되었도다", NIV]라는 말은 아들이 왕위에 오르셨다는 뜻이며, 그렇게 '된' 때는 부활하신 아들이 높여져 보좌에 앉으신 순간이다."[12] 아들이신 메시아에게 주어진 기업의 범위와 규모는 그야말로 모든 피조세계를 아우른다(시 2:8-9, 참조. 시 89:25, 27).

저자가 메시아의 호칭인 "아들"을 기준으로 하여 잘 지적했듯이 하나님은 천사를 "내 아들"이라고 부르시거나 친히 천사의 아버지로 자처하신 적이 없다.[13] 아들이신 메시아와 달리 천사에게는 천지를 다스릴 왕위나 통치권이 약속된 적이 없다. 천사는 피조물로서 하나님의 계획과 목적 가운데 숭고하고 거룩한 일을 위임받았을 뿐이다. 그러나 아들은 창조주이신지라 천사까지도 그분을 통해 지어졌다(골 1:16).

사실 저자는 논지를 한 걸음 더 끌고 나가 천사도 아들을 경배해야 함을 지적했다(6절). 그분이 천사를 존재하게 하신 만유의 하나님이시기 때문이다. 저자는 이를 입증하고자 여호와를 온 땅의 통치자로 찬양한 시편 97편을 인용한다(시 97:1-6). 하나님은 경배의 대상이지만 우상을 섬기는 자들은 수치를 당하며, 소위 "신들"도 여호와를 하나님으로 경배해야 한다(시 97:7). 여기 "신들"에 해당하는 히브리어 원어[엘로힘(*elohim*), H430]가 헬라어 역본에는 "천사들"[앙겔로스(*angelos*), 32]로 옮겨져 있다. 히브리서 저자는 헬라어 본문을 인용함으로써 가상이든 현실이든 천사든 귀신이든 모든 초자연적 존재가 아들보다 열등하다고 일괄하여 주장한다. 이렇게 초자연계 피조물의 지위를 말한 뒤에는 아들의 정체에 대한 심오한 단언이 이어진다. 그분이 바로 구약의 여호와시라는 것이다. 끝으로 메시아를 하나님으로 경배하는 것이 우상숭배나 같다고 여길지 모르는 비신자 유대인들을 상대로 저자는 시편 97편 7절을 인용하여 형세를 뒤집는다. 하나님이자 인간이신 아들을 경배하지 않는 것이야말로 신성모독이라는 것이다.

아마도 저자가 주장하는 논리의 배후에는 아들에게 제대로 반응하라는 시편 2편 12절의 엄중한 경고가 서려 있어, 메시아를 거부했거나 자칫 등지려는 이들의 잘못을 깨우쳐주었을 것이다. "그의 아들에게 입 맞추라. 그렇지 아니하면 진노하심으로 너희가 길에서 망하리니."

—1:7-14—

저자는 이어 7절에 천사와 아들을 다른 관점에서 대비한다. 창조주 하나님의 웅장한 솜씨를 찬양한 한 편의 시에서, 하나님의 "사신"과 "사역자"(시 104:4)는 다른 모든 피조물과 동일한 위치에 놓인다(시 104:1-35). 천사는 바람과 불꽃에 비견되어(4절) 그 자체로 빠르고 위력이 있지만, 그래 봐야 하나님의 주권적 통치를 받는 유한한 피조물에 불과하다.

반면에 하나님의 아들은 히브리서에서 피조물과 창조주를 가르는 선의 반대편에 놓인다. 본문 8-9절에 아들이 명백히 "하나님"으로 칭해진다. 저자가 시편 45편 6-7절을 아들에게 적용한 것이다. 본래 시편 45편의 취지는 "히브리의 한 왕에게 바치는 혼례의 시"였던 것 같고,[14] "하나님"에 해당하는 히브리어 원어 엘로힘(*elohim*)은 때로 '통치자, 판관, 신성한 인물'을 지칭하기도 했다.[15] 즉 이 시는 실제로 신성을 부여하지는 않으면서 이스라엘의 인간 왕을 지극히 칭송하는 시였을 수 있다. 그런데 히브리서 저자는 이 위력적인 어법이 특별한 의미에서 다윗 왕조의 궁극적 왕을, 즉 하나님이자 인간이신 메시아를 지칭한다고 보았다. 그래서 이 시의 은유적 표현이 예언처럼 메시아를 통해 문자적으로 성취되었음을 알았다. 그분은 영원히 보좌에 앉으신 하나님 자신이시다.[16]

천사는 천국의 사역자에 불과하지만, 예수님은 하나님이자 왕이시다(8절). 천사에게는 보좌나 나라나 권세의 규가 한 번도 없었지만, 하나님의 아들에게는 이 모든 게 있다. 그분은 인간과 천사를 통틀어 모든 피조물보다 도덕적으로 우월하시다(9절). 기름 부음 받으신 하나님의 아들은 하나님 자신이시며 그냥 "공평한" 정도가 아니라 의의 화신이시다.

저자는 그리스도가 단지 '신성한 인물'이 아니라 참으로 하나님이시라는 사실을 강조하려는 듯 시편 102편 25-27절을 인용하여 아들에게 직접 적용한다. 이 시의 주제는 창조주

하나님이신 여호와로 일관된다. 히브리서 저자가 하나님의 아들을 하늘의 천사나 땅의 인간 등 여타 피조물이 아니라 "땅의 기초를 두"신 창조주와 동격으로 보았다는 뜻이다(10-12절). 모든 피조물은 옷처럼 낡아 해어지지만, 하나님이자 인간이신 예수님은 결코 멸망하지 않으신다. 그분은 하나님이시기에 영원하시다. 시작도 없고 끝도 없으시다.

아들은 인격과 사역에서 천사보다 우월하실 뿐 아니라 지위에서도 우월하여 "지극히 크신 이의 우편"(3절)으로 높여지셨다. 천사는 아버지의 우편에 앉은 적이 없지만(13절), 시편 110편 1절의 예언이 성취되어 메시아로 오신 아들은 원수가 다 정복될 때까지 아버지와 함께 하늘 보좌에 앉아 계신다(참조. 눅 22:69, 행 2:33, 7:55-56, 롬 8:34, 골 3:1, 벧전 3:22).

반면에 사자인 천사의 역할은 다르다. 천사는 주인이신 하나님의 뜻대로 열심히 섬긴다(14절). 아들을 보필해서 성도, 즉 "구원받을 상속자들"을 위하여 "섬기는 영"이다. 얼마나 놀라운 개념인가! 이 보이지 않는 영들은 당신과 나에게 가려진 막후에서 우리의 유익을 위해 하나님의 뜻을 수행하고 있다.

적용: 히브리서 1:1-14

하나님의 말씀, 말씀이신 예수님, 그분의 천사 그리고 우리

히브리서는 희미한 불씨로 시작하여 점차 불꽃처럼 환해지는 것이 아니라 처음부터 찬란하게 작렬하여, 그리스도의 사역과 인격에 대한 모든 허술한 개념을 그리고 그분이 우주에서 차지하시는 위상에 대한 모든 잘못된 사상을 논파한다. 그분은 가장 위대한 피조물인 천사보다 우월하시다. 가장 위대한 피조물보다도 위대하신 분이라면 창조주 자신이 아니고 무엇이겠는가? 이 막강한 본문에 오늘의 우리를 위한 몇 가지 영속적 원리가 보인다. 결코 잊어서는 안 될 실제적 적용이다.

첫째, 하나님의 종인 천사는 호기심을 끌지만 우리를 깨우쳐줄 수 있는 것은 하나님의 말씀뿐이다. 하나님은 우리에게 직접 말씀해오셨다. 우선 기록된 말씀을 주셨다. 그분의 감동으로 된 말씀이니 그분 자신의 생각이 담겨 있음은 물론이다(딤후 3:16). 우리는 하나님의 말씀인 성경에 사로잡혀야 한다. 그분은 또 우리에게 말씀의 화신을 보내주셨다(요 1:1, 14). 기록된 말씀은 말씀이신 예수님을 가리켜 보이고, 그분은 다시 기록된 말씀을 가리켜 보이신다. 천사는 아무리 흥미로워도 "섬기는 영"에 불과하다(히 1:14). 천사가 우리의 기도나 예배나 집착의 대상이 되어서는 결코 안 된다. 삼위일체 하나님이신 성부, 성자, 성령만이 우리의 예배와 찬송을 독점하셔야 한다. 하나님의 아들만이 생명의 근원이요 우리 삶의 구주시다.

둘째, 하나님의 종인 천사는 우리를 섬기지만, 우리 안에서 사역하실 수 있는 분은 성령뿐이다. 천사가 영적 존재라는 이유만으로 천사를 성령과 혼동해서는 안 된다. 천사는 영혼을 변화시키지 못한다. 그것은 성령의 일이다. 성령은 우리 곁으로 부름 받아 우리를 도우시는 파라클레테(Paraclete) 곧 보혜사시다. 우리를 굳게 붙드시고 위로하시는 길잡이시다. 뉴에이지 신비주의와 대중 '민속 신학'에서 천사가 중요한 자리를 차지하지만, 승귀하신 그리스도가 보내신 성령을 천사의 영과 맞바꾸어서는 결코 안 된다. 물론 천사는 존재하며 우리를 섬긴다. 그러나 천사도 하나님의 아들께 복종한다.

셋째, 하나님의 종인 천사는 우리를 육적으로 보호하지만, 영적으로 구원하실 수 있는 분은 하나님의 아들뿐이다. 우리 삶의 왕좌를 차지하셔야 할 분은 예수님이다. 천사는 발끝으로 서서 목을 빼고 멀찍이 지켜볼 따름이다. 사도 베드로가 지적했듯이 오늘 우리가 하나님의 아들을 통하여 누리는 영적 구원을 구약의 선지자들도 고대했지만, 천사들도 그 내막을 알려 한다. 베드로는 이렇게 썼다. "이 섬긴 바가 자기를 위한 것이 아니요 너희를 위한 것임이[구약의 선지자들에게] 계시로 알게 되었으니 이것은 하늘로부터 보내신 성령을 힘입어 복음을 전하는 자들로 이제 너희에게 알린 것이요 천사들도 살펴보기를 원하는 것이니라"(벧전 1:12).

아들은 선지자의 선구적 사역과 천사의 섬기는 사역보다 우월하시다. 그분 안에서 우리에게 주어진 우월한 계시와 영적 구원에 비추어볼 때, 예수 그리스도가 인격과 사역에서 만물보다 우월하심을 생각과 말과 행실로 인정하는 것이 우리가 마땅히 보여야 할 반응이다.

"이같이 큰 구원을 등한히 여기지 말라"(히브리서 2:1–4)

1그러므로 우리는 들은 것에 더욱 유념함으로 우리가 흘러 떠내려가지 않도록 함이 마땅하니라 2천사들을 통하여 하신 말씀이 견고하게 되어 모든 범죄함과 순종하지 아니한 자들이 공정한 보응을 받았거든 3우리가 이같이 큰 구원을 등한히 여기면 어찌 그 보응을 피하리요 이 구원은 처음에 주로 말씀하신 바요 들은 자들이 우리에게 확증한 바니 4하나님도 표적들과 기사들과 여러 가지 능력과 및 자

기의 뜻을 따라 성령이 나누어 주신 것으로써 그들과 함께 증언하셨느니라

흘러 떠내려가는 이탈이 좋은 일이라고는 어떤 정황에서도 상상하기 힘들다. 자동차가 차선을 이탈하면 사고는 시간문제다. 배가 항로를 이탈하면 목적지를 놓칠 뿐더러 최악의 경우 충돌하여 침몰할 수 있다! 비행기가 비행경로를 이탈하면 비운의 결과를 당할 수 있다. 물론 약간의 이탈을 조기에 감지하면 조금 불편할 뿐이지 수정이 가능하다. 그러나 운전자나 항해사나 조종사가 주의하지 않고 책임을 등한히 하면 이탈이 부상이나 죽음으로 끝날 수도 있다.

마찬가지로 영적인 문제를 등한히 여기면 영혼이 흘러 떠내려갈 수 있다. 하나님의 말씀이라는 난간을 무시하면 진리에서 벗어나 영적 수렁이나 도덕적 진창에 처박힐 수 있다. 배를 하나님의 계시된 진리라는 안전한 원리대로 조종하지 않으면 문화적 타협의 해류가 우리를 의심의 암초 속으로 몰아가 결국 신앙이 난파할 수밖에 없다. 또 목적지인 천국으로부터 조준점을 돌리면 거짓 교리와 세상 풍조의 기류가 우리를 적의 영공으로 떠밀어 영적 공격에 노출시킬 수 있다.

절망적인 예언자처럼 말할 생각은 없지만, 오늘날 세상의 많은 교회와 그리스도인이 흘러 떠내려가는 상태인 것 같다. 예수 그리스도를 통해 선물로 주어진 큰 구원을 등한히 여긴 결과로 영적 나태함이 스며들었다. 내리막길로 치닫는 우리 교회들의 추세를 생각해 보라.

- 교리의 변질
- 도덕적 타협
- 지도층의 타락
- 문화에 편승함
- 정치적 편의주의
- 세상적 우선순위
- 안일해진 전도

안타깝지만 그 밖에도 얼마든지 많다. 영적으로 흘러 떠내려가면 그런 위험이 뒤따른다. 그래서 신자는 그리스도인의 삶을 구성하는 핵심 교리에 반드시 유념해야 한다. 너무 많은 것이 걸려 있다! 복음의 메시지와 도덕성을 이탈하는 현상은 21세기만큼이나 1세기에도 문제였다. 도전의 종류는 달랐을지 몰라도 궤도는 똑같다. 교리와 도덕의 순수성이라는 정로를 벗어나면 위험한 광야로 빠져들어 영적으로 쇠퇴한다.

히브리서에 나오는 중대한 경고의 본문

히브리서 2:1-4
"유념하여 흘러 떠내려가지 않게 하라!"

히브리서 3:7-4:13
"삼가 마음을 완고하게 하지 말라!"

히브리서 5:11-6:20
"영적 성장의 길에서 벗어나지 말라!"

히브리서 10:19-39
"믿음 안에 굳게 서서 하나님의 심판을 면하라!"

히브리서 12:25-29
"그분을 배반하지 말라!"

히브리서의 수신자인 회심한 유대인들은 믿지 않는 유대인과 이방인 양쪽에서 심한 박해를 받았다. 그들 대부분에게 삶은 암울했다. 상황이 그렇다 보니 그중 더러는 기독교에 의문을 품고 회당의 달콤한 유혹에 귀가 솔깃해졌다. 옛 유대교의 제도적 울타리 안으로 돌아가면 로마에서 불어오는 박해의 풍랑에서 보호받을 수 있었다. 그래서 저자의 초점은 예수 그리스도가 계속 충성을 받기에 합당하심을 독자에게 설득하는 데 있었다. 그분이 인격과 사역에서 우월하시기 때문이다. 그들에게 재헌신을 촉구하고자 저자는 수시로 엄중한 경고를 발하여, 주님과 그분의 교회를 버릴 경우 맞이할 무서운 결과를 기술한다. 이번 1-4절은 여러 '경고의 본문' 중 첫 번째다. 이 메시지는 첫 독자들의 시대 못지않게 우리에게도 중요하다. 어느 세대든 시련과 유혹의 한복판에서 흘러 떠내려가려는 성향이 있기 때문이다.

—2:1—

잠시 한 걸음 물러나 히브리서 여정의 기점을 되돌아보자. 1장에서 배웠듯이 하나님은 아들 예수 그리스도를 통해 마지막 '말씀'을 하셨다. 글자 그대로 예수님은 하나님이 인류에게 주시는 궁극적 메시지의 화신이시다. 그 메시지가 그분의 인격과 사역과 말씀과 행적 속에, 선지자로서 땅에서 행하신 과거의 사역 속에, 제사장으로서 하늘에서 행하시는 현재의 사역 속에, 왕으로서 천지간에 행하실 미래의 사역 속에 압축되어 있다. 그래서 그리스도는 선지자와 천사—육과 영의 세계에서 각각 가장 위대하게 하나님을 대변하는 존재—보다 우월하시다(1:1-14).

하지만 그렇다고 선지자와 천사가 실패했거나 그들의 사역이 중요하지 않았다는 뜻은 아니다. 오히려 천사들은 예수 그리스도를 구주로 영접한 성도를 돕도록 "섬기는 영"으로 보내심을 받았고(1:14), 옛적에 말했던 선지자들은 성경을 통해 오늘날에도 우리에게 말하며 여전히 예수 그리스도의 영광스러운 인격과 구원 사역을 가리켜 보인다. 흘러 떠내려가지 말라는 경고(2:1-4)는 1장의 이런 비옥한 교리적 토양에서 싹튼다. 하나님의 천사와 인간 사자는 구원을 상속받은 우리를 섬긴다(참조. 롬 15:4, 고전 10:11).

신자는 이 구원을 자신의 수고로 얻어낸 것이 아니라 값없이 선물로 받았지만, 그렇다고 이를 경시하지 않도록 조심해야 한다. 인간은 자신이 오래 공들여 얻어낸 물건이나 열심히 일해서 성취한 목표를 더 중시하는 성향이 있다. 실제로 전도서에 보면 사람이 평생 고생하여 노동의 결실을 남겨도 그의 아들이 필시 배은망덕하고 미련한 자가 될 테니 이 또한 헛되다는 탄식이 나온다(전 2:18-19). 또 탕자의 비유에도 아무런 수고 없이 재물을 물려받은 아들의 어리석음이 극적으로 예시된다(눅 15:11-32). 상속받은 재산을 이처럼 함부로 대하기가 쉽기에 히브리서 저자는 잠시 독자에게 엄히 경고한다.

2장은 "그러므로"로 시작된다. 그리스도의 인격이 우월하시다는 1장의 메시지에 기초했다는 말이다. 구원은 하나님의 값없는 선물이다. 우리의 노력으로 얻어낸 것이 아니라 하나님의 아들이 우리 대신 죽으셔서 죄를 정결하게 하신 결과다(1:3). 우리는 이 구원의 상속자이지 노동의 대가를 받는 것이 아니다(1:14). 그래서 이미 들은 메시지에 유념해야 한다(2:1). 저자가 지적했듯이 우리의 문제는 진리를 모르는 것이 아니라 걸핏하면 진리를 두고 한눈을 파는 것이다. 세상이 한없이 산만한데다 특히 외부의 압력과 내면의 고민에 치이다 보면 자칫 부주의하여 "흘러 떠내려가"기 쉽다(2:1).

이 말씀을 읽는 우리 대부분은 히브리서의 첫 독자들만큼 고강도의 노골적인 박해를 받고 있지는 않다. 하지만 사람을 꾀어 예수 그리스도께 충성하지 못하게 할 만한 막강한 방해 거리는 우리에게도 많다. 때로는 복음의 메시지에 심드렁해지기만 해도 의지가 약해질 수 있다. 그리스도의 인격과 사역에 대한 심오한 진리가 "나도 다 해봐서 안다"라는 식의 또 하나의 일시적 유행으로 변하면, 그때부터 무언가 우리의 관심을 자극하고 감정에

묵상의 서재

메시지에 '익숙해질' 때 벌어지는 일(히브리서 2:1)

지난 세월 나는 비행기를 많이도 탔다. 어쩌면 너무 많이 탔다. 나처럼 이착륙 경험이 잦다 보면 누구나 거기에 익숙해진다. 지정된 좌석을 찾은 뒤 겉옷은 머리 위 짐칸에 넣고 자리에 앉아 안전벨트를 맨 다음 서류 가방을 열어 일을 시작한다. 굳이 생각하고 말 것도 없다. 승무원이 으레 중앙 통로에 서서 안전벨트 매는 법이며 산소마스크가 잘 부풀어 오르지 않을 경우에 대해 설명할 때는 특히 더하다. 물론 저만치서 누군가가 이것저것 말하고 안면에 무언가를 쓰고 머리 뒤쪽으로 조이고 하는 과정–비행기가 활주로를 빠져나가는 동안 승무원이 하는 모든 일–을 나도 늘 어렴풋이 의식하기는 한다. 그러나 제대로 듣지는 않는다. 대개 다른 사람들도 다 나만큼이나 무관심하다. 더러는 고개를 숙인 채 졸고 몇 사람은 잡지를 뒤적이거나 창밖을 내다본다.

한번은 나와 아내가 포틀랜드에서 로스앤젤레스 행 비행기에 올랐다. 분명히 승무원이 평소대로 쭉 설명했으련만 나는 유념하지 않았다. 들을 필요조차 없으려니 했다. 그런데 비행기가 순항 고도에 이르렀을 무렵 갑자기 방향을 선회하더니 놀이동산의 롤러코스터처럼 휙 돌았다. 몇 초 후에 우리는 북쪽의 포틀랜드로 회항하고 있었다.

얼마 후 조종사가 침묵을 깨고 안내방송을 했다. 혈관에 얼음물이라도 흐르는 양 착 가라앉은 목소리였다. "승객 여러분, 저희 비행기는 지금 포틀랜드로 회항 중이니 안심하셔도 됩니다. 자세한 사항은 추후에 알려드리겠습니다." 내 평생 가장 짧고도 긴 비행이었다. 착륙하자마자 방송된 설명에 따르면 폭파 위협이 있었다고 했다.

비행 때마다 무시했던 모든 대피 요령이 갑자기 한없이 요긴해졌다. 제일 가까운 비상구가 어디인지 갑자기 궁금해진 사람이 누구일까? 그 거대한 미끄럼틀로 최대한 일찍 빠져나가는 법을 알고 싶어진 사람이 누구일까? 무엇을 어찌해야 할지 털끝만큼도 모르는 사람이 얼마나 많았던가? 다들 가방을 꺼내는 등 기내 잡지를 들추어보는 등 엉뚱한 쪽으로 향하는 등 그야말로 난리였다.

그 순간 모든 사람의 후회가 무엇이었는지 아는가? '익숙해진' 메시지에 유념하지 않은 것이었다.

불을 붙여줄 것을 찾아 진리 바깥을 기웃거릴 소지가 높다. 그러다 외부의 본격적인 도전이 신앙에 닥쳐오면 우리는 안전한 중앙에서부터 이미 너무 멀리 흘러 떠내려가 있기에 압력을 당해낼 수 없다.

1절에 대해 끝으로 짚어둘 말이 있다. 보다시피 우리는 무언가 새로운 정보를 들어야 하는 것이 아니다. 논의의 이 시점에서 저자는 독자에게 더 깊은 지식을 통해 성숙을 이루라고 촉구하지 않는다. 그 주제는 나중에 나온다. 일단 이 서두에서는 그들에게 이미 "들은 것"에서 흘러 떠내려가지 말 것을 경고했다(2:1). 이는 처음의 신앙과 실천에 늘 뿌리박고 있어야 한다는 바울의 여러 권면을 연상시킨다. 신자가 그리스도를 구주로 영접할 때 고백하고 헌신한 그 내용(빌 4:9, 딤후 2:2)이 바로 "성도에게 단번에 주신 믿음의 도"에 해당한다(유 1:3).

—2:2-3상—

역시 1장에 제시한 논지에 근거하여 저자는 유대인이 사용하는 흔한 논증법인 '칼 와호메르'(*qal wahomer*)를 기용한다. 이 말은 '가벼운 데서 무거운 데로' 나아간다는 뜻이다.[17] 즉 '가벼운'(또는 덜 중요한) 사안에 적용되는 원리라면 '무거운'(또는 더 중요한) 사안에는 더욱더 적용될 수밖에 없다는 것이다. 랍비들의 성경 해석법에 이런 논법이 확립되어 있었던 만큼 히브리서의 유대인 독자에게도 설득력 있는 논증으로 들렸을 것이다. 논리는 간단하다. 천사들이 전한 율법의 메시지는 불변의 것이었다. 그래서 율법의 엄한 명령은 구속력이 있었고 계명을 어긴 사람은 중벌을 면할 수 없었다. 선지자들이 전한 하나님의 계시를 통해 번번이 예증된 바와 같다(1:1). 그런데 천사와 선지자보다 크신 예수 그리스도가 오셨다. 그러니 그분이 선포하셨고 우월한 인격과 사역으로 이루신 큰 구원의 메시지를 거부하는 사람은 얼마나 더 중한 심판을 받겠는가?

히브리서의 수신자들도 구약을 통해 익히 알았겠지만, 모세 율법에 순종하면 한시적 복이 임했고(참조. 신 28:1-14) 불순종을 오래 고집하면 한시적 심판이 점점 가중되었다(신 28:15-68). 중요하게 기억해야 할 것이 있다. 모세 율법은 순종의 결과로 영생이나 천국의 상급을 제시한 적도 없고, 불순종의 결과로 영원한 지옥의 저주를 경고하지도 않았다. 율법은 역사 속의 이스라엘 민족을 향한 한시적 언약이었고, 하나님의 독특한 나라요 백성으로서 땅에서 복을 누리기 위한 조건이었다. 율법에 불순종하면 한시적 복을 잃는 정도였지만, 예수 그리스도를 거부하면 영원한 복을 잃는다.

신자인지 아닌지 여부를 떠나 기독교 신앙을 거부하거나 등한히 여기면 영적으로 영원히 중대한 결과가 따른다. 그리스도를 완전히 거부하는 비신자에게 그 대가는 영생 자체다(요 3:36, 요일 5:10-12). 그리스도를 영접했으나 등한히 하거나 반항하여 그분께 충성하지 않고 흘러 떠내려가는 신자에게는 그 대가가 천국의 상급이다(고전 3:13-15, 고후 5:10). 히브리서 저자는 주로 둘째 부류를 염두에 두었다. 즉 그리스도를 믿는다고 고백했으나 위험하게도 구원을 등한히 여긴 이들이다.

—2:3하-4—

우리가 받은 구원이 "이같이 큰" 까닭은 구원의 중보자가 다름 아닌 예수 그리스도시기 때문이다. 하나님이자 인간이신 그분은 인격과 사역에서 만유보다 우월하시다. 하지만 구원의 메시지인 복음 자체도 우월하다. 1세기의 첫 세대 신자들에게 구원이 비할 나위 없는 방식으로, 즉 성부와 성자와 성령의 협력을 통하여 임했기 때문이다(2:3-4).

3절 하반절에서 알 수 있듯이 첫 세대의 독자들은 그리스도와 그분이 손수 뽑으신 사도들과 관련하여 다시없을 독특한 입장에 처해 있었다. 히브리서의 수신자들은 예수님의 지상 생애와 사역을 목격하지는 못했지만, 적어도 첫 사도들의 가르침을 들었다(2:3하). 구원의 메시지는 "처음에 주[예수 그리스도]로 말씀하신 바요" 이어 그분의 말씀을 직접 들은 이들-최초의 열한 제자를 비롯해 예수님을 따르던 전체 무리의 다른 일원들-을 통해 하나님의 참 계시로 확증되었다(2:3하). 아울러 하나님도 친히 복음의 메시지가 진리임을 증언하시며 첫 사도들에게 성령의 권능으로 표적과 기사와 기적을 행할 능력을 주셨다(2:4). 요컨대 성부와 성자와 성령이 메시지를 인증하셨다. 그래서 복음에 찍힌 우월한 진정성의 표는 논박될 수 없다.

3절 하반절과 4절의 논지는 다분히 첫 독자들의 개인적 경험을 바탕으로 한다. 예수님의 말씀을 직접 "들은 자들"이 독자에게 "표적들과 기사들과 여러 가지 능력과 및…성령이 나누어주신 것으로써" 복음의 메시지를 전하고 "확증"했다(2:4). 그렇다면 오늘의 우리도 하나님의 특별한 메신저들을 찾아야 할까? 그들도 자신이 전하는 말씀이 진리임을 비슷한 초자연적 인증의 표를 통해 증명해야 할까?

물론 우리는 하나님이 기적을 행하실 수 있음을 결코 부인할 마음이 없다. 그분은 그리스도가 오시기 전의 구약 시대에도 기적을 베푸셨고 교회사에서도 내내 놀라운 일을 행하셨다. 하나님은 하나님이시므로 무엇이든 원하시는 대로 하신다. 그러나 표적과 기사와 능력과 및 성령이 나누어주신 것(2:4)에 대한 우리의 이해는 또한 하나님의 말씀이 가르치시는 바에 부합해야 한다(딤후 3:16-17). 기적처럼 보이는 개인적 경험과 간증과 낭설과 소문을 성경의 기준대로 해석해야 한다. 하나님이 우리의 예상을 초월하여 그분의 뜻대로 행하실 수 있고, 실제로 그렇게 행하심에도 불구하고 자신의 불가침의 말씀에 어긋나는 일은 하지 않으시기 때문이다.

표적과 기사와 기적에 관한 신약과 초대 교회의 가르침을 깊이 살펴보면 알겠지만, 성령의 선물인 이런 확증은 특별히 사도라는 특정인들을 중심으로 이루어졌다. 아울러 이런 기초 사역이 그야말로 기초였음도 알 수 있다. 1세기에 기독교 신앙의 기초가 놓인 뒤로 이후 모든 세대의 전도자와 목사와 교사는 계속 터를 닦는 것이 아니라 그 터 위에 짓는 것이었다(고전 3:10-11, 엡 4:11). 사도 시대에 스페인에서 인도까지, 아프리카에서 시리아까지 교회가 개척되었다. 1세기 말에는 신약이 완결되어 그 시대 이후의 교회를 위한 불변의 교리적 기초를 이루었다.

"하나님이 교회 중에 몇을 세우셨으니 첫째는 사도요 둘째는 선지자요"(고전 12:28)라는 신약의 말씀에는 그런 직분이 교회의 기초였다는 뜻이 암시되어 있다. 아울러 바울이 지적했듯이 진정한 사도의 표에는 "예수 우리 주를 보"았다는 사실도 포함되었다(고전 9:1). 고린도전서 15장 7절에 부활하신 예수님의 목격자를 열거할 때 바울은 그리스도가 야고보와 "그 후에 모든 사도에게" 나타나셨고, "맨 나중에 만삭되지 못하여 난" 자신도 마지막 사도로서 그분을 보았다고 했다(고전 15:8). 이렇듯 사도의 명백한 자격 요건 중 하나는 그리스도가 지상에서 사역하시는 동안 그분을 목격한 사람이라야 한다는 것이다. 이는 주님의 말씀을 "들은 자들"이 복음을 확증했다는 히브리서 저자의 말과 일맥상통한다(2:3하).

"참 사도"가 갖추어야 할 또 다른 필수 요소는 능히 "표적과 기사와 능력"을 행하여 말씀을 확증하는 데 있었다(고후 12:12). 표적과 기사가 사도들의 메시지를 확증해주던 그러한 역할은 마가복음 16장 20절로도 확인된다. 거기 보면 주님의 제자들이 "나가 두루 전파할새 주께서 함께 역사하사 그 따르는 표적으로 말씀을 확실히 증언"하셨다.[18] 히브리서 저자의 말도 이런 확증의 표적과 은사가 첫 사도들의 전파를 중심으로 이루어졌다는 초대 교회의 가르침과 일치한다. 즉 그리스도가 복음을 전파하신 뒤 그 복음의 근원이 하나님이심이 "표적들과 기사들과 여러 가지 능력과 및 자기의 뜻을 따라 성령이 나누어주신 것으로써" 확증되었다(2:4).

요컨대 성경에 보듯이 1세기의 사도는 일정 수의 인원으로서 주님을 보았고, 그분의 말씀을 들었으며, 비범한 표적과 기사와 기적과 및 성령이 나누어주신 것을 행하는 능력이

역사 속과 오늘날의 기적(히브리서 2:4)

분명히 기적은 날마다 벌어지는 일이 아니다. 나의 한 동료가 말했듯이 "그런 일이 날마다 벌어지면 기적이 아니라 일상이 될 것이다." 비록 성경에는 흔해 보여도 자세히 살펴보면 알겠지만 기적은 극히 드물다. 하나님의 기적은 새로운 계시를 집중적으로 주시던 시기나 자기 백성과 교류하시는 방식에서 중대한 전환기에 몰려 있는 듯 보인다. 비교적 단기간인 세 번의 극히 놀라운 시대가 보이는데 그 기간에 기적이 특히 집중되었고 기이했다.

1. 이스라엘의 출애굽, 광야에서의 방황, 가나안 정복

하나님은 4백 년의 침묵 후 일련의 기적으로 이집트 백성과 히브리 백성을 놀라게 하셨다. 그분은 이렇게 자신의 언약 백성을 이집트의 노예 생활에서 해방시키시고 광야에서 인도하여 약속의 땅에 정착하게 하셨다.

2. 엘리야와 엘리사가 행한 예언 사역

하나님은 왕정 시대에 수십 년 동안 거듭 경고하신 끝에 이스라엘을 우상숭배에서 돌이키시고자 이 두 선지자를 보내셨다. 하나님은 기적을 통해 그들의 메시지가 자신에게서 온 것임을 입증하셨다. 그러나 이스라엘은 이 두 선지자를 배척했고 그 결과 심판이 임했다.

3. 그리스도와 사도들이 행한 기초 사역

4백 년의 침묵 후 하나님이 보내신 그분의 아들은 구약의 기적을 능가하는 기적적 위업을 능히 행하셨다. 이어 그분은 사도들을 통해서도 기적을 베푸셔서 예수 그리스도의 메시지가 하나님의 아들의 것임을 확증하셨다.

참으로 하나님의 기적은 드물어서 역사를 통틀어 뜸하게 발생했다. 대부분의 경우 기적의 취지는 세상 속에서 역사하시는 하나님께 주목을 끌거나, 그분의 특별한 선지자와 사도의 활동과 메시지를 확증하거나, 임박한 심판을 명백히 경고하려는 것이었다.

있었다. 표적의 취지는 복음의 메시지가 진리임을 초자연적으로 확증하는 데 있었다. 십자가에서 죽으시고 부활하신 주님에 관한 그들의 가르침과 저작은 교회의 기초였다. 이 땅에서 그들의 생애가 끝나면서 그 직분도 종료되었다.

그래서 우리는 책임이 없다는 뜻인가? 우리는 히브리서의 수신자들처럼 사도들의 말을 직접 듣지 못했고, 사도들이 듣고 보고 손으로 만진 바에 대한 증언(요일 1:1)을 직접 들을 수 없다. 하나님이 함께하신다는 증거로 사도들이 경험했던 그 "놀라운 능력"을 우리는 경험할 수 없다(행 19:11). 그래서 이 사실을 핑계로 우리는 하나님이 말씀의 진리성을 기적으로 확증해주실 때까지 구원을 등한히 여기고 흘러 떠내려가 복음을 경시해도 되는가?

천만의 말이다! 예수님과 첫 사도들의 가르침과 행적은 오늘날의 우리를 위해 성경에 보전되어 있으며, 복음을 전하는 자와 목사와 교사가 지금도 이를 가르친다(엡 4:11). 또 우리에게는 2천 년의 세월 동안 복음을 위해 살고 복음을 위해 죽은 신실한 성도들의 증언이 있다. 많은 변증자와 학자의 논증과 증거도 있다. 사람들의 삶이 변화된 기적도 있다. 우리를 모든 진리 가운데로 인도하시는 성령의 내적 조명도 있다(요 16:13).

적용: 히브리서 2:1-4
흘러 떠내려가는 사람이 되지 말라

첫 세대의 히브리 신자들처럼 오늘날의 그리스도인도 "이같이 큰 구원"을 상속받았다(2:3). 그들 못지않게 우리도 이 구원의 선물에 불굴의 확신으로 반응하여 흘러 떠내려가려는 성향을 물리쳐야 한다(2:1). 흘러 떠내려가는 문제가 당신의 관심 밖이라면 이제라도 관심을 가져야 한다. 그 위험을 잘 모르겠거든 여기 히브리서의 첫 경고 메시지(2:1-4)에 기초하여 몇 마디 실제적 조언을 나누고자 한다.

첫째, 새것을 구하기보다 이미 들은 바를 흡수하는 것이 더 필수다. '익히 아는' 복음의 메시지로 말미암아 변화되고 있지 못하다면 기초가 다져질 때까지 새로운 정보를 획득하는 일을 중단해야 한다. 지금 필요한 것은 최신의 심오한 영적 통찰이 담긴 새로운 책이나 세미나나 블로그나 팟캐스트가 아니다. 지식을 늘리는 것이 틀렸다는 말이 아니다. 오히려 지식은 우리를 영적으로 기르시는 하나님의 계획 중 하나다. 그러나 복음의 우유도 삼키지 못하는 사람이 고기와 감자부터 먹을 수는 없다. 그건 나중 일이고 지금은 이미 알고 있는 신앙의 기초 진리부터 소화해야 한다. 가장 중요한 기초 진리란 무엇인가? 그리스도의 인격과 사역에 직결되는 내용이다(고전 15:1-5). 그중의 한 단순한 진리로, 구원은 돈으로 사거나 노력으로 얻어내거나 부모에게서 물려받는 것이 아니라 하나님의 값없는 선물이다(엡 2:1-10). 구원받으면 무엇을 믿는지만 바뀌는 것이 아니라 성령의 능력으로 말미암아 생활방식도 변한다(갈 5:16-24). 당신도 기초부터 다져야 한다면 기도하는 마음으로 갈라디아서나 로마서 전체를 천천히 숙독해볼 것을 권한다.

둘째, 흘러 떠내려갈 위험을 물리치려면 적용을 훈련해야 한다. 우리가 흘러 떠내려가는 때는 믿지 않는 바깥세상의 시류 속에 있거나 내면이 이기적 욕심으로 들끓을 때다. 불변하는 성경의 진리에 삶의 닻을 내리기보다 자신의 종잡을 수 없는 본능에 의지할 때다. 종종 걷잡을 수 없이 우리 삶에 밀려오는 영향력에 맞서려면 하나님의 말씀을 매일—매주나 매달이 아니라—적용해야 한다. 실제로 자신의 배를 하나님의 진리에 아주 단단히 정박시켜야 한다. 그래야 매순간의 결정을 내릴 때조차도 제멋대로가 아니라 하나님의 생각대로 생각할 수 있다.

셋째, 하나님의 구원을 등한히 여기면 그에 따르는 필연적 결과를 면할 수 없다. 참 신자는 하나님의 진노에서 영원히 해방되었으므로(살전 5:9) 우리가 하나님 앞에서 정죄당할 일은 없다(롬 8:1). 그러나 히브리서 뒷부분에서 배우겠지만, 하나님은 우리의 자애로운 아버지시기에 사랑하는 자녀를 징계하신다(12:7-11). 때로 우리는 확실한 정박지인 하나님의 말씀과 안전한 항구인 그분의 교회에서 흘러 떠내려가 구주의 큰 구원과 복을 점차 망각한다. 그분의 단맛이 싱거워지고 그 사랑의 품에서 느끼던 온기도 식는다. 그렇게 되면 하나님이 우리를 도로 그분께로 이끄시려고 삶에 시련과 난관을 허락하여 우리를 추적하신다. 고통스러울 때가 많을 것이다. 고집스레 버티다가 더 깊고 위험한 물속으로 빨려들기보다는 하나님의 징계하시는 손길에 처음부터 전적으로 반응하는 것이 낫다. 하나님께로 즉각 돌아오라. 바로잡아주시는 그분의 음성을 귀 기울여 들으라. 영적으로 흘러 떠내려갈 위험을 인식하라!

복종과 고난과 성화(히브리서 2:5–18)

5하나님이 우리가 말하는 바 장차 올 세상을 천사들에게 복종하게 하심이 아니니라 6그러나 누구인가
가 어디에서 증언하여 이르되

사람이 무엇이기에 주께서 그를 생각하시며
인자가 무엇이기에 주께서 그를 돌보시나이까
7그를 잠시 동안 천사보다 못하게 하시며
영광과 존귀로 관을 씌우시며
8만물을 그 발 아래에 복종하게 하셨느니라 하였으니

만물로 그에게 복종하게 하셨은즉 복종하지 않은 것이 하나도 없어야 하겠으나 지금 우리가 만물이
아직 그에게 복종하고 있는 것을 보지 못하고
9오직 우리가 천사들보다 잠시 동안 못하게 하심을 입은 자 곧 죽음의 고난 받으심으로 말미암아
영광과 존귀로 관을 쓰신 예수를 보니 이를 행하심은 하나님의 은혜로 말미암아 모든 사람을 위하여
죽음을 맛보려 하심이라
10그러므로 만물이 그를 위하고 또한 그로 말미암은 이가 많은 아들들을 이끌어 영광에 들어가게
하시는 일에 그들의 구원의 창시자를 고난을 통하여 온전하게 하심이 합당하도다 11거룩하게 하시는
이와 거룩하게 함을 입은 자들이 다 한 근원에서 난지라 그러므로 형제라 부르시기를 부끄러워하지
아니하시고 12이르시되

내가 주의 이름을 내 형제들에게 선포하고
내가 주를 교회 중에서 찬송하리라
하셨으며

13또 다시
내가 그를 의지하리라
하시고 또 다시
볼지어다 나와 및 하나님께서 내게 주신 자녀라
하셨으니

14자녀들은 혈과 육에 속하였으매 그도 또한 같은 모양으로 혈과 육을 함께 지니심은 죽음을 통
하여 죽음의 세력을 잡은 자 곧 마귀를 멸하시며 15또 죽기를 무서워하므로 한평생 매여 종 노릇 하는
모든 자들을 놓아 주려 하심이니 16이는 확실히 천사들을 붙들어 주려 하심이 아니요 오직 아브라함
의 자손을 붙들어 주려 하심이라 17그러므로 그가 범사에 형제들과 같이 되심이 마땅하도다 이는 하

나님의 일에 자비하고 신실한 대제사장이 되어 백성의 죄를 속량하려 하심이라 [18]그가 시험을 받아 고난을 당하셨은즉 시험 받는 자들을 능히 도우실 수 있느니라

부당한 고통과 고난과 죽음의 문제는 많은 사람을 무신론으로 안내하는 표지판이다. 하나님의 존재를 의심하는 이들이 제기하는 고통의 문제를 C. S. 루이스(C. S. Lewis)는 이렇게 요약했다. "하나님이 선하시다면 피조물의 완전한 행복을 바랄 것이고, 하나님이 전능하시다면 그 바람대로 행할 능력이 있을 것이다. 그런데 피조물은 불행하다. 따라서 하나님은 선하지 않거나 능력이 없거나 양쪽 모두다."[19] 하나님은 고난을 없앨 능력이 없으실까? 그렇다면 무능하시다. 고난을 없앨 의향이 없으실까? 그렇다면 선하지 못하시다. 혹시 우리의 고난을 모르실까? 그렇다면 무지하시다. 어느 경우든 그런 모자란 신은 예배받기에 합당하지 못하다. 창조, 타락, 구속, 회복의 성경 이야기를 거부하는 이들의 입장에서 보면 고통의 문제는 하나님의 존재를 믿는 데 큰 걸림돌이 된다.

그러나 그런 이야기가 엄연히 존재하고 줄거리는 복잡하며 기승전결이 있다. 당신과 나를 비롯한 전체 역사의 온 인류가 이 이야기 속에 들어 있다. 악당들과 영웅들이 있고, 절정과 결말도 있다. 제2막이 길어서 혹시 무서워 보일 수 있으나, 무엇보다 이 서사시는 셰익스피어의 비극처럼 문제가 매듭지어지지 않거나 우리를 어두운 결말로 떠밀지 않는다. 성경의 이야기는 해피엔딩이라서 미결 부분은 다 해결되고, 악당은 다 정복되며, 영웅은 다 승리한다. 그러므로 고통의 진짜 문제는 이 이야기 속에서 자신이 어디에 있는지를 모르는 데서 비롯된다.

1세기의 히브리서 독자들에게나 이생에서 고난의 해일에 부딪히는 우리 모두에게나 필요한 것은 전체를 보는 시각이다. 하나님의 이야기 속에서 자신이 어디에 있는지를 알아야 하고, 우리 믿음의 창시자이자 영웅이신 그분이 이 세상을 (또한 그분을 충실히 따르는 모든 사람을) 선하고 영광스러운 결말로 인도하실 것을 신뢰해야 한다. 히브리서 2장의 나머지에 이런 시각이 제시된다.

앞서 천사를 언급하다가 덧붙여서 그리스도인이 구원을 등한히 여겨서는 안 된다고 엄히 경고한 저자는 다시 천사라는 주제로 돌아가 이번에는 천사와 인류의 관계를 논한다. 하나님의 이야기가 시작될 때만 해도 인간은 본래 창조세계를 다스리도록 되어 있었다. 그

러나 창세기 3장에 인류가 타락한 뒤로 인간을 향한 본래의 계획이 보류되면서 우리는 저주받은 세상의 결과와 고난을 당하게 되었다. 그런데 저자는 잠깐 휘장을 걷어 우리에게 미래의 예고편을 보여준다. 장차 궁극의 인자(人子)이신 예수 그리스도가 구속받은 무리를 인도하셔서 하나님의 계획대로 잠재력을 온전히 실현하게 하실 것이다. 그리스도가 오셔서 그들을 구하심으로 아담 안에서 상실되었던 것을 인류에게 회복해주실 것이다.

그때까지 우리 모두는 잇단 고난에서 헤어나지 못해 암담할 때가 많다. 하지만 고난의 한복판에서도 하나님은 모든 것을 합력하여 우리의 선과 자신의 영광을 이루신다(참조. 롬 8:28). 그리스도가 오셔서 모든 것을 바로잡으실 때까지 우리는 길고 고되며 종종 고통스러운 성화의 과정에서 고난당할 것을 예상해야 한다.

—2:5-8—

1장 14절을 읽고 나서 2장 1-4절을 건너뛰어 바로 5절을 읽으면 이음매 없이 연결된다. 저자는 1장 14절에서 천사가 "구원받을 상속자들"을 섬기는 영이라 했다. 그러다 이번 5절에 천사를 다시 언급하면서 "우리가 말하는 바" 미래의 세상으로 넘어가는데, 이 "말하는 바"란 1-4절의 경고가 아니라 1장 1-14절의 논증을 받는다. 그래서 1-4절의 경고는 대단히 중요하기는 하지만 삽입구로 보는 것이 좋다. 마치 저자가 경기 중에 작전 타임을 부르고 경기장에 들어가 이미 발생했거나 발생하기 쉬운 반칙을 지적하면서 여기서 까딱 잘못했다가는 자격을 박탈당한다고 선수들에게 경고하는 것과 같다. 이어 그가 경기장에서 나와 호각을 불자 경기는 정확히 그 끊겼던 데서 재개된다.

인간은 그리스도가 이루신 구원의 상속자므로 인간의 소명은 천사보다 높다(2:5). 하나님은 이 세상의 통치권을 천사에게 주신 적이 없다. 그 책임과 권위의 자리는 그분의 형상을 닮은 유일한 피조물이자 만물의 영장인 인류의 몫이다. 타락 이전의 인간을 향한 하나님의 구체적인 계획과 목적이 창세기 1장 27-30절에 이렇게 기술되어 있다.

> 하나님이 자기 형상 곧 하나님의 형상대로 사람을 창조하시되 남자와 여자를 창조하시고 하나님이 그들에게 복을 주시며 하나님이 그들에게 이르시되 생육하고 번성하

여 땅에 충만하라, 땅을 정복하라, 바다의 물고기와 하늘의 새와 땅에 움직이는 모든 생물을 다스리라 하시니라 하나님이 이르시되 내가 온 지면의 씨 맺는 모든 채소와 씨 가진 열매 맺는 모든 나무를 너희에게 주노니 너희의 먹을거리가 되리라 또 땅의 모든 짐승과 하늘의 모든 새와 생명이 있어 땅에 기는 모든 것에게는 내가 모든 푸른 풀을 먹을거리로 주노라 하시니 그대로 되니라.

타락(창 3장) 이전에 아담과 하와는 이 고귀한 소명을 실현하는 길목에 놓여 있었다. 비록 에덴동산은 시작일 뿐이었고(창 2:8) 처음에는 제한된 인원으로(창 2:25) 장차 할 일이 많았지만(창 2:15), 그래도 그들은 순결과 지성을 부여받았고 하나님께 온전히 복종하며 노동을 수행할 능력도 갖추어져 있었다. 계속 하나님께 순종했다면 땅에 충만하고 땅을 정복하는 그들의 역할도 지속되었을 것이다(창 1:28). 계속 에덴동산을 경작하고 지켜(창 2:15) 마침내 온 세상에 충만하고 온 세상을 정복했을 것이다. 본래 의도되었던 그 통치의 범위가 시편 8편 3-8절에 이렇게 생생한 시로 묘사되어 있는데, 히브리서 저자도 여기서 일부를 인용한다.

주의 손가락으로 만드신 주의 하늘과
주께서 베풀어 두신 달과 별들을 내가 보오니
사람이 무엇이기에 주께서 그를 생각하시며
인자가 무엇이기에 주께서 그를 돌보시나이까
그를 하나님보다 조금 못하게 하시고
영화와 존귀로 관을 씌우셨나이다
주의 손으로 만드신 것을 다스리게 하시고
만물을 그의 발아래 두셨으니
곧 모든 소와 양과
들짐승이며
공중의 새와 바다의 물고기와
바닷길에 다니는 것이니이다.

상상해보건대 어느 밤에 다윗 왕이 무한한 깊이의 우주를 올려다보노라니 무수한 별빛으로 밝혀져 있는데 모두가 하나님의 불가해한 창작품이요 그분의 측량 못할 권능으로 지탱되고 있었다. 광대무변한 창조세계에 현기증이 난 다윗은 문득 창세기 1장의 진리를 되새겼다. “우리 인간은 이 모두를 다스리도록 지음 받았다!” 옳은 생각이요 훌륭한 신학이다. 당연히 다윗은 인간에게 씌워진 영화의 관에 경탄했다.

그러나 이내 다윗의 눈은 이 현세의 현실로 옮겨갔을 것이다. 엉망이 되어버린 세상 구석구석을 돌아보면서 태초의 낙원에 가시와 엉겅퀴가 무성해진 사실을 떠올렸을 것이다. 창세기 1장 이후에 무언가 일이 벌어져 하나님이 의도하신 질서를 뒤집어놓았다. 바로 인류의 타락이다.

히브리서 저자는 하나님의 창조세계 본연의 영광도 알았고 통치권을 상실한 인류의 비극도 알았다. 그분이 만물을 예외 없이 아담에게 복종하게 하셨건만(2:8), 현 상황은 암담해 보인다. 윌리엄 바클레이(William Barclay)는 히브리서 주석에 이 당위와 현실을 이렇게 극명히 대비했다.

> 인간은 만물을 다스리도록 되어 있었으나 여태 다스리지 못했다. 이들 피조물은 상황에 좌절하고 유혹에 꺾이고 자신의 약점에 둘러싸여 있다. 자유로워야 할 그들이 속박되어 있고 통치자여야 할 그들이 노예가 되어 있다.[20]

과연 타락은 일대 재앙이어서 인류를 무질서와 혼란과 패배와 죽음에 빠뜨렸다. 그 결과 인류는 지적, 심리적, 도덕적, 신체적, 정서적, 영적으로, 즉 상상 가능한 모든 면에서 손실을 입었다. 금단의 열매를 따 먹음으로써 아담과 하와는 자기들이 통치해야 할 대상 중 가장 저급한 피조물에 속하는 뱀에게 속았다. 속아서 자신들도 하나님처럼 될 줄로 알았다(창 3:4-6). 그러나 반대로 그들은 승리의 궤도에서 추락하여 자기네가 다스리도록 되어 있던 창조세계의 먹이가 되었다.

그러나 저자의 논지가 우리를 어디로 데려가고 있는지를 놓쳐서는 안 된다. 그는 “지금 우리가 만물이 아직 그[인류]에게 복종하고 있는 것을 보지 못하고”라고 썼다(2:8). “아직”이라는 짧지만 중요한 단어를 놓치지 말라. 앞서 말했듯이 이번 단원은 5절에 미래를 내다보는 전망으로 시작되었다. "하나님이 우리가 말하는 바 장차 올 세상을 천사들에게 복종하게 하심이 아니니라." 장차 올 세상인데 아직 오지 않았을 뿐이다.

하나님께는 여전히 인류에게 창조세계의 통치권을 회복시켜주시려는 영광스러운 계획이 있다. 그래서 하나님의 형상 자체이신 예수 그리스도가 등장하신다.

—2:9-10—

지금은 세상이 우리에게 복종하지 않는다. 창조세계를 다스릴 우리의 최고 지위를 죄가 들어와서 강탈했다. 인류는 아담 안에서 타락했다. 우리 모두가 육체적, 유전적, 영적, 역사적으로 "아담 안에" 있었기에 그의 행위는 곧 우리를 대표한 행위였다. 아담과 하와가 타락하여 그들의 자녀도 타락했고 후손도 타락했다. 지금 주위를 둘러보면 그 비극의 결과가 보인다. 분명히 이는 그전의 상태나 본연의 상태가 아니다. 아직은 모든 것이 다 인류에게 복종하지는 않는다.

그런데도 여전히 우리 인간 안에는 일찍이 하나님이 다스리라고 주신 세상을 정복하려는 욕구가 있다. 생각해보라. 인간은 "산이 거기 있기에" 애써 최고봉에 오른다. 달 위를 걷고자 우주에 로켓을 쏘아 올린다. 타고난 호기심을 충족시키려고 모든 만과 반도와 섬과 협만과 강과 황무지를 탐사한다. 심해에 한없이 깊이 들어가 미지의 종을 하나라도 더 찾아낸다. 선천적 욕구가 우리 안에 있어 "통치권을 행사하라"고 말한다. 갈망은 그대로다. 하지만 능력은 어떤가? 손상되었다.

대부분의 경우에 우리는 비참하게 실패한다. 그런데 창세기 3장에 이어지는 이 좌절의 세월 한복판에 예수님이 오신다. 그분은 우리의 시선을 이 빈약한 상태로부터 돌려 만물이 정복될 훗날에 대한 소망을 새롭게 해주신다. 아버지와 함께 영원하신 아들은 만물을 다스리시는 하나님이심에도 "천사들보다 잠시 동안 못하게 하심을 입"으셨다(2:9). 즉 이 타락한 세상의 우리 자리에 오셔서 우리처럼 비천해지셨다. 바울이 빌립보서에 썼듯이 그분은 "자기를 비워 종의 형체를 가지사 사람들과 같이 되셨"다(빌 2:7). 그뿐 아니라 십자가에서 죽기까지 하셨는데(2:9, 참조. 빌 2:8) 이는 자신의 죄 때문이 아니라 "하나님의 은혜로 말미암아 모든 사람을 위하여 죽음을 맛보려 하심"이었다(2:9). 당신과 나를 위해 하신 일이다.

그렇게 인류의 죄-과거와 현재와 미래의 모든 죄-의 형벌을 치르신 그분은 죽은 자 가운데서 불멸의 승리자로 부활하여 "영광과 존귀로 관을 쓰"셨다(2:9).

아담이 잃었던 것을 그리스도가 되찾으셨다. 자신을 위해서가 아니었다. 무덤을 이기신 십자가 사역을 통해 그분은 연약한 데서 온전한 데로 나아가 "구원의 창시자"가 되어 "많은 아들들을 이끌어 영광에 들어가게 하"셨다(2:10). 우리도 믿음으로 그분께 자신을 맞추고 성령의 내주하심으로 말미암아 그분과 연합하면 아담 안에서 잃은 것을 점차 되찾는다. 그리스도가 우리처럼 되심은 우리를 높여 그분을 더 닮게 하시기 위함이다. 덕분에 이상과 현실과 장래를 보는 우리의 시각이 완전히 새로워진다. 이상은 본연의 우리 모습으로 아담과 하와가 타락 이전에 에덴동산에서 경험했던 바와 같다. 현실은 우리가 날마다 경험하는 지금의 모습, 즉 태초의 영광과 존귀를 잃고 하나님의 존전을 떠나 패배와 죽음을 면할 수 없는 상태다. 그런데 그리스도 안에 우리의 장래가 있다. 우리는 장차 그렇게 될 수 있고 반드시 그렇게 된다. 현세에도 실제로 그리스도를 닮아가지만, 궁극적으로는 내세에 부활하여 회복된 후에 온전히 그분처럼 변화된다.

—2:11-18—

2장의 주제는 영광스러운 미래에서 지금 여기 고달픈 현실로 바뀌어 균형을 이룬다. 인류는 본래 하나님의 형상을 지닌 대리자로서 세상을 다스려야 했으나 죄가 들어오면서 이야기가 달라졌다. 그 사명을 더는 감당하지 못하게 된 인간은 쇄신이 절실히 필요했으나 스스로는 해낼 수 없었다. 그래서 그리스도가 오셔서 이 하향 궤도를 반전시키려 모든 사람을 위하여 죽음을 맛보셨다(2:9). 그러나 지금은 중간기다. 그리스도가 일을 다 이루셨으나 아직 만물이 그분께 복종하게 되지는 않았다. 장차 그분과 함께 영광에 참여할 우리도 그때까지는 고난을 면할 수 없다. 그럼에도 그리스도의 우월한 인격과 사역은 우리의 고난까지도 전체적 시각에서 보게 해준다.

예수님은 수난을 통해 타락한 인류와 온전히 동화하셨다. 도덕적으로 순결하신 그분이 필멸의 육신을 입으셨다. 영광과 존귀를 받기에 합당하신 그분이 수치스러운 인간들 가운데 거하시며 능욕을 당하셨다. 마땅히 사셔야 할 그분이 죽임을 당하셨다. 본문 11-12절에 지적되어 있듯이 하나님은 우리의 "형제"가 되심으로써 우리의 성화를 이루셨다. 즉 "거룩하게 하시는 이[그리스도]와 거룩하게 함을 입은 자들[신자들]이 다 한 근원[아버지]에서 난지라"(2:11).

저자는 이어 구약의 세 본문을 더 그리스도께 적용하여 그분이 우리와 완전히 동화하셨음을 매번 강조한다. 12절에 인용된 시편 22편 22절은 예수님이 십자가에서 자신의 수난에 적용하신 바로 그 시의 한중간에 나온다. "내 하나님이여 내 하나님이여 어찌 나를 버리셨나이까 어찌 나를 멀리 하여 돕지 아니하시오며 내 신음 소리를 듣지 아니하시나이까"(시 22:1). 이 시에는 의인들이 이 타락한 세상에서 죄 없이 당하는 고난이 묘사된다(시 22:2-18). 그래서 그들은 당연히 하나님께 버림받은 심정이고(시 22:1), 그분이 "멀리" 느껴지며(시 22:19), 구원이 절실히 필요하다(시 22:20-21). 이 시의 어구는 특별히 그리스도께 적용되며, 그대로 예언이 되어 그분의 십자가 고난으로 성취된다. 그러나 이 시는 애통과 고뇌의 시만이 아니라 고난당하는 자가 구원하실 하나님을 믿는 믿음의 고백이기도 하다(시 22:22-31).

그래서 저자가 곧이어 인용한 본문에는 하나님을 의지한다는 고백에 이어 화자와 및 하나님이 그에게 주신 자녀 사이의 연관성이 언급된다(사 8:17-18). 본래 이사야 선지자가 말했던 본문은 이렇다. "이제 야곱의 집에 대하여 얼굴을 가리시는 여호와를 나는 기다리며 그를 바라보리라 보라 나와 및 여호와께서 내게 주신 자녀들이 이스라엘 중에 징조와 예표가 되었나니 이는 시온 산에 계신 만군의 여호와께로 말미암은 것이니라." 히브리서 저자는 선지자의 말을 메시아에게 적용함으로써 중요한 유사점을 이끌어내 이를 독자들의 씨름과 고난의 상황에 대입한다. 이사야는 장래에 회복될 이스라엘을 조금이나마 생생히 보았지만, 그때까지는 "여호와를…기다리며 그를 바라보"아야 했다(사 8:17). 하나님은 그와 그의 자녀들(이사야와 합세하여 하나님을 따른 무리)을 불러 어두운 세상에 증언의 빛이 되게 하셨다(사 8:18).

그리스도와 그분의 영적 자녀들도 마찬가지다(2:13).[21] 그리스도는 우리처럼 되셔서 이 중간기에 사시며 우리 모두의 운명인 고생과 고난과 죽음까지 당하셨다. 그분도 하나님께 버림받은 심정이었고, 고난 중에도 하나님을 의지하셨으며, 이 타락한 세상에서 증언하셨다. 이런 동화가 없었다면 그분은 "내가 이해한다. 너희가 겪고 있는 일을 나도 안다. 너희

심정을 안다"고 말씀하실 수 없었을 것이다. 그런데 동전의 이면이 있다. 그리스도의 고난 덕분에 우리 쪽에서도 그분과 동화할 수 있다(빌 3:10). 만물이 그리스도께 복종하는 그날까지 우리는 이 길을 그분과 함께 간다. 그날이 오면 만물이 그분과 동화한 우리에게도–그리스도로 말미암아–복종한다.

그리스도는 우리와 똑같이 혈과 육을 입으셨다(2:14). 그 상태로 고난당하시고 죽으심으로 마귀에게 치명상을 입히셨다. 마귀는 먼 옛날 인류를 사망으로 속박했던 그 옛 뱀이다. 영광 중에 다시 오실 하나님의 아들에게 사탄이 완전히 궤멸되기까지는 이제 시간문제일 뿐이다. 그때가 되면 사망 자체가 소멸된다. 한때 사망 권세에 매여 있던 우리는 이미 두려움에서 해방되었다(2:15). 이 땅의 고난이 날마다 우리에게 죽음을 상기시키지만, 그래도 그리스도의 인격과 사역이 죄와 사탄과 고난보다 우월하기에 우리는 소망과 확신을 얻어 전진할 수 있다.

그리스도는 우리에게 소망을 주셨을 뿐 아니라 도움도 베푸신다(2:16). 성령은 영적인 "아브라함의 자손"이자 그리스도의 것인 사람들(갈 3:29)에게 위로자와 도우시는 분(요 16:7)으로 보냄 받으셨다. 바울은 "하나님이 그 아들의 영을 우리 마음 가운데 보내사 아빠 아버지라 부르게 하셨느니라 그러므로 네가 이후로는 종이 아니요 아들이니 아들이면 하나님으로 말미암아 유업을 받을 자니라"고 말했다(갈 4:6–7). 그리스도가 우리 삶 속에 들어오실 때 성령도 우리 마음속에 들어오셨다. 이는 구원받은 인간만이 누리는 복이며 천사에게는 해당되지 않는다(2:16).

그리스도는 "범사에" 우리와 같이 되셨다. 우리의 운명인 고난과 죽음은 그분의 운명이 되었다. 그분의 운명인 부활과 영광이 장차 우리의 운명이 되는 것과 같다. 그렇게 그리스도는 우리의 중보자 곧 "자비하고 신실한 대제사장"이 되셨다(2:17). 우리가 고난당할 때 그분은 이해하신다. 우리가 세상 유혹에 굴하여 엎드러질 때 그분은 그것 보라는 듯 우리를 그 더러운 허물 속에 더 밀어 넣지 않으신다. 그분은 우리 죄를 단번에 속죄하셨다. '속죄'란 단어는 "죄에 대한 하나님의 진노를 철회시키는 (또는 충족시키는) 제사"를 뜻한다.[22] 우리 죗값은 이미 치러졌다. "이제 그리스도 예수 안에 있는 자에게는 결코 정죄함이 없"다는 말이다(롬 8:1).

그리스도는 과거에 우리 죗값을 다 치르셨을 뿐 아니라 현재에도 우리를 유혹과 고난

중에 적극 도우신다. 그분은 우리와 속속들이 연합하여 “시험[유혹]을 받아 고난을 당하셨”다(2:18). 그래서 우리의 시련과 유혹 속에 들어오시는데 정죄하기 위해서가 아니라 도우시기 위해서다. 유혹받을 때마다 우리는 그분께 도와달라고 부르짖기만 하면 된다. 예수님은 시험받는 자에게 귀 기울이고 계시다가 속히 곁에 오셔서 우리를 건져주신다.

우리가 간절히 고대하는 그날이 오면 만물이 그리스도로 말미암아 본연의 모습으로 회복된다. 그때까지 우리는 신실하신 대제사장의 도움으로 이생의 시련과 유혹을 견뎌낼 수 있다. 그분은 인격과 사역에서 고난보다 우월하시다.

적용: 히브리서 2:5–18

온전함의 선도자이신 예수님

히브리서의 수신자들은 집 잃은 난민처럼 전쟁으로 폐허가 된 도시의 거리를 방황하며 도움을 청할 데도 없이 잔해 더미에 에워싸인 심정이었다. 그래서 저자는 피폐해진 상태의 그들을 만나 어깨에 담요를 둘러주고, 발에 신발을 신겨주며, 귀에 격려의 말을 들려주기로 마음먹었다. 그들이 계속 견뎌내려면 무엇보다 소망을 되찾아야 했다. 우리도 고난 중에 동일한 소망을 품으려면 몇 가지 할 일이 있다.

첫째, 철저히 그리스도께 초점을 맞추어야 한다. 못내 아쉬운 과거의 이상과 눈앞의 무서운 현실로부터 초점을 돌려야 그리스도의 재림 때 회복될 장래의 모습에서 소망과 힘을 얻을 수 있다. 슬픔, 상실, 비극, 회의, 환멸, 외로움, 상처, 절망의 때일수록 예수님만 바라보아야 한다. 그분께 시선을 고정시켜야만 이 어두운 세상 너머로 수평선의 햇살을 볼 수 있다.

둘째, 그리스도를 구주로 인정해야 한다. 예수님만이 우리 구원의 창시자시다. 그분은 그 구원을 자신의 피로 이루셨다. 그분은 우리의 선도자로서 걸어서 정글을 헤치면서 엉킨 덤불을 쳐내 우리에게 뒤따를 길을 내주셨다. 그 길에 소망의 불빛이 밝혀져 있다. 그분은 죄와 사망과 마귀를 멸하셨다. 한때 우리를 정복했던 모든 것을 그분이 정복하셨다. 그런데 온전하게 될 소망에 참여하려면 먼저 온전함의 선도자이신 그분과 영적으로 연합해야 한다. 이것은 믿음으로만 가능하다.

끝으로, 온전함을 향하여 그분과 동행해야 한다. 오직 믿음으로 그리스도를 구주로 영접하고 나면 우리에게 성화의 길이 시작된다. 죄를 떠나 거룩한 삶으로 구별되는 과정이다. 우리가 들어선 이 길은 온전함 쪽으로 나 있는데, 그리스도가 자신의 고난을 통해 이미 우리에게 이 온전함을 확보해주셨다(2:10). 그리스도는 죽을 수밖에 없는 인간으로 오셔서 불멸의 존재로 부활하셨으며, 우리도 어느 날 그분처럼 되리라는 소망이 있다. 우리도 장차 영광의 몸으로 부활할 때 그분처럼 온전해진다(요일 3:2). 그때까지 결코 완전히 의로울 수는 없지만, 그래도 평생에 걸쳐 계속 더 의로워질 수 있다. 이 땅의 탄식 속에서도 하늘의 영광을 맛볼 수 있다. 잠언에 "의인의 소망은 즐거움을 이루어도 악인의 소망은 끊어지느니라"고 했다(잠 10:28).

메시아와 모세와 나(히브리서 3:1–6)

1그러므로 함께 하늘의 부르심을 받은 거룩한 형제들아 우리가 믿는 도리의 사도이시며 대제사장이
신 예수를 깊이 생각하라 2그는 자기를 세우신 이에게 신실하시기를 모세가 하나님의 온 집에서 한
것과 같이 하셨으니 3그는 모세보다 더욱 영광을 받을 만한 것이 마치 집 지은 자가 그 집보다 더욱
존귀함 같으니라 4집마다 지은 이가 있으니 만물을 지으신 이는 하나님이시라 5또한 모세는 장래에
말할 것을 증언하기 위하여 하나님의 온 집에서 종으로서 신실하였고 6그리스도는 하나님의 집을 맡
은 아들로서 그와 같이 하셨으니 우리가 소망의 확신과 자랑을 끝까지 굳게 잡고 있으면 우리는 그의
집이라

히브리서의 어구 자체는 "하나님의 감동으로" 된 그분의 무오한 말씀이지만, 장절의 숫자는 그렇지 않다. 장절은 인용과 상호 대조를 더 쉽게 하려고 인간이 삽입한 것이다. 장절 구분이 없다면 어찌 될지 난감하다. 야구 시합 때 치켜드는 '요한복음 3:16!'이라는 팻말 대신 '요한복음의 약 7분의 1 지점!'이라는 배너가 필요할 것이다. 장절의 추가는 분명히 유익하지만, 어떤 때는 저자가 하나님의 감동으로 이번 장과 다음 장을 일부러 딱 잘라 나누었다는 인상을 준다.

이제 우리는 문턱을 넘어 3장에 들어서지만, 그렇다고 이 본문과 그 앞의 내용을 갈라놓는 문이 있다고 생각해서는 안 된다. 오히려 저자는 중요한 논리적 연결 장치인 "그러므로"라는 말로 2장과 3장을 함께 묶는다. 연속성을 보여주는 단어다. 이 개념에서 저 개념

으로 한 걸음 나아갈 수는 있지만, 그 사이의 문간은 열려 있다. 저자의 바람대로 우리는 그가 여태까지 논한 모든 내용을 품고 가야 한다.

앞 장에서 저자는 그리스도가 인격과 사역에서 우월하시다는 주제를 계속 전개했다. 그분은 선지자와 천사보다 우월하실 뿐 아니라(1-2장) 유혹과 고통과 죽음을 견뎌내심으로써 유혹과 죄와 고난보다도 우월하시다. 그래서 우리는 지금 이 순간에도 그분의 도움을 받아 누릴 수 있다. 우리가 불어나는 홍수나 사나운 폭풍에 위협을 느낄 때마다 예수님은 시련과 유혹에 부딪힌 우리를 항상 곁에서 도우신다. 신실하게 오셔서 도움을 베푸신다(2:16-18).

그리스도가 우리의 우월하신 선지자요 제사장이요 왕이시라는 기본 이해를 바탕으로 이제 저자는 이 진리에 가장 큰 타격을 받을 만한 요소를 꺼내 유대인 그리스도인 독자들을 겨눈다. 바로 모세의 사역이다.

—3:1—

3장은 메시아를 믿는 이들을 향한 강력한 권고로 시작된다. 저자는 그들을 "거룩한 형제들"이라 부른다(1절). 그리스도의 피로 정결해진 그들은 용서받고 구별되어 성령이 그 안에 내주하신다. 하나님의 가족이자 서로 형제자매이며 "함께 하늘의 부르심을 받은" 자들이기도 하다(1절). 그리스도가 이미 길을 열어주셨기에 그들은 천국으로 향한다.

"그러므로"로 번역된 특정 단어는 이전의 논의에서 도출된 추론, 즉 "어떤 행동의 근거"를 가리킨다.[23] 예수님은 선지자와 천사보다 우월하시고, 하나님께 신실하시며, 우리에게 자비하시고, 우리를 도울 능력과 의지를 겸비하셨기에-1장과 2장의 이 모든 중대한 사실에 비추어-그러므로 우리는 "예수를 깊이 생각"해야 한다(1절).

"깊이 생각하다"에 해당하는 영어 단어 "consider"(NASB)는 분명히 좀 약해 보인다. 웨이터도 차림표의 음식을 권할 때 그렇게 말할 수 있다. "특선 샐러드를 생각해보시겠습니까?" 이 역어는 '고려하다', '생각하다', '숙고하다'는 뜻으로 쓰이지만, 헬라어 원어[카타노에오(*katanoeō*), 2657]는 훨씬 의미가 깊어 '신중히 관찰하다', '주목하다', '그냥 잠시 생각하는 것이 아니라 깊이 곱씹다'는 뜻이다.[24] 요컨대 저자의 말은 이런 것이다. "메시아를 믿는 너희 유대인 신자들아, 그분의 인격과 사역이 우월하기에 너희는 그분을 최대한 신중히 생각하는 게 좋다. 그분을 그냥 지나가듯 보거나 아는 척 고개만 끄덕일 게 아니라 관찰하라. 그분께 주목하며 그분을 알아가라."

그들이 시간을 들여 그리스도께 집중한다면 무엇을 보게 될까?

그분이 "우리가 믿는 도리의 사도이며 대제사장"이심을 보게 될 것이다. "사도"로 번역된 헬라어 단어는 '보냄 받은 자'라는 뜻이다. "사도"라는 단어가 그리스도를 가리켜 쓰인 곳은 신약에서 여기뿐이다. 대개는 예수님 쪽에서 세상에 보내신 이들을 지칭하는 단어다. 그러나 도널드 거스리(Donald Guthrie)가 지적했듯이 이 개념은 예수님이 친히 요한복음 17장 18절에 하신 말씀과 잘 들어맞는다. "아버지께서 나를 세상에 보내신 것 같이 나도 그들을 세상에 보내었고."[25] 이번에도 저자는 예수님이 선지자와 천사보다 우월하시다는 자신의 주장에 전제하여 말했을 것이다. 선지자도 천사도 하나님의 보내심을 받아 그분의 메시지를 전했다. 사실 저자는 앞서 1장 14절에 "사도"의 동사형인 아포스텔로(*apostellō*, 649)를 써서 천사를 가리켜 신자들을 "섬기라고 **보내심**"을 받은 존재라고 표현했다(강조 추가). 그리스도께 드물게 쓰인 이 호칭은 그분이 하늘에서 기원하셨음을 부각함으로써 정말 우리가 "하늘의 부르심"(3:1)을 받았음을 확증해준다.

그리스도는 최고의 사도로 섬기실 뿐 아니라 최고의 "대제사장" 역할도 하신다(3:1). 그분은 하나님과 사람 사이의 완전한 중보자시다(딤전 2:5). 위대한 대제사장이신 그리스도는 우리 영혼의 절실한 필요와 깊은 열망을 충족시켜 하나님과 인류 사이, 하늘과 땅 사이를 잇는 다리가 되신다. 욥은 그 열망을 수천 년 전에 이렇게 감동적으로 표현했다.

> 하나님은 나처럼 사람이 아니신즉
> 내가 그에게 대답할 수 없으며
> 함께 들어가 재판을 할 수도 없고
> 우리 사이에 손을 얹을 판결자도 없구나(욥 9:32-33).

그리스도만이 양쪽 사이의 그 판결자시다. 그분은 대제사장으로서 하늘과 땅 사이에서 우리를 대변하실 수 있다. 높은 데서 보내심 받아 우리를 하늘로 인도하시는 신성의 사도

시기 때문이다.

—3:2–6상—

여태 선지자와 천사와 대제사장과 왕이 두루 언급되었으나 그리스도의 인격과 사역이 우월하다는 저자의 논증에서 유대인 독자들이 보기에 빠진 중요한 인물이 있었다. 바로 모세다. 모세도 하나님의 보내심을 받아 하나님과 이스라엘 백성 사이의 중보자가 되었다. 유대 민족이 모세만큼 추앙한 인물은 구약에 다시없을 것이다. 히브리서 저자가 그리스도를 높이기보다 독자에게 아부할 생각이었다면 모세라는 주제를 아예 피했을 것이다. 그러나 그는 예수님이 모세보다도 우월하시다는 민감한 문제를 거침없이 끄집어냈다.

물론 모세는 하나님과 대면하여 말했다. 신명기 34장 10절에 다른 선지자들과 대비하여 그 사실이 강조된다. "이스라엘에 모세와 같은 선지자가 일어나지 못하였나니 모세는 여호와께서 대면하여 아시던 자요." 모세는 율법을 받아 이스라엘 백성에게 전했고, 히브리 민족을 이집트의 노예 생활에서 이끌어내 홍해를 건넜으며, 성전의 전신으로 제사와 예물을 바치던 곳인 성막의 건축 설계도를 발표했다. 이 땅에서 모세에 필적할 만한 인물을 상상하기란 유대인의 사고방식으로서는 사실상 불가능했다. 모세보다 실제로 우월한 존재를 생각하는 것만으로도 정서적 충격이었을 것이다. 그런데 저자는 정확히 그렇게 역설했다. 예수님은 모세보다도 우월하시다!

하나님은 모세와 메시아를 둘 다 메시지의 중보자로 세우셨다. 둘 다 신실하게 하나님을 섬겼으므로 영광과 존귀를 받기에 합당하다(3:2–3). 보다시피 저자는 어떤 식으로도 모세를 깎아내리지 않는다. 다만 메시아는 "모세보다 더욱 영광을 받을" 만하시다(3:3). 하나님의 위대한 종 모세에게 합당한 존귀는 영광스러우신 메시아께 합당한 존귀에 비하면 무색해진다. 왜 그럴까?

첫째, 메시아가 모세보다 영광스러우심은 그분이 하나님의 집을 지으셨기 때문이다(3:3–4). "집"으로 번역된 헬라어 단어 오이코스(*oikos*, 3624)는 본문 2–6절에 일곱 번 은유적으로 쓰여 물리적 건물(성소나 성전이나 교회 건물)이 아닌 하나님의 백성을 가리킨다. 고대 헬라어에서도 이 단어는 가정이나 '가구'를 뜻하는 은유적 용법으로도 쓰였다.[26] 교회가 태동한 오순

절 이전에는 "집"이 은유적으로 이스라엘을 지칭할 수 있었으나(호 1:4, 마 10:6, 히 3:2), 그 이후로는 교회를 지칭하기도 했다(딤전 3:15, 히 3:6). 모세는 구약에서 하나님의 집인 이스라엘 백성의 일원이었다. 출애굽 당시에 지도자로 섬겼지만, 그 역시 민족의 일원이요 "집"의 일부였다(3:3). 그러나 그리스도는 "집 지은 자"시다(3:3). 하나님의 영적 집을 지으신 그리스도가 모세보다 의당 더 존귀하신 이유가 4절의 놀라운 진술로 설명된다. "만물을 지으신 이는 하나님이시라." 저자는 이 예리하고 단순한 말로 다시금 하나님의 창작품을 그리스도께로 귀속시킨다. 예수님은 교회만 아니라 만물을 지으신 분이다(1:2).

둘째, 메시아가 모세보다 영광스러우심은 모세의 증언이 그분으로 성취되었기 때문이다(3:5). 모세는 하나님의 집에서 종으로서 신실하게 직무를 수행했으나, 그의 임무는 "장래에 말할 것"을 증언하는 일이었다(3:5). 다시 말해 모세의 사역은 예수님의 사역의 전조로서 그분을 가리켜 보이고 그분의 강림을 내다보는 것이었다. 예수님도 부활 후에 그 사실을 이렇게 확증하셨다. "내가 너희와 함께 있을 때에 너희에게 말한 바 곧 모세의 율법과 선지자의 글과 시편에 나를 가리켜 기록된 모든 것이 이루어져야 하리라 한 말이 이것이라"(눅 24:44). 성경이 어떻게 자신을 가리키는지를 두 제자에게 설명하실 때도 그분은 "모세와 모든 선지자의 글로 시작하"셨다(눅 24:27). 모세가 가리킨 인물이 모세 자신보다 더 영광받기에 합당하심은 당연하다.

셋째, 메시아가 모세보다 영광스러우심은 그분이 하나님의 집을 다스리시기 때문이다(3:6). 그리스도는 하나님의 영적 백성을 지으실 뿐 아니라(3:3-4) 또한 "아들"로서 그들의 머리이자 통치자시다. 하나님 집의 상속자로서 통치권을 물려받으신다는 뜻이다. 여느 인간 집안의 장자처럼 말이다. 저자는 이미 1장 6절에 "맏아들"의 은유를 썼고, 바울도 골로새서 1장 15절에 동일한 개념을 써서 예수님을 은유적으로 "모든 피조물보다 먼저 나신 이"로 표현했다. 그러나 강조점이 다르다. 골로새서의 중점이 천지의 권세를 받으신 그리스도께 있다면(참조. 마 28:18) 본문 6절은 하나님의 백성, 곧 교회의 머리이신 그리스도께로 초점을 좁힌다. "몸인 교회의 머리"로서의 그리스도의 역할은 골로새서 1장 18절에도 제시된다. 반면에 에베소서 1장 22절에는 두 개념이 이렇게 하나로 통합된다. "만물을 그의 발아래에 복종하게 하시고 그를 만물 위에 교회의 머리로 삼으셨느니라." 모세는 그리스도만큼 최고 권위의 자리로 높여진 적이 없다. 그분만이 "아들"이시고, "먼저 나신 이"며, 만물의 머리시다.

메시아와 모세		
비슷한 점	다른 점	
모세와 메시아	모세	메시아
하나님이 세우셨다(히 3:2).	어느 정도 영광받을 만하다 (히 3:3).	더욱 영광받을 만하시다(히 3:3).
하나님께 신실했다(히 3:2).	하나님 집의 일원이다(히 3:3).	하나님의 집을 지으셨다(히 3:3-4).
하나님의 집에 책임을 다했다 (히 3:2).	하나님 집의 종이다(히 3:5).	하나님의 집을 맡은 아들이시다 (히 3:6상).
계시의 중보자다(히 3:5).	장래 일을 증언했다(히 3:5).	그 증언을 성취하셨다(히 3:5).

저자가 모세와 메시아를 병치한 것은 모세를 깎아내리기 위해서가 아니다. 성경 역사상 가장 위대한 인물조차도 예수님께는 비할 바가 못 됨을 예시했을 뿐이다. 예수 그리스도는 인격과 사역에서 만물과 만인보다 우월하시다.

—3:6하—

예수님을 우리 삶의 최고로 삼지 않는다면 그분의 우월성은 우리에게 무익하다. 이 유대인 그리스도인들이 바로 그 문제에 봉착해 있었다. 그들은 메시아를 버리고 모세에게 돌아가려 했다. 이는 열등한 사역으로 퇴보하는 재앙이다. 저자는 집필 취지를 잊지 않고 6절 하반절에 예수님의 우월성에 대한 독자들의 올바른 반응을 강조한다.

그가 일차로 일깨우듯이 우리-예수 그리스도를 믿는 신자들-는 그리스도가 아들로서 다스리시는 그 집이다(3:6). 그런데 저자는 이 약속에 "우리가 소망의 확신과 자랑을 끝까지 굳게 잡고 있으면"이라고 조건을 붙이는 듯 보인다. 언뜻 보면 이 구절은 우리가 계속 그리스도를 믿고 소망하지 못하면 하나님의 집에서 쫓겨나거나 버림받거나 상속권을 빼앗긴다는 말처럼 들린다. 구원이 우리의 지속적인 신실함에 달려 있다는 뜻일까? 천만의 말이다.

조건절의 의미는 경우에 따라 다르다. 물론 조건 관계를 나타낼 때도 있다. "브로콜리를 먹으면 디저트를 먹어도 된다"가 좋은 예다. 브로콜리를 먹지 않으면 디저트도 없다는 의미가 깔려 있다. 그러나 사람이 진정한 음악가가 되는 데에는 그런 식의 논리가 적용되지 않는다. 저자가 쓴 조건절은 바로 이 후자의 의미다. 즉 믿음과 소망이 지속된다는 것은 그 사람이 실제로 하나님 집의 진정한 일원이라는 증거다.

그렇다고 다른 사람의 인생의 작은 단편에 집착해서는 안 된다. 누구나 길을 잃거나 실패하거나 넘어져 잘 일어나지 못할 때가 있다. 우리도 다 영적으로 성장하는 과정에서 굴곡과 기복을 경험한다. 그러나 인생 전반을 살펴 그 사람의 삶이 어떻게 끝나는지를 보아 참된 기독교의 증거를 관찰할 수는 있다. 이거야말로 명실상부한 증거다. 자칭 그리스도인이 생의 마지막 날까지도 믿음에서 완전히 떨어져나간 듯 소망 가운데 인내하지 못한다면 어쩌면 그 사람은 처음부터 하나님 집의 일원이 아니었을 것이다.

믿음의 참 가족은 하늘 아버지와 한집에 살며 아들 예수님의 보호를 받는다. 그렇다고 비틀거리고 넘어져 아예 코방아를 찧지 않는 것은 아니다. 한시도 예외 없이 우리는 연약하여 잘 넘어지는 타락한 존재다. 오직 그리스도를 오직 믿음으로 말미암아 오직 은혜로 구원받았을 뿐이다. 그러나 참 신자인 믿음의 가족에게는 대제사장이신 그리스도가 계신다. 그분처럼 사역할 수 있는 사람은 없다. 그분은 우리가 비틀거릴 때 능히 붙잡아주시고, 삐끗할 때 안정을 찾게 하시며, 넘어질 때 일으켜 세우신다. 부족할 때 힘을 주시고, 실패할 때 용서하시며, 연약할 때 위로하신다. 곁에 계신 그리스도와 함께 믿음과 소망 가운데 끝까지 인내하면 우리가 그분의 참 가족임이 모두에게 분명히 드러난다.

이는 히브리 신자들이 절실히 들어야 했던 메시지다. 일부는 이미 넘어졌고, 일부는 동요하고 있었으며, 일부는 흔들리는 믿음을 다지려고 다른 데 손을 내밀기도 했다. 그런 그들에게 저자는 모세까지 포함해서 다른 누구보다도 우월하신 그리스도를 가리켜 보인다. 그들은 믿음과 소망을 재확인하며 그분을 확신하기만 하면 되었다. 선행이나 영적 훈련이나 하나님 앞에 더 훌륭해 보이려는 수고가 아니라 그리스도를 의지하기만 하면 되었다. 다만 이 소망의 메시지 이면에는 은근한 경고가 깔려 있다. 믿음으로 인내하지 못한 채 메시아를 버리고 모세에게 돌아간다면 자신이 하나님의 가족이라던 그들의 주장은 미심쩍어진다. 그리스도와의 관계가 바로 되어 있어야만 하나님의 자녀라는 정체가 확실해진다.

적용: 히브리서 3:1-6
모세인가 메시아인가?

1세기의 히브리 신자들처럼 오늘날의 우리도 한쪽을 택해야 한다. 모세인가 아니면 메시아인가?

쉬운 결정 같아 보일 것이다. 특히 히브리서 3장 같은 본문을 읽은 뒤에는 말이다. 메시아는 육신을 입으신 하나님이시고, 성경 예언과 인류 역사의 구심점이시며, 모세를 포함한 죄인들의 구주시다. 그런데 왜 굳이 모세를 따른단 말인가? 사도 요한도 이 둘을 똑같이 뚜렷하게 대비한 바 있다. "율법은 모세로 말미암아 주어진 것이요 은혜와 진리는 예수 그리스도로 말미암아 온 것이라"(요 1:17).

그런데도 걸핏하면 예수 그리스도의 은혜를 모세의 율법과 맞바꾸는 그리스도인이 얼마나 많은지 언제나 놀라울 뿐이다! 노골적인 이들도 있고 더 교묘한 이들도 있다. 많은 사람이 십계명에 삶의 우선순위를 둔다. 마치 그 열 가지 대죄만 삼가면 지옥을 면하거나 적어도 무난히 하나님 쪽에 남기라도 한다는 듯이 말이다. 그런가 하면 '해야 할 일과 해서는 안 될 일'의 목록을 스스로 만드는 이들도 있다. 이것을 먹으라. 저것을 마시지 말라. 여기서 구매하라. 저 일을 지지하지 말라. 이 사람에게 투표하라. 저 사람과 대화하지 말라. 어떤 때는 이런 불문율이 모세 율법에 맞먹는 것 같다!

히브리서를 공부하다 보면 모세와 메시아, 율법과 은혜, 옛 언약과 새 언약 사이에서 흔들렸던 무리를 접하게 된다. 그때마다 우리도 이 딜레마를 다시 돌아볼 기회가 많이 있을 것이다. 일단은 그리스도와 그분의 은혜 위에 견고히 서기 위해 신자와 율법, 신자와 은혜, 신자와 믿음의 바른 관계를 강조해주는 몇몇 중요한 성경 본문에 잠시 집중해보라. 아래의 갈라디아서 본문을 공부하라. 머릿속에 곰곰 생각하며 암기하라. 교회에서 그대로 가르치고 가족이나 친구와 대화하라. 그 내용을 흠뻑 빨아들이라. 그러면 메시아 안에서 자유를 누리는 새로운 삶에 헌신된 상태에서 벗어나지 않는다. 율법에 속박된 낡은 삶 쪽으로 빗나가지 않는다.

- 갈라디아서 2:16-21

- 갈라디아서 5:1-6
- 갈라디아서 5:18-23

삼가 마음을 완고하게 하지 말라!(히브리서 3:7-19)

7그러므로 성령이 이르신 바와 같이
오늘 너희가 그의 음성을 듣거든
8광야에서 시험하던 날에 거역하던 것 같이
너희 마음을 완고하게 하지 말라
9거기서 너희 열조가 나를 시험하여 증험하고
사십 년 동안 나의 행사를 보았느니라
10그러므로 내가 이 세대에게 노하여 이르기를
그들이 항상 마음이 미혹되어 내 길을 알지 못하는도다 하였고
11내가 노하여 맹세한 바와 같이
그들은 내 안식에 들어오지 못하리라 하였다
하였느니라

12형제들아 너희는 삼가 혹 너희 중에 누가 믿지 아니하는 악한 마음을 품고 살아 계신 하나님에게서
떨어질까 조심할 것이요 13오직 오늘이라 일컫는 동안에 매일 피차 권면하여 너희 중에 누구든지 죄
의 유혹으로 완고하게 되지 않도록 하라 14우리가 시작할 때에 확신한 것을 끝까지 견고히 잡고 있으
면 그리스도와 함께 참여한 자가 되리라 15성경에 일렀으되
오늘 너희가 그의 음성을 듣거든
격노하시게 하던 것 같이
너희 마음을 완고하게 하지 말라
하였으니

16듣고 격노하시게 하던 자가 누구냐 모세를 따라 애굽에서 나온 모든 사람이 아니냐 17또 하나님이
사십 년 동안 누구에게 노하셨느냐 그들의 시체가 광야에 엎드러진 범죄한 자들에게가 아니냐 18또
하나님이 누구에게 맹세하사 그의 안식에 들어오지 못하리라 하셨느냐 곧 순종하지 아니하던 자들에
게가 아니냐 19이로 보건대 그들이 믿지 아니하므로 능히 들어가지 못한 것이라

날마다 우리 앞에 경고용 표지판과 신호가 넘쳐난다. 휴대전화 배터리가 떨어져간다는 간단한 '알림'도 있고, 속도를 줄이라고 번쩍이는 노란불도 있다. 그 밖에도 '낙석 주의', '막다

른 길', '어린이 보호구역', '감속', '미끄럼 주의' 등 비슷한 경보가 무수히 많다. 여기에 늘 최신 정보로 임박한 운명을 알려주는 각종 신호음과 벨소리와 요란한 경적까지 더해보라. 하도 많아서 정작 우리를 다치지 않게 보호해주려고 삶 속에 배치된 경고음을 놓치기 쉽다.

히브리서의 굴곡진 도로에도 몇 군데 경고의 본문이 버티고 서 있다. 이것은 해도 그만 안 해도 그만인 제안이나 사소한 조언이나 허위 경보가 아니라 그리스도인의 신앙생활에 실존하는 잠재 위험을 사실대로 시의적절하게 예고한 것이다. 각 본문마다 명징하고도 요란하게 울리는 똑같은 한 단어의 메시지가 있다. 삼가라!

2장 1-4절의 첫째 경고판은 이미 살펴보았다. "유념하여 흘러 떠내려가지 않게 하라!" 저자는 이번 본문에서 우리에게 속도를 늦추어 두 번째 경고를 잘 보라고 권유한다. "삼가 마음을 완고하게 하지 말라!" 너무도 많은 사람이 이를 무시하지만, 사실은 우리 모두가 수시로 들어야 할 메시지다. 그렇지 않으면 결국 그리스도인의 믿음과 사랑과 소망의 길에서 벗어날 수도 있다.

—3:7-11—

저자는 독자들의 유대교 배경을 알기에 늘 구약의 증언을 힘써 소환했다. 구약의 어구와 은유는 유대인들에게 대번 낯익었을 테고, 그래서 그들은 대다수 이방인 독자와는 달리 풍성한 배경 지식에 의지할 수 있었다. 이번 경고에 삽입된 구약 본문은 시편 95편 7-11절을 다듬은 것이다. 이 시를 지은 인간 원저자는 미상이지만 히브리서 저자는 이 말씀을 제대로 "성령"께 귀속시킨다. 성경의 모든 단어의 배후 저자는 바로 성령 하나님이시다(딤후 3:16).

시편 95편의 저자는 성령의 감화를 받아 이스라엘이 광야에서 방황하던 시기로 거슬러 올라갔다. 민수기에 기록된 내용이다. 당시 이스라엘 백성은 이집트의 속박에서 해방되어 홍해를 건넌 직후였고, 하나님의 특별한 언약 백성으로서 약속의 땅을 차지하려고 가나안으로 향하던 중이었다. 시내 반도를 곧장 가로질러 잘 닦인 무역로로 갔다면 두 주가 채 안 걸릴 노정이었다. 그러나 하나님께 죄를 짓고 마음을 완고하게 한 결과로 40년이나 지연되었다!

지도나 나침반이나 내비게이션도 히브리인들에게 소용없었을 것이다. 그들은 단지 길을 잃은 것이 아니라 하나님을 잃었기 때문이다. 그들의 문제는 마음 상태에 있었다. 하나

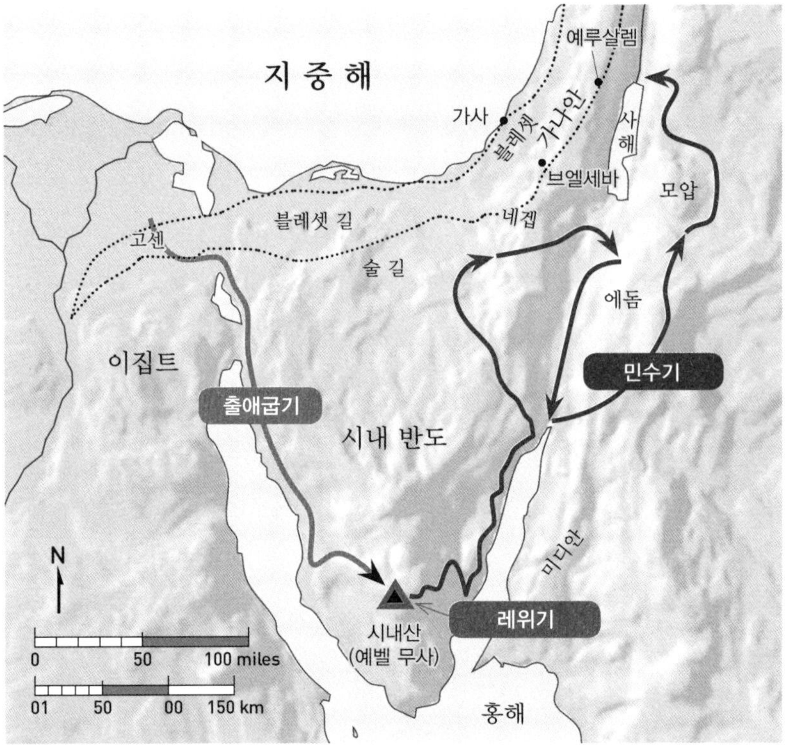

이스라엘은 이집트를 떠나 시내산 쪽으로 시내 반도를 종단했다. 약속의 땅에까지 갔으나 처음 도착했을 때는 들어가지 못했다. 가나안 부족을 두려워했기 때문이다. 그 후로 광야를 40년간 방황하고 나서야 마침내 가나안에 들어갔다.

님의 형언 못할 권능과 영광 앞에 녹아내리고 자신들을 향한 그분의 선하심과 자비로움에 압도되었어야 할 마음이 오히려 그분을 향해 무디어졌다. 부드럽지 않고 드셌다. 민감하지 않고 거칠었다. 겸손하지 않고 완고했다. 하나님의 언약 백성의 역사에 남은 이 부끄러운 오점은 완고한 마음의 결과가 무엇인지 두고두고 쓰라리게 일깨워준다.

광야에서 반항했던 비참한 사건들이 아득한 옛날 일인데도 히브리서 저자는 이를 자신의 독자들에게 대입했다. 귀가 둔해지고 마음이 완고해지는 성향이 놀라우리만치 비슷하게 그들에게서도 보였기 때문이다. 하나님은 약속의 땅으로 가는 여정에서 이스라엘 백성의 믿음이 연단되고 시험되어야 함을 아셨고, 또 광야로 인도하신 그분 자신이 그들의 필요를 다 채워주심도 거듭 보여주셨다. 안타깝게도 그들은 번번이 주님을 신뢰하지 않았다. 출애굽기 17장 1-7절이 좋은 예다. 이스라엘 백성은 믿음과 순종으로 반응하기는커녕 하나님이 택하신 중보자이자 선지자인 모세를 원망했다. 모세의 반응에서 보듯이 그들이 반항한 대상은 단지 인간이 아니라 하나님이었다. "너희가 어찌하여 나와 다투느냐 너희가 어찌하여 여호와를 시험하느냐"(출 17:2). 이 원망 때문에 모세가 그곳을 "맛사 또는 므리바"(출 17:7)라 칭했으니 각각 '시험하다', '다투다'는 뜻이다. 히브리서 저자는 바로 이 사례 속의 완고한 마음을 지적하고자 시편 95편 7-8절을 인용했다(3:7-8).

시내산에서 율법을 받고 나서 가데스바네아에 진쳤을 때 이 방황하는 민족에게 다시금 시험이 찾아왔다. 거기서 하나님이 그들에게 지시하시기를 그 땅에 정탐꾼을 보내 주민과 도시와 요새를 알아보게 하셨다. 정보를 수집하여 그 땅을 취할지 여부를 신중히 결정해야 해서가 아니었다. 그것은 이미 하나님이 명하신 일이었다. 다만 작전을 수행할 최선의 방법을 알려면 답사가 필요했다. 그런데 정탐꾼들은 두려워 떨면서 돌아왔다. "우리는 능히 올라가서 그 백성을 치지 못하리라 그들은 우리보다 강하니라"(민 13:31). "우리를 이집트에서 인도해 내신 하나님이 능히 가나안으로도 인도해 들이시리라"고 반응했어야 하는데 그러지 않았다. 믿음으로 당당히 서기보다는 두려움에 굴복했다. 반대자들의 말이 어찌나 강경했던지 히브리 백성은 "소리를 높여 부르짖으며…밤새도록 통곡"했고, "이스라엘 자손이 다 모세와 아론을 원망"했다(민 14:1-2). 그들은 주님을 두려워하기보다 가나안 백성을 더 두려워하여 그분께 거역했다(민 14:9).

이스라엘 백성의 실패에 하나님은 어떻게 반응하셨던가? 분명히 선을 그으셨다. 그들의 끊임없는 불평과 반항과 원망을 더는 용납하지 않기로 하셨다. "우리가…이 광야에서 죽었으면 좋았을 것을"(민 14:2)이라고 부르짖는 그들에게 그분은 이렇게 기도에 응답하셨다. "너희 말이 내 귀에 들린 대로 내가 너희에게 행하리니 너희 시체가 이 광야에 엎드러질 것이라"(민 14:28-29). 분명히 하나님은 완고한 마음을 심각하게 여기신다!

시편 95편 7-11절은 이스라엘 역사의 이 두 일화에서 완고한 마음을 소환했고, 히브리서 저자는 이 경고를 통해 중요한 요점을 피력한다. 우리를 완전히 파멸시킬 듯한 시련과 환난이 삶 속에 닥쳐올 때 우리는 하나님을 신뢰해야 한다. 그분만이 우리에게 안식을 주실 수 있다(3:11). 7-11절의 강조점은 하나님이 완고한 마음을 멸시하신다는 것이다. 메시지는 분명하다. 하나님이 구약의 자기 백성을 믿음이 부족하다고 징계하셨다면 그분의 신약 백성도 당연히 징계를 받는다.

—3:12–19—

독자에게 적용하여 호소하는 이번 12–19절에서 히브리서 저자는 앞서 인용한 시편 95편의 두 단어를 강조한다. 오늘과 안식이다. 첫 단어는 그들에게 경고의 긴박성을 부각한다. 유대교 성경을 통해 그리고 하나님이 감화하신 이 저자의 글을 통해 성령의 음성을 듣는 사람들은 경고에 유념하여 과거의 사례에서 배우되 오늘 그래야 한다. 내일이나 다음 주가 아니다. 장단점을 따져본 뒤에나 고대 이스라엘의 문화적 정황을 우리의 현대 세계와 비교해본 뒤에도 아니다. 하나님이 말씀하시면 우리는 듣자마자 반응해야 한다. 뒤로 미루면 사후(死後) 경직처럼 딱딱하게 굳어 결국 우리 믿음과 순종은 곧 매장될 시체처럼 생명을 잃는다.

12절은 히브리 신자들을 향한 엄중한 경고다. 구약의 조상처럼 그들도 막무가내로 "믿지 아니하는 악한 마음을 품고 살아 계신 하나님에게서 떨어져…죄의 유혹으로 완고"해질 위험에 처해 있었다(3:12–13). 하나님의 말씀이 날마다 새롭게 임하듯이 완고한 마음으로 말씀에 거역할 기회도 날마다 찾아온다. 완고한 마음 쪽으로 하나님을 등지는 행위는 개인 차원에서 시작되지만("너희 중에 누구든지", 3:12), 이 경직된 증상의 치료책은 전체 몸인 교회에 있다. "오늘이라 일컫는 동안에 매일 피차 권면하여"(3:13). "그리스도와 함께 참여한 자"가 된다는 말이 바로 그런 뜻이다(3:14). 우리는 개개의 죄인으로서 그분을 믿지만, 믿는 순간 세례를 받아 그분과 한 몸이 되고 서로 지체가 된다(고전 12:13–14).

그리스도와의 참된 관계가 입증되려면 "우리가 시작할 때에 확신한 것을 끝까지 견고히 잡고 있"어야 한다(3:14). 언뜻 보면 이 말은 이렇게 들린다. 우리 믿음을 생의 끝까지 강건하고 견고하게 지켜야만 그리스도와의 관계가 유지되며, "끝내 견고하지 못하면 예수님이 나를 쫓아내실 것이다!"라고 말이다. 그러나 이번 조건절의 역할도 6절의 숙연한 논지("우리가 소망의 확신과 자랑을 끝까지 굳게 잡고 있으면")와 같다고 보아야 한다. 6절이나 14절이나 골자는 우리 고백의 유효성이 삶의 열매를 통해 증명된다는 것이다. 즉 믿음이 지속되는 것은 그 믿음이 진짜라는 최종 증거다.[27]

14절의 경고는 그리스도인의 삶이라는 경기장에서 본래 우리가 관객이 아니라 출전자임을 일깨워준다. 괴로운 시련과 시험이 앞을 막고 방해해도 우리는 늘 주님만 바라보며 결승선을 지향해야 한다. 광야의 이스라엘 백성은 이 부분에 실패했다. 하나님의 약속을 놓치고 그분의 명령을 버렸다. 결승선으로 직행하기는커녕 결국 광야를 헤맸다. 그 결과 그들은 방황과 시련에서 벗어나는 안식을 누리지 못했다. 약속의 땅 곧 "아름답고 광대한 땅, 젖과 꿀이 흐르는 땅"(출 3:8)에 들어가지 못하고 시내 광야에서 죽었다. 그들의 최후는 완고한 마음의 결과를 알리는 끊임없는 경종이다. 그래서 더욱 신자는 하나님의 말씀에서 그분의 음성을 듣고 혹시 완고한 징후가 없는지 매일 자신의 마음 상태를 살펴야 한다(3:15).

16-19절에서 저자는 구약의 이스라엘 백성의 역사적 경험을 완곡하면서도 명백하게 신약 신자의 영적 경험에 대입한다. 그중 행여 "나한테는 절대로 그런 일이 없을 것이다"라고 생각하는 사람에게 16-17절은 그게 누구에게나 벌어질 수 있는 일임을 증명해 보인다. 모세의 지도 아래 이집트에서 나오면서 구원의 신기한 표적과 기사를 많이 보았던 백성, 바로 그들이 나중에 하나님을 노엽게 하고 죄를 지어 광야에서 벌을 받았다(16-17절).

마음을 완고하게 하지 말라는 7-19절의 경고는 단순하면서도 정신을 번쩍 들게 한다. 불신은 비그리스도인과 그리스도인 모두에게 중대한 결과를 낳는다. 전자는 오직 그리스도를 믿어 구원받을 수 있는 기회를 물리치다 끝내 때를 놓칠 수 있고, 후자는 하나님의 말씀에서 들려오는 그분의 음성에 순종하지 않아 마음이 완고해질 수 있다. 그러면 계속 복음에 완고했던 비신자는 천국의 영원한 "안식"에 들어가지 못하고, 순종하는 그리스도인의 삶을 완고히 마다했던 신자에게는 구주와의 친밀한 교제라는 즐거운 "안식"의 문이 닫힌다. 아울러 그리스도를 통해 죄에서 구원받는 것이 모세를 통해 이집트에서 해방되는 것보다 낫듯이, 그리스도가 주시는 영원한 영적 안식이 약속의 땅에서 이스라엘 백성에게 주어진 한시적 안식보다 훨씬 우월하다.

히브리서 저자는 자신의 경고에 대한 독자들의 이해를 돕고자 역사적 정황으로 눈길을 돌렸다. 그 역사는 구약의 이스라엘 백성과 유대인 신자인 독자들의 공통된 기억이었다. 고대 이스라엘 백성은 불신 때문에 모세의 지도 아래 광야에서 40년간 고생했다. 그들은 죄에 속아 번번이 하나님을 노엽게 했다. 하나님이 그들에게 약속하신 안식은 그들이 그분의 방법 대신 자신들의 방법을 택함으로써 증발해버렸다. 저자는 독자에게 내면을 살펴 비슷하게 사악한 마음을 제하라고 촉구했다.

그러나 1세기의 이 경고를 기독교 역사의 유물로만 남겨둔다면 저자의 요지를 완전히 놓치고 만다. 완고한 마음은 고대 히브리 그리스도인에게만 국한된 병이 아니다! 여태 인간이 어떤 치료책도 개발하지 못했고, 아무리 많은 자기 개혁도 타락한 인간의 완고한 마음을 막는 예방 접종이 될 수 없다. 그래서 우리 모두는 히브리서 3장의 경고를 마음에 새겨야 한다.

적용: 히브리서 3:7-19

과거의 교훈, 내면의 성찰, 하늘의 소명

육신의 심장병을 어떻게 예방하는지는 거의 누구나 안다. 담배를 끊고 꾸준히 운동하고 현명하게 먹고 콜레스테롤을 자주 점검해야 한다. 그러나 영혼의 심장병은 어떻게 예방할 수 있을까? 7-19절에 이 물음의 답이 나와 있다.

첫째, 날마다 서로 격려해야 한다(3:13). "매일 피차 권면하여 [우리] 중에 누구든지 죄의 유혹으로 완고하게 되지 않도록" 해야 한다. 당신이 다른 사람에게 그렇게 해주었거나 그렇게 해달라고 한 적이 마지막으로 언제인가? 이는 단순히 격려 전화를 걸거나 따뜻한 이메일을 보내는 것 이상이다. 함께 시간을 보내며 삶과 삶이 맞부딪쳐야 한다. 긴밀한 교회 공동체에서 이런 교제를 볼 수 있다. 당신은 다른 사람들의 고민과 유혹을 알아가고 그들은 당신의 고민과 유혹을 알아간다. 그래야만 이런 식의 권면과 격려가 가능하다.

둘째, 날마다 각자 믿음의 인내를 훈련해야 한다(3:14). 우리 믿음의 증거는 "시작할 때에 확신한 것을 끝까지 견고히 잡고 있"어야 나타난다. 시험의 때에 인내하는 믿음은 우리가 하나님의 안식에 들어갈 준비가 되어 있다는 증거다. 장벽에 부딪혀 노심초사하게 될 때는 즉시 무릎을 꿇고 주님께로 피해야 한다. 우리 마음과 생각을 지켜줄 "지각에 뛰어난…평강"을 그분만이 주실 수 있다(빌 4:7). 그래야만 그분의 안식에 제대로 들어간다는 것이 무슨 뜻인지 비로소 알 수 있다.

노심초사를 멈추고 안식하라(히브리서 4:1-11)

1그러므로 우리는 두려워할지니 그의 안식에 들어갈 약속이 남아 있을지라도 너희 중에는 혹 이르지 못할 자가 있을까 함이라 2그들과 같이 우리도 복음 전함을 받은 자이나 들은 바 그 말씀이 그들에게

유익하지 못한 것은 듣는 자가 믿음과 결부시키지 아니함이라 [3]이미 믿는 우리들은 저 안식에 들어가
는도다 그가 말씀하신 바와 같으니

내가 노하여 맹세한 바와 같이 그들이 내 안식에 들어오지 못하리라 하셨다

하였으나 세상을 창조할 때부터 그 일이 이루어졌느니라 [4]제칠일에 관하여는 어딘가에 이렇게
일렀으되 하나님은 제칠일에 그의 모든 일을 쉬셨다 하였으며 [5]또 다시 거기에 그들이 내 안식에 들
어오지 못하리라 하였으니 [6]그러면 거기에 들어갈 자들이 남아 있거니와 복음 전함을 먼저 받은 자들
은 순종하지 아니함으로 말미암아 들어가지 못하였으므로 [7]오랜 후에 다윗의 글에 다시 어느 날을 정
하여 오늘이라고 미리 이같이 일렀으되

오늘 너희가 그의 음성을 듣거든 너희 마음을 완고하게 하지 말라

하였나니

[8]만일 여호수아가 그들에게 안식을 주었더라면 그 후에 다른 날을 말씀하지 아니하셨으리라 [9]그런즉
안식할 때가 하나님의 백성에게 남아 있도다 [10]이미 그의 안식에 들어간 자는 하나님이 자기의 일을
쉬심과 같이 그도 자기의 일을 쉬느니라 [11]그러므로 우리가 저 안식에 들어가기를 힘쓸지니 이는 누
구든지 저 순종하지 아니하는 본에 빠지지 않게 하려 함이라

앞으로 수천 년 후에 호기심에 찬 고고학자들이 우리 문명을 발굴한다면 확신컨대 불안한 사회의 유물이 나올 것이다. 각종 휴양지는 위험 지대인 '탈진'에 근접한 이들에게 안식처를 제공한다. 치료 시설마다 정신적, 정서적, 신체적으로 붕괴되어 피해를 입은 사람이 무수히 많다. 심리치료사는 초조한 사람을 진정시키고 의사는 항우울제와 항불안제를 다반사로 처방한다. 우리 세대의 특징은 불안에 지배당하는 사회의 제반 요소를 갖추었다는 것이다. 근심, 걱정, 염려, 두려움의 감정도 다 그에 해당한다. 이런 현상을 노심초사라는 말로 표현하고 싶다. 노심초사가 시작되면 새벽까지 잠을 못 이루고 낮에도 집중력이 떨어진다. 위험하게 절망 직전으로까지 내몰리는 사람도 있다.

노심초사의 유일한 해법은 안식이다.

'안식'을 생각할 때 마음에 떠오르는 이미지는 무엇인가? 나른한 토요일 아침의 늦잠인가? 느긋한 오후의 해변인가? 친구들과 함께 뒷마당에서 햄버거를 구워 먹는 시간인가? 혹시 시골길의 여유로운 드라이브나 아늑한 통나무집에서 보내는 하룻밤인가? 이 모든 목가적 이미지의 특징은 스트레스와 부담과 긴장이 덜한 활동이거나 아니면 아무 활동도 하지 않는 조용하고 평온한 쉼이다. 정말이지 삶의 끝없는 드라마 속에서 우리 몸과 마음은

이런 짤막한 막간을 애타게 갈구한다.

우리 영혼도 마찬가지다. 그런데 쉬지 않으면 붕괴되어 더는 버티지 못하는 몸이나 마음과는 달리 '속사람'의 절규는 대개 부산한 웅성거림 속에 파묻힌다. 하지만 다행히 누구나 영적 안식을 누릴 수 있다. 굳이 비행기를 타고 열대의 낙원까지 가거나 산속의 통나무집을 빌리거나 안마사를 고용하여 결린 데를 풀지 않아도 된다. 이번 본문에서 배우겠지만 하나님은 우리가 날마다 누릴 진정한 영적 안식을 예비해두셨다. 문제는 그 안식에 들어가는 신자가 별로 없어 보인다는 것이다.

—4:1—

구약에 보면 하나님은 이스라엘 백성이 가나안 땅에 들어가 그곳을 차지하여 방황을 멈추고 적들에게서 벗어나 안식할 수 있다고 약속하셨다. 그런데 그들은 약속을 받아들여 순종으로 반응한 것이 아니라 완고한 마음과 불신으로 그분께 거역했다. 풍성한 기쁨과 상쾌한 안식을 버리고 대대로 불안한 노심초사를 택했다. 하나님이 주시는 안식을 거부하다니 이 무슨 비극인가! 오늘날 신자들도 하나님이 똑같이 베푸시는 안식을 내팽개치기 일쑤니 이 또한 똑같이 비극이다.

3장 7-19절에 언급한 불신의 결과에 기초하여 히브리서 저자는 이제 독자에게 노심초사를 그만두고 안식할 것을 권유한다(4:1-11). 우선 1절의 경고로 시작하는데, 서두의 접속사 "그러므로"로 보아 그는 앞에 논했던 내용의 논리적 결론을 이끌어내고 있다. 즉 이스라엘이 주어진 안식을 받아들이지 않았다는 내용이다. 그들은 약속의 땅 문턱까지 갔었다. 말 그대로 그 땅이 눈앞에 보였다! 그런데 믿음으로 담대하지 못하고 두려움에 사로잡혔다.

하지만 1절에 보면 우리가 두려워해야 한다고 하지 않는가?

그렇다. 우리는 모든 영광과 존귀와 경외로 하나님을 두려워해야 한다. 옛 히브리인들처럼 앞길에 닥쳐오는 이 세상의 장애물을 두려워해서는 안 된다. 오히려 우리는 하나님을 경외하여 수많은 방해와 걸림돌에도 불구하고 믿음으로 그분의 명령을 지켜야 한다. 1절의 "두려워할지니"라는 말은 하나님께 불충실하고 불순종할 때 닥칠 비참한 결과를 건강하게 중시한다는 의미로 보인다. "그의 안식에 들어갈 약속이 남아 있을지라도"(4:1), 이 약속을 건성으로 받거나 아예 외면하는 이들에게는 큰 위험이 닥쳐온다.

히브리서 저자가 말하는 안식이란 무엇일까? 신체적 안식일까? 정서적 안식일까? 정신적 안식일까? 이번 단락의 '핵심 용어'에 설명했듯이 저자가 말하는 안식은 신자에게 주어지는 현재의 실재다. 즉 우리 내면의 평안과 기쁨과 소망에 영향을 미치는 영적 상태다. 이런 개념의 영적 '안식처'가 2-8절에 설명된다.

—4:2-8—

하나님이 경고판을 세우실 때는 반드시 방향도 함께 제시하신다. 조금 전에 저자는 하나님이 자기 백성에게 주시는 영적 안식처에 이르지 못하는 자가 없어야 한다고 경고했는데(1절), 바로 뒤이어 세 개의 표지판을 세워 하나님의 백성을 그 안식처 쪽으로 안내한다. 안식처에 들어가게 해주는 내비게이션이라 해도 좋다. 그렇다면 하나님이 예비하신 안식에 들어가기 위해 신자가 해야 할 일은 무엇인가?

첫째, 하나님의 안식에 들어가려면 공식이 옳아야 한다(4:2-3). 그렇다고 엉뚱한 개념을 제시할 생각은 없다. 그리스도인의 삶은 '이것의 3단계'나 '저것의 5대 비법'이나 '완전 정복 7단계'가 아니다. 나는 신앙생활을 공식으로 접근하는 것이 싫다. 그러면 그리스도인의 삶이 살아 계신 하나님과의 박진감 넘치고 역동적인 관계라는 사실이 흐려진다. 그럼에도 2-3절에 보면 하나님이 예비하신 안식에 들어가는 아주 간단한 방정식이 나온다. 곧 들음+믿음=안식이다.

저자가 밝히 말했듯이 좋은 설교를 듣기만 해서는 누구도 영적 안식에 들어가 두려움이나 우울이나 스트레스에서 벗어날 수 없다. 실제로 내 경험으로 보아도 가장 잘 배운 사람들이 가장 성미가 고약하거나 불안이나 긴장에 찌들어 있는 경우가 있다. 모세 당시 이스라엘 백성은 자신들이 가나안 땅에 들어가리라는 약속을 들었으나 믿음으로 받아들이지 않아 약속이 무용지물이 되었다(4:2). 참으로 믿었다면 담대히 행동했을 것이다. 마찬가지로 그리스도인도 영적 이집트인 죄의 굴레에서 부름받았으나 광야에서 방황할 수 있다. 자신을 구원하여 안식처에까지 인도하실 하나님을 신뢰하지 못하기 때문이다. 그분은 우리의 안식처를 창세전부터 이루어놓으셨다(4:3).

공식(들음+믿음=안식)을 무시하면 안식은 없고 방황뿐이다. 하나님이 자기 백성의 삶에 행하시는 모든 일을 떠받치는 것은 믿음의 원리다. 따라서 그분의 말씀에 믿음으로 반응하지 않고 그분의 명령에 믿음으로 순종하지 않으면 결과는 그분의 복이 아니라 징계다(4:3).

둘째, 하나님의 안식에 들어가려면 태도가 옳아야 한다(4:4-6). "세상을 창조할 때부터 그 일이 이루어졌느니라"는 3절의 마지막 문장은 보충 설명을 요한다. 그래서 저자는 그 의미를 풀어내려고 창세기의 창조 기사와 시편을 인용한다. "안식"을 논하다 보니 하나님도 엿새 동안 일하여 세상을 창조하시고 이레째에 쉬셨던 사실이 생각난 것이다(4:4, 창 2:2). 이제 하나님은 두 팔을 벌리고 안식처에 앉아 우리를 그분과의 친밀한 교제 속으로 초대하신다. 그분은 수고를 그치는 안식을 혼자서만 누리실 의도가 애초에 없으셨다. 수고와 고생을 내려놓고 그분의 안식을 믿음으로 받아들이는 모든 사람에게 교제의 문을 활짝 열어두셨다.

그런데 옛 이스라엘 백성은 이를 깨닫지 못했다. 시내 광야를 지나 약속의 땅 남쪽 경계인 가데스바네아에 이른 그들은 주님의 품에 안기기는커녕 두려워 떨었다. 그 땅의 거인들을 보니 장애물과 위험이 너무 컸다. 그들은 믿음이 없어 불순종했고 그 땅에 들어가려 하지 않았다. 그래서 하나님은 이 불신에 실망하시고 노하시어 "그들이 내 안식에 들어오지 못하리라"고 선고하셨다(4:5).

마찬가지로 우리도 조심하지 않으면 약하고 작고 애매한 믿음이 우리를 망쳐놓을 수 있다. 길 위의 작은 돌부리도 난공불락의 장벽처럼 보이고, 우리 믿음에 대한 아주 작은 비판도 성난 거인처럼 보일 수 있다. 사실 우리는 세상 것들을 두려워할 것이 아니라 주님의 손을 잡고 그분의 인도를 따라 "사망의 음침한 골짜기"(시 23:4)를 지나야 한다. 히브리서 저자에 따르면 영적 안식처에 들어가기에 아직 늦지 않았다(4:6). 약속대로 행하실 그분을 신뢰하고 그분의 말씀을 믿기만 하면 된다.

셋째, 하나님의 안식에 들어가려면 타이밍이 옳아야 한다(4:7-8). 나는 이 두 구절에 주로 근거하여 저자가 말하는 "안식"이란 믿음으로 현세에 누리는 지금의 영적 상태로 본다. 약속된 안식은 오늘 실현될 수 있다(4:7). 그분의 음성이 들려올 때 우리는 선택의 기로에 놓인다. 완고한 마음으로 불신하고 불순종할 수도 있고, 유순한 마음으로 믿어 행동할 수도 있다. 이는 과거나 미래의 일회적 사건이 아니라 끊임없이 계속되는 매순간의 결단이다.

이스라엘 백성이 약속의 땅 곧 하나님의 물리적 안식에 들어가지 못한 이유는 믿음이 없어서였다. 여호수아가 그다음 세대를 약속의 땅으로 인도하여 들이기는 했지만, 시편 저자의 말대로 더 큰 다른 안식이 있다. 옛 히브리인들은 원한다면 언제라도 믿음으로 약속의 땅에 들어가 그 땅을 완전히 소유할 수 있었다. 마찬가지로 그리스도인도 언제라도-신앙생활의 매순간에-주 예수님 안에서 영혼의 안식을 얻을 수 있다. 그분의 초청은 지금도 유효하다. "수고하고 무거운 짐 진 자들아 다 내게로 오라 내가 너희를 쉬게 하리라 나는 마음이 온유하고 겸손하니 나의 멍에를 메고 내게 배우라 그리하면 너희 마음이 쉼을 얻으리니"(마 11:28-29).

—4:9-11—

하나님이 창조의 일을 마치신 뒤에 누리신 그 안식이 우리에게도 "남아 있"다. 그 안식에 들어가려면 불안을 버리고 하나님의 말씀을 믿기만 하면 된다. 엿새 동안 만물을 창조하셔서 우리에게 누리게 하시고 "안식"하신 하나님은 우리가 오늘 영적 평안을 누리는 데 필요한 일도 이미 다 이루셨다. 이것은 성대한 연회의 예약석에 비할 수 있다. 하나님은 음식을 사서 준비하시고 상을 차리시고 문을 여셨다. 아들을 보내 구원의 일을 다 이루셨고, 성령을 보내 우리 안에 내주하게 하심으로 그분의 말씀을 믿을 능력도 주셨다. 실제로 베드로후서 1장 3절에 "그의 신기한 능력으로 생명과 경건에 속한 모든 것을 우리에게 주셨으니"라고 되어 있다.

이번 단원을 경고로 시작했던 히브리서 저자는 약속의 땅이라는 "안식"에 들어가지 못한 이스라엘을 본으로 삼아 독자를 다시 경고하며 마무리한다. 이미 우리를 위해 다 이루어진 일이라서 우리에게는 믿음밖에 요구되지 않으므로 누구도 끝내 영적 안식에 들어가지 못해서는 안 된다(4:11). 그러나 동시에 저자는 값없는 선물을 받을 때도 의지의 행위인 결단이 요구됨을 분명히 했다. 그래서 주어진 안식에 들어가기를 "힘쓸지니"라고 히브리 신자들에게 명했다. 이는 단순한 권면이나 격려나 설득보다 강한 표현이다. 구습이 좀처럼 없어지기 힘들다는 것을 그는 알았다.

신자라면 누구나 힘써 경계선을 넘어 약속의 땅에 들어가 영혼의 안식을 누려야 하건만 천성적으로 우리는 내 힘으로 된다는 생각과 두려움과 반항심 때문에 가장자리에서 꾸

묵상의 서재

공포를 딛고 비상하라(히브리서 4:7)

“여기를 손에 쥐고…꼭 잡으세요…호각 소리가 나거든 줄을 재빨리 잡아당기세요.”

몇 초 만에 나는 하늘을 날고 있었다. 요란한 휙 소리와 함께 갑자기 덜컹하더니 멕시코 푸에르토바야르타의 그림 같은 해변 위 90미터 상공에 떠 있었다. 처음 해보는 패러세일링이었다. 조금 전까지만 해도 겁에 질려 있던 내가 어느새 한없이 푸르고 청명한 하늘 속에 섞여들었다. 위에서 보니 거친 바다가 옥색 명경지수처럼 보였고, 부산하게 북적이는 관광객들은 느린 동작으로 움직이는 것 같았다. 시간이 정지한 듯했다. 공포를 딛고 고요히 하늘을 나는 감동은 숨이 멎을 정도였다. 멋진 절경에 독수리처럼 활공하는 기분까지 어우러져 복잡한 하계 따위는 깨끗이 잊혔다.

솔직히 그 몇 분 동안 평소에 내 관심을 과도히 장악하던 모든 일에 대한 염려를 잊었다. 자의식이 사라졌고 근심이 달아났다. 온갖 요구와 마감일도 잊었다. 얼마나 멋졌는지 모른다! 얽매인 데 없이 자유로웠다. 말 그대로 모든 것을 뒤로하고 초연했다. 영원히 그대로 있고 싶을 정도였다.

그 경이로운 비행을 누리기 위해 내가 해야 했던 일은 무엇일까? 팔을 휘저으며 발차기를 해야 했을까? 조절판을 누르거나 날개를 조종해야 했을까? 사실은 아무것도 할 게 없었다! 나일론 끈을 믿고 저 아래 쾌속정의 패러세일링 전문가의 말에 순종하여 줄을 꼭 잡고 있다가 당겼을 뿐이다. 쉬웠다. 나머지는 간단했다.

솔직히 마침내 결심하고 뛰어들기까지는 약간 주저했다. 직원이 내 몸에 끈을 조이는 동안에도 속으로 두 번, 세 번, 네 번 생각했다. 그러나 일단 창공에 떠오르자 모험에 나서기를 잘했다는 만족감으로 충만해졌다. 조금도 후회가 없었다!

이와 마찬가지로 자신을 따라 안식에 들어가자는 그리스도의 초대도 모험이나 아예 위험한 일처럼 보일 수 있다. 통제권을 내려놓고 온전히 순복하여 그분께 전부 넘겨드려야 하는데, 그래도 될까? 물론이다!

그냥 통제권을 쥐고 있던 손의 힘을 풀고 대신 구주를 꼭 붙잡으라. 그리하여 공포를 딛고 비상하라.

물거리는 성향이 있다. 그런데 저자의 권고는 이 이상 더 직설적일 수 없다. 우리 모두에게 오늘 당장 노심초사를 멈추고 안식하라는 것이다.

적용: 히브리서 4:1-11

안식의 적을 물리치라

당신은 히브리서 저자가 말한 안식에 들어와 있는가? 아니면 아직도 요단강 저편에서 미래의 염려, 과거의 후회, 현재의 좌절이라는 광야를 방황하고 있는가? 약속된 안식 쪽으로 넘어왔는가? 아니면 영적 성장의 길을 막는 거대한 장애물들 앞에서 손톱을 물어뜯으며 서성거리고 있는가?

옛 이스라엘 백성은 몇 가지 장애물을 보고 겁에 질려 하나님의 약속을 받아들이지 않았고 그분의 안식에 들어가지 못했다. 비슷하게 우리를 가로막는 적을 크게 두 가지로 볼 수 있다. 고단한 땅에서도 영적 평안과 기쁨과 소망 속에 들어가 안식을 누리려면 공포와 교만을 물리쳐야 한다.

첫째 적인 공포는 "너는 해낼 수 없다!"라고 말한다. 공포가 위력을 발하면, 하나님도 어찌하지 못하시겠다 싶을 만큼 문제가 커 보인다. 하지만 생각해보라. 창세기 1장 2절의 혼돈하고 공허한 세상을 취하여 엿새 만에 질서를 이루시고 가득 채우신 하나님이라면 능히 당신에게도 6초 만에 혼돈에서 질서를 창조하시고 필요한 것을 다 채워주신다! 그러므로 하나님의 영적 안식처의 가장자리로 공포가 밀려오거든 물리치라! 오늘 그분의 안식에 들어가라. 질질 끌다가 장악당하지 말라.

둘째 적인 교만은 "네 힘으로 문제를 해결할 수 있다"고 말한다. 교만은 우리에게 다가와 하나님의 도움이 사실은 필요 없다고 설득한다. 이에 따르면 그분의 안식도 우리에게 필요 없고, 조금만 더 의욕적으로 노력하고 견디면 이곳 광야에서 우리 스스로 싸움에 이길 수 있다. 그러나 교만의 결국은 패망이다(잠 16:18). 교만의 망령에 굴할 것이 아니라 떨쳐버리라! 자신의 안식처를 만들려 하지 말고 그분의 안식처에 들어가라.

오늘 하나님의 안식에 들어가려면 공포와 교만을 평안으로 대체하기로 결단하라. 두려움과 염려와 고통과 문제를 기도로 그분께 올려드리라. 지금 그렇게 하라. 그분은 약속대로 당신의 불안을 몰아내고 안식을 주신다. 그 안식 안에 거하라. 뒤돌아가려는 유혹을 물리치라. 혼자 힘으로 해내려 하거나 이 타락한 세상의 혼돈에 굴하지 말라. 매일 아침을 그분의 안식에 들어가려는 새로운 다짐으로 맞이하라.

동정하시는 의사의 영적 수술(히브리서 4:12-16)

12하나님의 말씀은 살아 있고 활력이 있어 좌우에 날선 어떤 검보다도 예리하여 혼과 영과 및 관절과
골수를 찔러 쪼개기까지 하며 또 마음의 생각과 뜻을 판단하나니 13지으신 것이 하나도 그 앞에 나타
나지 않음이 없고 우리의 결산을 받으실 이의 눈 앞에 만물이 벌거벗은 것 같이 드러나느니라

14그러므로 우리에게 큰 대제사장이 계시니 승천하신 이 곧 하나님의 아들 예수시라 우리가 믿는
도리를 굳게 잡을지어다 15우리에게 있는 대제사장은 우리의 연약함을 동정하지 못하실 이가 아니요
모든 일에 우리와 똑같이 시험을 받으신 이로되 죄는 없으시니라 16그러므로 우리는 긍휼하심을 받고
때를 따라 돕는 은혜를 얻기 위하여 은혜의 보좌 앞에 담대히 나아갈 것이니라

앞서 저자는 메시아께 헌신했다가 돌아서려는 유대인 그리스도인들에게 완고한 마음의 위험을 진지하게 경고했다(3:7-19). 사실 굳어진 마음을 증명하는 흔한 증상인 교만과 공포는 신자를 막아 하나님이 그분의 자녀들에게 베푸시는 치유의 안식을 누리지 못하게 한다(4:1-11). 그래서 완고한 마음은 계속 중증 질환이 되어 건강한 그리스도인으로 살아가는 데 필수 요소인 믿음과 사랑과 소망을 신자에게서 앗아간다.

완고한 마음을 누그러뜨릴 수 있는 약이나 교만을 퇴치할 수 있는 물리치료는 안타깝게도 없다. 심장이 멎을 듯한 공포가 그리스도인의 삶에서 참된 기쁨을 앗아가려 위협해도 아무리 뛰어난 의사도 영적 수술을 단행하여 이 공포를 잘라낼 수 없다. 마음이 완고해지는 성향은 타락하고 부패한 조상에게서 물려받은 것으로 순전히 인간적인 관점에서 보면 불치병이다.

그러나 절망은 금물이다! 우리를 동정하시는 의사 하나님 곧 성육신하신 하나님 말씀이 정밀한 영적 메스인 기록된 하나님 말씀을 능숙하게 구사하신다. 그리스도만이 우리의 심장을 이식하실 능력도 있고 의지도 있어, 영적인 세계에 둔해진 "돌 같은 마음"을 도려내고 "살처럼 부드러운 마음"으로 대체하여 그분의 심장에 박자를 맞추어 박동하게 하신다

(겔 11:19). 우리가 할 일이라고는 하나님의 마음에 합한 다윗 왕과 더불어 진심으로 이렇게 구하는 것뿐이다. "하나님이여 내 속에 정한 마음을 창조하시고 내 안에 정직한 영을 새롭게 하소서"(시 51:10).

이번 본문을 보면 알겠지만 하나님의 말씀에 기록된 진리가 이 명의(名醫)의 손에 들리면 능히 우리 마음과 생각을 절개한다. 죽이기 위해서가 아니라 치료하기 위해서다. 이런 영적 수술은 대개 고통스럽지만 하나님의 치유와 안식에 이르려면 꼭 필요한 과정이다. 이 의사의 손을 지배하는 것이 사랑임을 알기에 우리는 얼마든지 안심하고 수술대 위에 누울 수 있다.

—4:12–13—

언뜻 보기에 12–13절은 논리의 자연스러운 흐름을 끊고 곁길로 새는 듯 보인다. 지금까지 4장의 주제는 하나님이 약속하신 안식에 우리가 믿음과 순종으로 들어가야 한다는 것이었다. 그런데 전력질주하던 저자가 갑자기 주저앉아 하나님의 말씀을 논한다. 당연히 우리는 이 두 구절이 하나님의 안식에 들어간다는 문맥에 어떻게 들어맞는지 의아할 수밖에 없다.

그러나 더 큰 문맥인 완고한 마음(3:7–19)을 떠올리면 점차 이해가 된다. 타고난 죄성에서 비롯되는 집요한 불신과 반항과 교만과 두려움은 큰 신체장애와도 같아서 그리스도 안에서 영적 안식과 승리의 삶을 향해 나아가는 우리의 여정을 지연시킨다. 12–13절의 막간은 그렇게 우리를 가로막아 영적 성장을 방해하는 문제들을 다루기에 좋은 기회다. 마치 저자가 이렇게 말하는 것 같다. "여기서 잠깐 다들 멈추라! 굳어진 마음이 끈질기게 남아 너희의 영적 성장을 오래도록 미행했다. 이제 단번에 처치해야 할 때다!"

그러기 위해 저자는 하나님의 말씀으로 주의를 돌려 말씀의 정체와 특성과 능력 그리고 우리에게 미치는 영향을 고찰한다.

우선 "하나님의 말씀"(4:12)의 정체부터 알아보자. 우리 대부분이 얼른 짐작하기에 저자는 현재의 구약을 염두에 두었을 것이다. 그것도 일부는 맞다. 그러나 성경 자체에서 "하나님의 말씀"이란 표현은 몇 가지 관련 요소를 지칭할 수 있다. 첫째, 기록된 하나님 말씀인 성경을 가리킨다(요 10:35, 벧후 1:19–20). 둘째, 진리의 궁극적 화신이며 성육신하신 하나님 말씀인 예수 그리스도를 가리킨다(요 1:14). 셋째, 선포된 하나님의 메시지, 즉 입으로 전해진 하나님 말씀을 가리킬 때도 많다(빌 1:14, 살전 2:13).

이런 삼중의 광의로 볼 때 무엇이든 하나님의 계시된 진리를 전달하는 것이면 다 "하나님의 말씀"에 속한다. 그중 성경(기록된 말씀)과 그리스도(성육신하신 말씀)는 무오하다. 그러나 성경에 충실한 설교자도 강단에서 하나님의 말씀을 전할 수 있고, 성경적인 상담자도 아픈 내담자에게 하나님의 말씀을 말할 수 있으며, 성가대도 성경에 기초한 찬송가나 복음성가 가사로 하나님의 말씀을 노래할 수 있다. 하나님이 어떤 전달 매체를 쓰시든 그분의 생명의 말씀—기록된 말씀에 기초하여 성육신하신 말씀을 가리켜 보이는—은 믿음으로 듣는 이들을 양육하고 치유하며 새롭게 한다.

따라서 저자가 12절에 말한 "하나님의 말씀"을 우리는 하나님의 계시된 진리로 보아야 하며, 그분이 택하신 전달 방식은 그것이 무엇이든 관계없다.[28] 엄밀한 의미에서는 성령의 감화를 받은 선지자들과 사도들의 말이다. 그러나 그 계시된 진리는 그리스도인 작가의 저작, 교사의 수업, 목사의 설교, 성경 중심의 노래, 심지어 영적 주제에 관한 대화를 통해 확장될 수 있다. 물론 이런 다양한 수단이 하나님의 영감을 받아 무오하다는 뜻은 아니다. 다만 하나님이 자신의 계시된 진리를 이처럼 다양한 방식으로 전달하여 자기 백성의 마음에 역사하심은 분명하다.

이번에는 하나님의 계시된 진리의 특성을 생각해보자. 12절을 다시 잘 보면 하나님의 말씀이 세 단어로 묘사되어 있다. "살아 있고 활력이 있어…예리하여." 첫째, 하나님의 말씀은 살아 있다. 생명이 있다. 성경은 죽은 책이 아니며 복음의 메시지는 공허한 주문(呪文)이 아니다. 예수님은 오랜 세월 전해 내려온 신화와 전설에 묻힌 한낱 역사 속의 인물이 아니다. 그분은 살아 계신다! 복음은 사람을 구원한다! 성경은 늘 일상생활에 시의성이 있다.

둘째, 하나님의 말씀은 활력이 있다. 이 단어의 헬라어 원어인 에네르게스(*energēs*, 1756)에서 에너지라는 단어가 파생되었다. 하나님의 계시된 말씀은 영험하고 위력적이어서 반드시 소기의 목적을 이루어낸다. 하나님이 친히 자신의 계시된 말씀의 효력을 표현하신 이사야 55장 10-11절이 떠오른다.

이는 비와 눈이 하늘로부터 내려서

그리로 되돌아가지 아니하고 땅을 적셔서
소출이 나게 하며 싹이 나게 하여
파종하는 자에게는 종자를 주며
먹는 자에게는 양식을 줌과 같이
내 입에서 나가는 말도
이와 같이 헛되이 내게로 되돌아오지 아니하고
나의 기뻐하는 뜻을 이루며
내가 보낸 일에 형통하리라.

하나님의 역동적인 말씀은 그 무엇도 하지 못하는 일을 해낸다. 아무리 아름다운 시와 뭉클한 노래와 감동적인 소설도 하나님의 위력적인 말씀이 능히 하는 일을 이루어내지 못한다. 말씀의 능력이 이루어내는 일은 무엇인가? 필립 휴즈(Phillip Huges)는 "그분의 말씀에 담긴 활력과 권능은 창조(창 1:3 이하, 히 11:3)와 섭리(히 1:3)와 중생(고후 4:6, 벧전 1:23)의 역사로 나타난다"고 주해했다.[29]

셋째, 하나님의 말씀은 예리하다. 저자는 양날 검의 은유로 말씀의 능력을 묘사한다. 검에 해당하는 헬라어 단어 마카이라(*machaira*, 3162)는 '단도'를 포함하여 '비교적 짧은 검이나 기타 예리한 도구'를 가리킨다.[30] 저자가 생각한 것이 양쪽을 날카롭게 간 단도였든 검이었든 간에 비교의 취지는 동일하다. 가장 예리한 검을 상상해보라. 하나님의 말씀은 그보다도 예리하다. 지금이라면 저자는 특수강으로 제작된 수술용 메스에 비유했을지도 모른다. 다시 말해서 하나님의 말씀은 그분의 적을 마치 곤봉처럼 때리는 무딘 도구가 아니다. 그분의 말씀은 면도날처럼 예리하여 무엇을 찌르든 정확히 절개한다.

Rama/Wikimedia Commons

로마 병사들이 쓰던 **좌우에 날선 검**의 모형

그렇다면 하나님의 살아 있고 활력이 있고 예리한 말씀이 하는 일은 무엇인가? 끝으로 "찔러…판단하나니"(4:12)라고 표현된 말씀의 두 가지 능력을 살펴보자. 첫째, "찔러"로 번역된 헬라어 단어 디이크네오마이(*diikneomai*, 1338)는 '3차원 공간을 뚫고 들어가다'는 뜻이다.[31] 하나님의 말씀은 가장 내밀한 삶 속으로 깊숙이 파고든다. 사실 그 침투가 어찌나 깊고 정밀한지 저자는 평소에 양분하기 어려운 것 두 가지로 말씀의 정교한 능력을 예시한다. 하나는 혼과 영이고 또 하나는 관절과 골수다. 흥미롭게도 그는 인간의 무형적 요소와 물리적 요소를 나란히 언급했다. 하나님의 말씀이 "가장 포괄적인 방식으로 전인(全人)에 영향을 미친다"라는 요지로 보인다.[32]

둘째, 하나님의 말씀은 불가사의한 판단력을 보인다(4:12). 헬라어 단어 크리티코스(*kritikos*, 2924)는 법률상이나 사법상의 의미가 아니라 분별하고 분석하며 조사한다는 지적인 의미로 쓰였다. 비판한다는 뜻의 영어 단어군(critical, criticize, critique)이 실제로 여기서 유래했다. 하나님의 말씀은 "마음의 생각과 뜻"을 능히 체질한다. 즉 속을 캐내는 하나님의 진리는 고해상 방사선 투시경과도 같아서 다른 무엇으로도 밝혀낼 수 없는 구석구석까지

부연설명: 이분설인가 삼분설인가?

히브리서 4:12

이 구절에 구분되어 언급된 "혼과 영"을 일각에서는 성경이 삼분설을 가르친다는 증거로 해석해왔다. 즉 인간이 몸과 혼과 영으로 이루어져 있으며, 신체적 요소(몸)와 정신적/정서적 요소(혼)와 영적 요소(영)가 각각 자아, 세상, 하나님과 관계를 맺는다는 것이다.[33] 인격의 삼분설(3대 속성)이라는 이 개념을 중심으로 구원과 성화에 대한 복잡한 이론이 많이 출현했다.

삼분설을 지지할 때 인용되는 또 다른 본문은 데살로니가전서 5장 23절이다. 거기에 바울은 "너희의 온 영과 혼과 몸이 우리 주 예수 그리스도께서 강림하실 때에 흠 없게 보전되기를 원하노라"고 기도했다. 언뜻 보면 인격의 3대 속성을 암시하는 것 같지만, 실제로 대다수 주석가는 바울의 이 표현을 인격의 복잡한 구성 요소에 대한 완결된 목록이 아니라 다만 인간 삶의 다양한 차원을 총칭하는 술어로 본다. 사실 인격에는 마음과 의지 등 다른 요소도 들어 있다(눅 10:27). 알다시피 몸만 하더라도 살과 피와 뼈와 심지어 관절과 골수 등으로 이루어진 복합체다(히 4:12)!

바울은 데살로니가전서에서 하나님께 신자들의 몸과 살과 마음과 혼과 사고와 감정과 영과 의지를 보전해달라고 기도를 이어갈 수도 있었다. 다시 말해 바울과 히브리서 저자의 요지는 공히 인간의 전인성에 있다. 이 두 본문은 "인격이 몇 부분으로 이루어져 있는가?"라는 물음에 답하려고 쓴 것이 아니다.

예나 지금이나 대다수 신학자는 인간이 복잡한 물리적 요소(몸, 살, 뼈, 피 등)와 무형적 요소(혼, 영, 사고, 마음, 의지 등)로 구성되어 있다는 인격의 이분설을 고수해왔다.[34] 한 작가의 말처럼 "삼분설이 대중에게 널리 수용되었으나 교회사를 통틀어 절대다수의 사상가나 오늘날의 대다수 신학자는 이를 타당한 해석으로 받아들이지 않는다."[35]

도 다 들추어낸다. 우리의 가장 깊은 감정과 갈망과 본능과 열정과 동기를 드러낸다.

이렇게 면도날처럼 예리한 영적 도구가 자애로우신 명의의 손에 들릴 때 어떤 일이 이루어질지 상상해보라! 바로 그것이 13절에서 저자에게 떠오른 생각이었다.

어떤 이들은 몸에 이상 징후가 생겨도 병원에 가지 않고 미룬다. 나쁜 결과가 두렵거나 고통스러운 절차에 임하기가 싫어서다. 혼자서 고친다거나 집에서 대증 요법을 쓰면 된다고 생각할 수도 있다. 이유야 어찌됐든 많은 사람이 자신을 가장 잘 도와줄 수 있는 사람에게 한사코 자신을 맡기지 않는다.

영적으로도 마찬가지다. 건강한 영혼을 원하는 사람은 하나님의 말씀이나 말씀의 하나님을 두려워해서는 안 된다. 그분은 말씀을 우리 삶에 적용해주신다. 저자의 13절은 마치 시편 139편의 가르침을 요약한 것 같다. 그 시는 하나님의 편재성(어디에나 계심)과 전지성(모든 것을 아심)을 가르치는 중요한 본문이다. "주께서…멀리서도 나의 생각을 밝히 아시오며…나의 모든 행위를 익히 아시오니…주에게서는 흑암이 숨기지 못하며"(시 139:2-3, 12). 그 무엇도 이런 전능하신 하나님을 피하여 숨을 수 없으며, 우리 마음속의 가장 깊고 어두운 비밀도 예외는 아니다.

—4:14-16—

그렇다면 하나님의 강력한 말씀을 단단히 손에 붙드시고 자신의 속성 자체로 우리 영혼을 치유하시는 이 명의는 누구신가? 14-16절에 당연한 답이 나온다. 그분은 1장부터 히브리서 전체의 주제였다. 14절의 첫 단어 "그러므로"에서 알 수 있듯이 저자가 여태 하나님의 말씀에 대해 말한 내용(4:12)과 "우리의 결산을 받으실 이"(4:13)는 결국 "우리에게 큰 대제사장이 계시니 승천하신 이 곧 하나님의 아들 예수"를 가리킨다(4:14).

하나님이 감화하신 말씀의 칼을 잡으시는 분은 바로 성육신하신 하나님 말씀인 예수 그리스도시다. 예수님의 손에 들린 칼은 형벌의 검이 아니라 치유의 메스다. 그분은 우리 삶 속에 깊이 파고들어 마음의 생각과 뜻을 들추어내시며(4:12), 이로써 능히 우리의 믿는 도리를 굳게 하시고, 하나님이 자기 백성에게 예비하신 영적 안식 속으로 우리를 인도하신다(4:11).

그리스도의 두 가지 속성인 온전한 신성과 온전한 인성이 14-16절에 아주 명백히 병치된다. 우선 14절은 우리에게 그분이 "승천하신 이 곧 하나님의 아들"이심을 상기시킨다. 하늘에서 기원한 신성을 강조하는 표현이다. 이어 15-16절에는 그분의 온전한 인성이 그려진다. 우리처럼 예수 그리스도도 이 땅에 사시는 내내 시험을 받으셨다(4:15). 날마다 우리에게 몰아닥치는 환경과 상황과 유혹이 그분을 똑같이 공격했다. 인자 예수님은 눈과 귀를 가린 채 무감각한 상태로 삶 속을 부유(浮遊)하신 것이 아니라 모든 시련과 유혹을 평생 보고 듣고 느끼셨다. 그러나 우리와 달리 그분은 생각으로도 말로도 행동으로도 죄를 짓지 않으셨다.

예수님은 진정한 인간으로서 무엇이든 진정으로 경험하셨기에 "우리의 연약함을 동정하"실 수 있다(4:15). 우리가 시험받듯이 그분도 시험받으셨고, 우리가 연약하듯이 그분도 연약하셨으며, 우리가 고난당하듯이 그분도 고난당하셨다. 그러면서도 그 속에서 승리하셨다. 그래서 우리에게 은혜를 베푸실 수 있다. 우리가 그분 앞에 나아간다면 말이다(4:16). 그분은 인간과 철저히 동화하신 온전한 인간이기에 우리를 동정하는 대제사장이시며, 우리의 연약함을 속속들이 아시는 온전한 하나님이기에 능히 우리를 치유하신다. 하나님이면서 인간으로 성육신하신 예수님은 "때를 따라" 우리에게 긍휼하심을 베푸실 능력과 의지를 겸비하신 분이다(4:16).

적용: 히브리서 4:12-16

명의이신 예수님께 자신을 맡기라

어떤 사람들은 예수님이 십자가에서 일을 다 이루시고 부활하여 승천하신 후에 발 뻗고 자리에 앉아 손을 떼셨다고 상상한다. 이보다 더 잘못된 생각도 없다. 그분은 지금도 우리를 위해 중보하며 지내신다(7:25, 9:24). 대제사장으로서 언제라도 우리의 요청과 간구를 들으신다. 우리의 고통과 문제에 충분히 공감하신다. 우리에게 절실히 필요한 치유를 그분은 어떻게 공급하실까? 12-16절에 분명히 나와 있다.

첫째, 우리가 그분의 치유의 손길에 우리 자신을 맡겨야 한다. 명의이신 그분과 싸우지 않는다는 뜻이다. 더는 고난을 스스로 진단하거나 염려를 스스로 치료하려 하지 않는다. 죄를 그분께 맡긴다. 이런 순종과 의탁을 실천하는 최선의 행동은 내가 보기에 기도다. 우리는 무릎 꿇고 자신의 무기력과 부족함을 고백한다. 친히 역사해주시기를 그분께 구하며, 능숙한 치과의사나 노련한 외과의사를 믿을 때와 똑같이 그분을 전적으로 신뢰한다. 물론 하늘의 명의는 아픈 데를 째실 수 있다. 특히 영적으로 완고한 마음 상태를 치료하실 때 그렇다. 그러나 그분이 당신을 해치는 것이 아니라 낫게 하시려는 것임을 잊지 말라.

둘째, 우리가 그분 앞에 나아가야 한다. 그리스도는 우리에게 안식을 주어 지친 삶과 무거운 짐에서 벗어나게 하시고자 우리를 자신께 오라고 초대하신다(마 11:28). 그러니 그분께 가라! 꾸준히 그분을 만나 그분으로 하여금 살아 있고 강력한 말씀으로 당신을 찔러 살피시게 하라. 실제적 견지에서 그분 앞에 적극적으로 나아간다는 말은 날마다 성경을 읽어 양분을 얻는다는 뜻이다. 성경 읽기 표에 체크하거나 목표를 달성하기 위해서가 아니라 명의이신 그분께 성경의 진리로 우리 마음의 생각과 뜻을 분별받기 위해서다. 말씀을 읽으면서 하나님께 당신의 삶에서 회개가 필요한 죄나 치유가 필요한 고통을 드러내달라고 기도하라. 그분 앞에 나아가려면 말씀 읽기 외에 교회도 가까이해야 한다. 교회는 그리스도의 몸이요 그분이 성령으로 거하시는 곳이다. 내가 교인들 사이에서 섬기며 그들을 세우다 보면 나 또한 그들의 섬김을 받게 된다. 이 모두가 성령의 능력으로 이루어진다.

우리가 순순히 복종하며 그분 앞에 적극적으로 나아가면 하늘의 명의께서 살아 있는 강력한 말씀으로 그분만이 하실 수 있는 일을 하신다.

주

1. Walter Bauer 외, *A Greek-English Lexicon of the New Testament and Other Early Christian Literature*(Chicago: University of Chicago Press, 2000), 566.
2. 같은 책, 523.
3. Brown, *The Message of Hebrews*, 89-90.
4. Guthrie, *Hebrews*, 116.
5. Hughes, *Hebrews*, 109-116.
6. Guthrie, *Hebrews*, 69.
7. Bauer 외, *A Greek-English Lexicon*, 99.
8. Allen, *Hebrews*, 120.
9. Hughes, *Hebrews*, 27.
10. 실제로 사도 바울이 빌립보서 2장 9-11절에 인용하여 예수님께 적용한 이사야의 본문은 주 하나님 여호와께 해당하는 말씀이다. "땅의 모든 끝이여 내게로 돌이켜 구원을 받으라 나는 하나님이라 다른 이가 없느니라 내가 나를 두고 맹세하기를 내 입에서 공의로운 말이 나갔은즉 돌아오지 아니하나니 **내게 모든 무릎이 꿇겠고 모든 혀가 맹세하리라** 하였노라"(사 45:22-23, 강조 추가).
11. 시편 89편에는 하나님이 왕에게 기름을 부으신 사실뿐 아니라 다윗과 그 후손으로 더불어 맺으신 왕조의 언약도 자주 언급된다. 특히 시편 89편 3-4, 20, 28-29, 34-37절을 참조하라.
12. Allen, *Hebrews*, 172.
13. 천사가 "하나님의 아들들"로 지칭된 곳도 있으나(예. 창 6:2, 욥 1:6, 2:1) 이는 창세기와 욥기의 저자들이 천사를 고대 근동에 널리 쓰이던 호칭으로 부른 것뿐이며, 천사는 여전히 피조물이다. 하나님이 친히 천사를 그분의 "아들"이라 부르신 예는 성경 어디에도 없다.
14. Hughes, *Hebrews*, 39.
15. Francis Brown, S. R. Driver & Charles R. Briggs 편집, *A Hebrew and English Lexicon of the Old Testament*(Oxford: Clarendon, 1906), 43.
16. 다음 책을 참조하라. Brown, *The Message of Hebrews*, 41.
17. 다음 책을 참조하라. Richard N. Longenecker, *Biblical Exegesis in the Apostolic Period*, 재판(Grand Rapids: Eerdmans, 1999), 20, 52.
18. 많은 학자에 따르면 이 구절을 포함한 마가복음 끝부분은 마가의 원문이 아니라 나중에 추가되었다. 그러나 설령 감화된 성경 원문의 일부가 아니라 해도 이는 제자들이 능력으로 표적과 기사와 기적을 행해 복음의 메시지를 확증했다는 초대 교회의 인식을 보여주는 매우 초기의 근거다.
19. C. S. Lewis, *The Problem of Pain*(New York: Macmillan, 1962), 26.(『고통의 문제』 홍성사 역간)
20. William Barclay, *The New Daily Study Bible: The Letter to the Hebrews*, 개정판(Louisville: Westminster John Knox, 2002), 29.(『바클레이 신약주석 시리즈 10: 히브리서 야고보서』 기독교문사 역간)
21. 흥미롭게도 저자는 다윗과 이사야의 말을 인용하여 메시아를 선지자와 왕 둘 다와 연관시켰다. 이는 구약에서 기름 부음 받던 세 가지 직분 중 둘이다. 그러니 저자가 바로 뒤에 그리스도를 기름 부음 받던 나머지 직분인 제사장으로 소개한 것은 얼마나 적절한 일인가(히 2:17)!
22. Nathan D. Holsteen & Michael J. Svigel 편집, *Exploring Christian Theology*, 제2권, *Creation,*

Fall, and Salvation(Minneapolis: Bethany House, 2015), 256.

23. Bauer 외, *A Greek-English Lexicon*, 692–693.
24. 히브리서 10장 24절에도 똑같은 단어가 쓰였다. “서로 돌아보아[생각하여] 사랑과 선행을 격려하며.” 다음 책을 참조하라. Bauer 외, *A Greek-English Lexicon*, 522.
25. Guthrie, *Hebrews*, 102.
26. Bauer 외, *A Greek-English Lexicon*, 698.
27. 앞 단원의 히브리서 3장 6절에 대한 주해를 참조하라.
28. 앨런은 히브리서 4장 12절의 “하나님의 말씀”에 “하나님의 구두의 말씀, 기록된 말씀, 예수님을 통해 표현된 말씀이 다 포함되어야 한다”고 주해했다. Allen, *Hebrews*, 285.
29. Philip Edgcumbe Hughes, *A Commentary on the Epistle to the Hebrews*(Grand Rapids: Eerdmans, 1977), 164.
30. Bauer 외, *A Greek-English Lexicon*, 622.
31. 같은 책, 245.
32. Guthrie, *Hebrews*, 123.
33. 다음 책을 참조하라. Charles C. Ryrie, *Basic Theology*(Wheaton, IL: Scripture Press, 1986), 196. (『평신도 신학입문』 두란노 역간)
34. 같은 책.
35. Holsteen & Svigel, *Exploring Christian Theology*, 제2권, 35.

그리스도는 우리의 대제사장으로서 우월하시다

히브리서 5:1–10:39

지금까지 첫 단락(1:1-4:16)에서 보았듯이 그리스도가 인격에서 우월하시다는 증거는 명백하고도 설득력이 있다. 그분은 선지자보다 상위에 계시고(1:1-3), 천사보다 밝게 빛나시며(1-2장), 모세와 여호수아보다 뛰어나시다(3-4장). 그분의 사역은 율법보다 근본적인 영의 안식을 가져다주고, 그분의 말씀은 마음속 깊은 데까지 이르러 우리를 치유한다(4장).

이번 둘째 단락(5:1-10:39)에서 저자는 서신의 중심 주제에 담긴 또 다른 일면에 더 깊이 천착한다. 4장에 이미 언급한 바 메시아가 구약의 율법과 제사장직보다 탁월하시다는 개념을 확장하여, 이번에는 예수님의 하늘 제사장직이 땅의 제사장직보다 어떻게 우월한지를 여러 구체적인 예로 제시한다(5장). 같은 맥락에서 새 언약의 약속들도 옛 언약의 약속들보다 크고(6-7장), 그분이 단번에 드리신 속죄 제사도 모세의 모든 제사 제도보다 크다(8-10장).

유대인으로서 예수님을 믿었던 히브리서의 첫 수신자들은 메시아의 우월한 제사장직을 제대로 이해할 필요가 있었다. 당시의 유대인들이 흔히 생각하던 메시아는 장차 예루살렘에 좌정할 이 땅의 왕이자 강력한 군주였다. 메시아가 하늘에서-아버지의 우편에서-자신들을 위해 대제사장직을 수행하신다는 개념은 그들로서는 생각할 수도 없었다. 저자는 메시아가 왕이실 뿐 아니라 제사장이기도 함을 보여줌으로써 그리스도가 인격과 사역에서 우월하시다는 자신의 주제에 한층 더 힘을 싣는다.

핵심 용어

νωθρός [*nōthros*, 노드로스]*(3576)* '둔하다', '굼뜨다', '게으르다'

이 단어는 신약에 두 번밖에 나오지 않는데 둘 다 히브리서에 쓰였다. "둔하므로"로 번역된 5장 11절에는 '나태하다'는 개념이 담겨 있다. 듣기 싫어하거나 반응이 더딘 사람이 이에 해당할 수 있다.[1] 6장 12절에는 "게으르지"로 옮겨져 있다. 유대인 그리스도인들이 믿음 안에서 자라지 못해 영적 진리에 대한 반응이 굼떠졌음을 생생히 묘사한 단어다.

παραπίπτω [*parapiptō*, 파라핍토]*(3895)* '타락하다', '떨어져나가다', '배교하다'

신약에 한 번밖에 나오지 않는 단어지만 히브리서의 중심 개념 중 하나다. 6장에 나오는 경고의 본문에서 이 단어는 '둔해져서 영적으로 성장하지 못하는 사람의 궁극적 결과'라는 뜻으로 쓰였다. 문자적으로는 '옆으로 떨어지다'는 뜻인데[2] 폴리비오스의 『역사』 3.54.5에서 그런 의미의 용례를 볼 수 있다. "내리막길이 좁고 가파른데다 눈발 때문에 밟는 자리도 보이지 않아 자칫 옆으로 비켜나거나[파라핍토] 발을 헛디뎠다가는 벼랑 아래로 굴러 떨어질 판이었다."[3] 즉 길에서 벗어나 '옆으로 떨어지는' 경우를 묘사한 말이다. 히브리서 본문에는 신앙에서 '떨어져나간다'는 암시는 없고, 목표를 향해 가는 길에 진척이 없다는 의미로 쓰였다.

διαθήκη [*diathēkē*, 디아테케](*1242*) '언약', '조약', '유언'

"언약"이란 단어가 이번 단락의 특색을 이루면서(7:22, 8:6, 8:8, 8:9, 8:10, 9:4, 9:15, 9:16, 9:17, 9:20, 10:16, 10:29) 특히 율법의 옛 언약을 그리스도가 세우신 새 언약과 대비한다. 그런데 9장 16-17절의 논증에 저자는 이 단어를 뜻밖의 의미로 쓴다. 8장 1절-9장 15절에는 이 단어가 성경적, 종교적 의미의 전형으로, 즉 하나님과 그분 백성 사이의 언약이라는 뜻으로 쓰였으나, 9장 16-17절에는 다른 각도에서 법적 의미로 쓰였다. 그래서 여기서는 "유언"으로 번역하는 것이 더 좋다.[4]

하나님의 아들, 우리의 제사장(히브리서 5:1-10)

1대제사장마다 사람 가운데서 택한 자이므로 하나님께 속한 일에 사람을 위하여 예물과 속죄하는 제사
를 드리게 하나니 2그가 무식하고 미혹된 자를 능히 용납할 수 있는 것은 자기도 연약에 휩싸여 있음
이라 3그러므로 백성을 위하여 속죄제를 드림과 같이 또한 자신을 위하여도 드리는 것이 마땅하니라
4이 존귀는 아무도 스스로 취하지 못하고 오직 아론과 같이 하나님의 부르심을 받은 자라야 할 것이
니라

5또한 이와 같이 그리스도께서 대제사장 되심도 스스로 영광을 취하심이 아니요 오직 말씀하신
이가 그에게 이르시되

너는 내 아들이니 내가 오늘 너를 낳았다

하셨고

6또한 이와 같이 다른 데서 말씀하시되

네가 영원히 멜기세덱의 반차를 따르는 제사장이라

하셨으니

7그는 육체에 계실 때에 자기를 죽음에서 능히 구원하실 이에게 심한 통곡과 눈물로 간구와 소원을
올렸고 그의 경건하심으로 말미암아 들으심을 얻었느니라 8그가 아들이시면서도 받으신 고난으로
순종함을 배워서 9온전하게 되셨은즉 자기에게 순종하는 모든 자에게 영원한 구원의 근원이 되시고
10하나님께 멜기세덱의 반차를 따른 대제사장이라 칭하심을 받으셨느니라

욥은 잿더미에 주저앉아 질그릇 조각으로 몸을 긁으며 자신의 처지를 한탄했다. 선의의 세 친구는 부당해 보이는 곤경의 원인을 찾고자 부심했다. 고통과 슬픔에 겨워 탄식하는 욥의 하소연은 위를 향했고 앞을 내다보았다. 영혼 깊숙이 그는 누군가—아무라도—이 땅의 절망스러운 고난 속에서 일어나 하나님의 보좌 앞에 인간의 사정을 제출해주기를 열망했다. 자신의 송사를 대변해줄 대언자, 중보자, 대리자를 간절히 원했다. 다음은 그가 고난당하는 온 인류를 대표하여 토해낸 처절한 고백이다.

> 하나님은 나처럼 사람이 아니신즉
> 내가 그에게 대답할 수 없으며
> 함께 들어가 재판을 할 수도 없고
> 우리 사이에 손을 얹을 판결자도 없구나
> 주께서 그의 막대기를 내게서 떠나게 하시고
> 그의 위엄이 나를 두렵게 하지 아니하시기를 원하노라
> 그리하시면 내가 두려움 없이 말하리라
> 나는 본래 그렇게 할 수 있는 자가 아니니라(욥 9:32-35).

여기 기쁜 소식이 있으니 곧 욥이 열망하며 예언적으로 고대했던 대언자가 우리에게 계시다는 것이다. 욥의 간구에 응답하기라도 하듯 사도 바울은 "하나님은 한 분이시요 또 하나님과 사람 사이에 중보자도 한 분이시니 곧 사람이신 그리스도 예수라"(딤전 2:5)고 선포했다. 하나님이자 인간이신 예수 그리스도는 완전한 대언자시다. 욥이 찾던 그분이 오셨다. "때가 차매 하나님이 그 아들을 보내사 여자에게서 나게 하시고 율법 아래에 나게 하신 것은 율법 아래에 있는 자들을 속량하시고 우리로 아들의 명분을 얻게 하려 하심이라"(갈 4:4-5).

큰 대제사장이신 예수 그리스도가 하나님과 우리를 중재하시며 지금도 우리를 위해 중보하신다. 죽을 수밖에 없는 연약한 인간 제사장이 더는 하나님 앞에 우리의 송사를 제출하거나 우리 대신 제사를 드리거나 우리에게 하나님을 대변할 필요가 없다. 우리가 직접 하늘의 대제사장과 인격적 관계를 맺었기에 그분을 통해 하나님 앞에 나아갈 수 있다. 그분께 죄를 자백하고 무엇이든 필요한 대로 구할 수 있다. 무엇보다 중요하게 우리의 대제

사장은 하급자가 아니시다. 자신에게도 중보자가 필요하거나 자신의 죄부터 해결해야 하는 한낱 유한한 피조물이 아니시다. 그분은 영원하신 아들로서 자신의 온전한 신성에 온전한 인성을 더하셨고 우리의 대제사장으로서 우월하시다.

히브리서의 첫 독자인 1세기 유대인들은 대제사장이라는 개념에 아주 익숙했을 것이다. 하나님의 선민인 이스라엘을 위해 드려지던 제사, 의식, 피, 제단, 불, 향, 기도 등의 제도를 그들은 훤히 알았다. 그래서 하늘의 메시아께 속한 영원한 제사장직을 땅의 성막과 성전의 한시적 제사장직과 대조하는 저자의 말도 똑똑히 알아들었을 것이다. 이번 본문을 살펴보면서 21세기의 독자들을 위한 설명을 덧붙여 우리의 대제사장이신 그리스도의 의미를 파악하고자 한다.

—5:1–4—

저자가 예수님의 제사장직을 언급한 것은 이번 5장이 처음이 아니다. 2장 17절에 그는 "그가 범사에 형제들과 같이 되심이 마땅하도다 이는 하나님의 일에 자비하고 신실한 대제사장이 되어 백성의 죄를 속량하려 하심이라"고 썼고, 3장 1절에는 독자에게 "우리가 믿는 도리의 사도이시며 대제사장이신 예수를 깊이 생각하라"고 촉구했으며, 4장 끝부분에는 예수님을 "큰 대제사장이 계시니 승천하신 이"요 우리 연약함을 동정하시는 분이라 표현했다(4:14–15). 그러나 우리의 대제사장이신 메시아에 대한 그의 본격적인 탐색은 5장에서 시작된다.

우선 그는 독자가 틀림없이 잘 알았을 내용을 상기시킨다. 땅의 제사장에 해당하는 자격 요건이다. 그가 열거한 세 가지 기준은 단순하면서도 매우 중요하다. 첫째, 땅의 제사장은 백성을 위해 "하나님께 속한 일"을 해야 했다(5:1). 그는 그들의 대리자로서 하나님 앞에 백성을 대변하고 백성 앞에 하나님을 대변했다.

둘째, 그는 책임지고 속죄 제사를 드리되 자신의 죄까지 포함해야 했다(5:1–3). 예물을 드려 하나님을 예배하려는 사람은 반드시 제사장을 통해야 했다(5:1). 제사장을 거치지 않고도 하나님을 예배한다는 규정은 없었다. 하나님의 백성 중 누구도 제사장 없이 그분 앞에 그냥 나아갈 수 있는 재량은 없었다.

셋째, 그는 연약한 죄인들 가운데서 하나님의 부르심을 받았다(5:1–4). 보다시피 대제사장은 다음과 같이 여러 모로 부족했다.

- 사람들 가운데서 뽑힌 한낱 인간이었다(1절).
- 흔한 연약함에 휩싸여 있었다(2절).
- 그가 대변하는 백성처럼 그 자신도 죄인이었다(3절).
- 스스로 존귀한 것이 아니라 하나님이 존귀하게 여겨주셨을 뿐이다(4절).

저자는 이 몇 구절에 대제사장직의 자격 규정을 제시함과 동시에 그 직위를 거쳐 간 모든 사람이 불완전했음을 은연중에 밝힌다. 대언자 내지 중보자의 개념은 좋았으나 중보자 자신의 속성이 문제였다.

히브리 민족의 초대 대제사장이었던 아론이 그 직위의 대표적인 예로 거명된다(5:4). 그러나 아론이 아무리 훌륭했어도 역시 백성 중에서 뽑힌 것이었고, 연약했으며, 모든 사람처럼 죄를 지었고, 스스로는 존귀하지 못했다. 제사장복을 입고 거창한 직함을 달고 거룩한 책임을 부여받은 그도 당신과 나 같은 인간에 불과했다.

사실 이런 부족한 제사장직은 애초에 영구적인 것이 아니었다. 하나님은 제사장의 제사가 끊임없이 계속되는 불완전한 제도를 존속시키실 생각이 없었다. 처음부터 그분의 계획은 장차 어느 날 "다 이루었다"라는 선언과 함께 영원한 제사장직에 완전하신 제사장을 세우시는 것이었다.

—5:5-10—

5절부터 저자는 아론으로 대표되는 땅의 제사장직을 그리스도로 말미암아 세워진 하늘의 제사장직과 대비한다. "또한 이와 같이 그리스도께서"라는 말은 제사장으로 부름받은 아론과 비교함을 뜻한다. 이 점에서 예수님과 아론은 비슷하다. 아론이 "하나님의 부르심을 받"아 존귀해졌듯이(5:4) 예수님도 성부 하나님이 지명하셔서 직위에 오르셨고 대제사장의 직무에 걸맞은 영광을 부여받으셨다(5:5). 그러나 비슷한 점은 거기서 끝난다. 저자가 밝혔듯이 그리스도의 존귀와 영광은 부여된 정도가 아니라 성자 하나님이신 그분 본연의 속성이기 때문이다.

저자는 시편 2편 7절을 또 인용하여(참조. 히 1:5) 예수님이 제사장 자격만 있으신 것이 아니라 기름 부음 받으신 왕으로도 높여지셔야 함을 환기시킨다. 이어 인용한 시편 110편 4절을 통해서는 두 직분을 한데 묶어 메시아의 정체가 왕이시면서 또한 제사장이심을 못 박는다. 이 제사장은 아론의 반차가 아니라 멜기세덱의 반차를 따르신다(히 5:6, 10, 참조. 창 14:18). 아론이 맡은 땅의 제사장직과 예수님이 맡으신 하늘의 제사장직은 여기서 극명한 대조를 이룬다. 멜기세덱의 반차로 예수님은 "영원히…제사장"이시다(5:6). 이렇게 제사장직이 달라서 그 밖에도 많은 차이점이 생겨나는데 그 내용은 7장에서 더 자세히 다루어진다.

7–9절에서 저자는 지상 사역 기간에 제사장 직무를 수행하신 예수님의 삶과 성품을 간략히 보여준다. "육체에 계실 때에"(5:7)라는 말 다음의 몇 문장은 우리에게 죄가 없고 온전하신 그분의 인성을 다시금 일깨워준다. 물론 그분은 하나님의 독생자로 영원히 하늘 보좌에 앉으셨다. 그러나 저자는 행여 우리가 그분을 피안의 존재–수많은 성상과 예술품 속의 '예수'처럼 초연한 우주적 인물–로 생각하지 않도록 이 제사장을 지상의 현실적 색감으로 그려낸다.

하나님의 아들은 온전히 아버지의 뜻에 순복하여 간구와 소원을 올리셨고, 고난과 죽음 앞에서 지극히 인간다운 눈물을 흘리셨다(5:7). 물론 예수님은 무흠한 신성 덕분에 죄가 없으셨고(4:15), 하나님은 죽음에서 구원해달라는 그분의 기도에 결국 응답하여 그분을 죽은 자 가운데서 살리셨다.[5] 하나님의 영원하신 아들은 또한 고난과 죽음을 당할 수밖에 없는 참 인간으로서 복종하셨다. "받으신 고난으로 순종함을 배"우셨다(5:8). "배워서"로 번역된 단어 만다노(*manthanō*, 3129)는 "책으로 지식을 얻는다"는 뜻이 아니라 "교육보다는 경험이나 실천을 통해…체득하다"는 뜻이다.[6] 그리스도가 "배우신 순종"의 특성을 거스리가 이렇게 잘 묘사했다.

> 하나님의 아들을 생각하면 학습 과정의 의미를 그분께 대입하기가 어려울 수 있으나 그 아들이 온전한 인간이심을 생각하면 금세 이해가 된다. 예수님의 지혜가 자라갔다는 누가의 말(눅 2:52)은 그분이 점진적 과정을 통해 하늘 아버지의 뜻에 순종하심으로써 계속 하나님의 뜻을 자신의 뜻으로 삼으시다가 죽음 앞에서 절정에 이르셨다

> 는 뜻이다. 겟세마네에서 아버지의 뜻을 받아들이시던 절규야말로 아들이 아버지께 순종하셨다는 결정적 증거다.[7]

그런 의미에서 히브리서 저자는 하나님의 아들이 "온전하게" 되셨다고, 즉 완전해지셨다고 표현했다. 성자 하나님이 아버지께 계속 순종하신 삶은 인성을 입고 성육신하실 때 시작되어(빌 2:5–7) "십자가에 죽으심"으로 완전한 순종의 정점에 달했다(빌 2:8). 아들이 불완전해서 온전해지셔야 했다든지 불순종하다가 순종을 배우셔야 했던 것이 아니다. 전폭적 순종이라는 예수님의 사명은 고난과 죽음을 통해 성취되었다. 그 결과 예수님은 그분을 신뢰하고 순종하는 신자들에게 "영원한 구원의 근원"이 되셨다(히 5:9).

적용: 히브리서 5:1–10

그리스도의 온전한 제사장직(적용 편)

예수님은 하늘의 신전에서 중재자로 일하는 많은 제사장 중 하나가 아니라 하나님과 인간 사이의 유일한 중보자시다(딤전 2:5). 그분은 하늘에서 땅의 사제직–안수 받은 성직자 없이는 감히 제단에 나아가지 못하는 수동적 평신도들의 교회를 섬기는 중재자–서품을 관장하는 대사제도 아니시다. 그분은 교회의 유일한 제사장이시다. 온전한 제사장으로서 독보적이시다.

교회 시대인 지금, 아론의 구약 제사장직은 끊임없던 제사와 더불어 종식되었다. 예수님만이 최종 제사장이자 최종 제물이시다. 그리스도의 온전한 제사장직이라는 주제는 외워야 할 무미건조한 교리가 아니라 적용해야 할 요긴한 진리다. 그리스도의 제사장직에 대해 그리고 그분이 오늘날 우리의 필요를 어떻게 채워주시는지에 대해 세 가지 중요한 생각을 나누고자 한다.

첫째, 우리에게 필요한 제사장은 편견이 없어야 한다. 세상의 타락한 지도자나 비뚤어진 제도와는 달리 그리스도의 온전한 제사장직은 제멋대로 부당하게 차별하지 않는다. 바울은 "너희는 유대인이나 헬라인이나 종이나 자유인이나 남자나 여자나 다 그리스도 예수 안에서 하나이니라"(갈 3:28)고 썼다. 온전하신 대제사장 앞에 무릎 꿇을 때 당신이 특권층 태생인지 가난하게 태어났는지, 박사학위 소지자인지 검정고시 출신인지, 장성인지 사병인지는 중요하지 않다. 하늘에 계신 우리의 대언자는 누구에게도 놀아나거나 조종당하거나 매수되실 수 없다. 그런 그분이 당신 편에서 당신을 위해 중보하신다.

둘째, 우리에게 필요한 제사장은 영구적이어야 한다. 우리는 연중무휴로 죄인이므로 연중무휴의 중보자가 필요하다. 어느 때든 위기가 닥쳐오므로 매순간의 대리자가 필요하다. 연중의 특정한 시기에 특정한 장소로 수백 킬로미터를 이동하여 특정한 위계의 사역자들을 통해서만 하나님과 교제할 수 있다고 상상해보라. 우리의 대제사장은 어디에나 계시며 휴무 시간도 없고 언제나 즉시 당신의 기도를 들어주신다.

셋째, 우리에게 필요한 제사장은 우리 자리를 보장해야 한다. 온전한 순종의 본을 보이시고 온전한 제물을 바치신 제사장만이 우리 자리가 그분 안에 보장되어 있다는 확신을 주실 수 있다. 만일 예수님이 온전한 제사장이 아니라 아주 좋은 제사장일 뿐이고 모든 죄에 대한 최종 제물이 아니라 대부분의 죄에 대한 평균치 이상의 제물일 뿐이라면 우리는 자신의 구원이 정말 얼마큼이나 확실한지를 몰라 걱정될 것이다. 그러나 그분이 온전한 제사장이시기에 그분 안에 우리 자리가 보장되어 있음을 확신할 수 있다.

발육 부진의 위험(히브리서 5:11-6:8)

11멜기세덱에 관하여는 우리가 할 말이 많으나 너희가 듣는 것이 둔하므로 설명하기 어려우니라 12때
가 오래 되었으므로 너희가 마땅히 선생이 되었을 터인데 너희가 다시 하나님의 말씀의 초보에 대하
여 누구에게서 가르침을 받아야 할 처지이니 단단한 음식은 못 먹고 젖이나 먹어야 할 자가 되었도다
13이는 젖을 먹는 자마다 어린 아이니 의의 말씀을 경험하지 못한 자요 14단단한 음식은 장성한 자의
것이니 그들은 지각을 사용함으로 연단을 받아 선악을 분별하는 자들이니라

6:1그러므로 우리가 그리스도의 도의 초보를 버리고 죽은 행실을 회개함과 하나님께 대한 신앙과 2세
례들과 안수와 죽은 자의 부활과 영원한 심판에 관한 교훈의 터를 다시 닦지 말고 완전한 데로 나아갈
지니라 3하나님께서 허락하시면 우리가 이것을 하리라 4한 번 빛을 받고 하늘의 은사를 맛보고 성령
에 참여한 바 되고 5하나님의 선한 말씀과 내세의 능력을 맛보고도 6타락한 자들은 다시 새롭게 하여
회개하게 할 수 없나니 이는 그들이 하나님의 아들을 다시 십자가에 못 박아 드러내 놓고 욕되게 함이
라 7땅이 그 위에 자주 내리는 비를 흡수하여 밭 가는 자들이 쓰기에 합당한 채소를 내면 하나님께 복
을 받고 8만일 가시와 엉겅퀴를 내면 버림을 당하고 저주함에 가까워 그 마지막은 불사름이 되리라

우리가 태어나는 순간부터 부모와 의사는 우리의 신체적, 정신적, 정서적 성장을 살핀다. 발육을 측정해서 다른 사람들과 비교하며 부진한 부분이 있으면 걱정한다. 그러면 영적 성장은 어떻게 측정할까? 영적 발육이 부진하면 어떤 일이 벌어질까? 우리를 영적으로 평가해서 성장이 필요할 때 그렇다고 말해줄 사람은 누구인가?

영적 성장에 대한 말이 성경에 많이 나온다(예. 고전 14:20, 엡 4:14-15, 벧전 2:2). 우리는 영적 출생을 통해 하나님의 영적 가족이 된다(요 3:1-8). 그때부터 하나님의 말씀을 섭취하여 신앙의 단순한 교리와 실천으로부터 더 수준 높은 영적 지식과 역량 쪽으로 자라간다(참조. 고전 9:24-27). 은사를 구사하고 성령의 공동체에서 힘을 얻는 가운데 계속 성장하여 영적 성숙을 향해 나아간다(엡 4:11-16).

그러나 몸의 성장처럼 영의 성장도 부진할 수 있다. 영의 양식을 잘못 먹거나 아예 등한시하면 그렇게 된다. 또는 유치한 태도와 행동으로 퇴보하여 그나마 이루었던 성숙까지 날려버릴 수도 있고, 주위에 영적 성숙의 모본이 아무도 없다 보니 그냥 유아 상태에 고착되기도 한다. 어느 경우든 결과는 발육 부진이다. 바로 그 주제를 히브리서 저자가 이번 단원에 다룬다.

—5:11-14—

저자는 바로 앞 본문에서 하늘에 계신 우리 대제사장의 위대하심을 칭송했다. 그분은 "멜기세덱의 반차를 따른 대제사장"(5:10)으로서 하늘의 성전에서 우리를 위해 중보하신다. 당신도 많은 사람과 같다면 이 이름에서 막힐 것이다. 멜기세덱은 성경에 딱 한 번 등장했다가(창 14:17-20) 홀연히 사라진다. 그 후 시가서인 시편 110편 4절에 언급된 것을 저자가 이번 본문에 소환한다. 시편 이후로는 성경에 전혀 등장하지 않다가 히브리서에 와서야 여덟 번이나 언급된다!

당연히 수신자 중 다수는 저자의 논리를 따라가느라 약간 애를 먹었다. 하지만 본문에 보듯이 멜기세덱의 역사적 제사장직과 메시아의 하늘 제사장직에 대한 논의는 히브리 신자들에게 마땅히 쉬운 주제였어야 했다(5:10-12). 즉 그들의 영적 이해도가 훨씬 진척되어 있어 저자의 논지를 쉽게 따라잡을 수 있었어야 했다.

그런데 본문의 어조에 실망이 묻어난다. 저자의 말처럼 그는 멜기세덱과 메시아에 대해 가르치고 설명할 것이 많았으나 독자들이 "듣는 것이 둔"했다(5:11). 매사에 소극적이고 지겨워하는 사춘기 아이를 생각해보라. 소파에서 일어나 집안일을 하게 하려면 몇 번이고 말해야 한다. 그만큼 철이 없고 책임감도 없다는 표시다. 이런 둔함은 어디에서 비롯되는 것일까?

첫째, 우리가 둔해질 수 있음은 나이가 들어도 장성하지 못하기 때문이다. 흰머리와 잔주름과 손자손녀가 있다는 이유만으로 꼭 영적 지식과 지혜가 따라오지는 않는다. 욥의 한 조언자가 이를 잘 표현했다. "내가 말하기를 나이가 많은 자가 말할 것이요 연륜이 많은 자가 지혜를 가르칠 것이라 하였노라 그러나 사람의 속에는 영이 있고 전능자의 숨결이 사람에게 깨달음을 주시나니"(욥 32:7-8). 요점은 분명하다. 나이가 많다 해서 반드시 더 지혜롭고 영적인 것은 아니다. 물론 나이는 영적 성숙의 한 지표가 되어 마땅하다. 그래서 저자도 "때가 오래 되었으므로 너희가 마땅히 선생이 되었을 터인데"(히 5:12)라고 했다. 그러나 나이가 들어도 장성하지 못하는 사람이 너무 많다.

둘째, 우리가 둔해질 수 있음은 나쁜 습관이 영적 성장을 막기 때문이다. 히브리서의 수신자들에게 생겨난 영적 습관을 잘 보라. 그들은 영의 양식을 흘려보내는 도관이 아니라 교리의 막다른 길이 되었다. 선생으로 자라지 못하고 계속 학생으로 남았다. 나쁜 습관을 들여 양식을 먹기만 하고 남에게 나누어주지 않았다(5:12). 단단한 음식 대신 아기처럼 우유를 더 좋아했다(5:13).

"의의 말씀을 경험하지 못한"(5:13)이란 표현은 미숙하거나 갓 믿은 그리스도인의 특징이다. 아기가 서툴러서 성인처럼 생각하고 행동하고 말하지 못하듯이 미성숙한 신자는 계속 기독교 신앙의 기초에 머물러 있다. 실제로 저자는 히브리인들이 "하나님의 말씀의 초보"를 다시 배워야 한다고 말했다(5:12). "초보"로 번역된 헬라어 단어에 대해 윌리엄 바클레이는 이렇게 주해했다.

> 이는 문법에서는 알파벳의 첫 몇 글자를 뜻하고, 물리학에서는 세상을 구성하는 4대 기본 원소를 뜻하며, 기하학에서는 점과 직선 같은 증명 요소를 뜻하고, 철학에서는 공부가 처음 시작되는 초등 원리를 뜻한다. 히브리서 저자가 통탄했듯이 독자들은

> 기독교에 입문한 지 오래였건만 도무지 기초를 벗어나지 못했다. 어린아이처럼 옳고 그름을 분별할 줄 몰랐다.[8]

영적 미성숙에 빠져 있던 이 그리스도인들의 실망스러운 상태와는 대조적으로 저자는 14절에 영적 성숙의 세 가지 특징을 기술한다. 장성한 사람은 단단한 영의 양식을 먹고, 늘 의로운 삶을 실천하며, 연단된 분별력을 보인다. 이런 행동을 통해 영적 안정을 이루고 계속 자라간다. 하루나 한 주나 한 해만 아니라 평생 그렇게 지속한다(뒤의 적용에서 더 자세히 살펴볼 것이다).

그런데 히브리서의 수신자들은 그런 영적 성숙의 징후와는 거리가 멀었다. 멜기세덱에 대한 저자의 고등 논의를 따라가지 못했을 뿐 아니라 나태하게 되돌아가 그동안 수없이 들었던 기독교 개론을 또 청강하려 했다! 그들의 이런 영적 미성숙은 신앙생활의 다른 영역–시련을 견뎌내고, 유혹을 물리치며, 고난을 인내하는 능력–까지 위협했다. 실제로 그들은 듣는 것이 어찌나 둔해졌던지 영적 성장의 길에서 벗어나 하나님의 징계를 자초할 위험에 처해 있었다.

—6:1–3—

5장 11–14절에 묘사된 히브리 그리스도인들의 실망스럽고 영적으로 위험한 상태를 염두에 두고 이제 저자는 6장에서 서신의 세 번째(아마도 가장 잘 알려진) 경고로 넘어간다. 기억하겠지만 첫 번째와 두 번째 경고판에는 각각 "유념하여 흘러 떠내려가지 않게 하라!"(2:1–4), "삼가 마음을 완고하게 하지 말라!"(3:7–4:13)고 적혀 있었다. 이번 세 번째 경고는 "영적 성장의 길에서 벗어나지 말라!"고 선포한다. 차차 보겠지만 이 경고는 이미 5장 11절에서 시작되어 6장 대부분에 걸쳐 계속된다. 이는 듣기에 가장 쓰라린 경고 중 하나일 뿐 아니라 성경 전체에서 가장 난해하고 이견과 논란이 많은 일부 구절이 그 안에 들어 있다.

나의 멘토였던 레이 스테드먼(Ray Stedman)은 이 부분을 "히브리서는 물론이고 어쩌면 성경 전체에서 가장 까다로운 난제 본문"이라 칭했다.[9] 레이먼드 브라운(Raymond Brown)은 "이 구절들을 충분히 설명하려는 시도가 그동안 수없이 많았다"고 했고,[10] 비슷하게 거스리도 "이 본문은 방대한 논쟁을 낳았고 그 결과 오해가 많아졌다"고 썼다.[11] 한편 바클레이는 "성경에서 가장 끔찍한 본문 중 하나다"라고 솔직히 토로하기도 했다.[12]

그러나 전체 문맥을 염두에 두면 이 까다로운 본문의 매듭을 풀 수 있다. 전체 문맥은 영적 성장과 발육이 부진했던 일단의 그리스도인과 관계가 있는데, 실제로 그들은 듣는 것이 둔해져 미성숙한 상태에 빠져 있었다. 1-2절에 보면 "그리스도의 도의 초보를 버리고… 완전한[성숙한] 데로 나아갈지니라"고 했다. 여기서 "도의 초보"는 5장 12절에 말한 "하나님 말씀의 초보"와 일맥상통하고, 성숙한 데로 나아가야 한다는 말은 영적 아기처럼 우유만 먹는 독자들의 현 상황(5:13)과 완전히 대조된다. 훗날 장 구분이 첨가되기는 했지만, 문맥은 아직도 똑같이 영적 발육 부진이다.

6장에 언급된 경고의 배후 상황을 이렇게 예시해볼 수 있다. 히브리 그리스도인들은 초등학교를 졸업하고 중학교와 고등학교를 거쳐 대학교에 진학한 것이 아니라 해마다 유치원으로 되돌아갔다. 셰익스피어를 암송하고 미적분을 공부해야 할 그들이 여태 알파벳 노래나 부르고 '2+2'로 쩔쩔매고 있었다. 그리스도인의 신앙과 삶에서 기초를 벗어나 성장해야 하는데 기독교 개론의 주제만 자꾸 답습했다.

구체적으로 저자는 기독교 신앙의 "초보"(5:12)나 "도의 초보"(6:1)나 "터"(6:2)에 해당하는 진리를 세 가지 범주로 언급했다. 이 모두는 그리스도인의 길에 들어서는 데 필수로서 하나같이 신앙 여정의 기점을 이룬다. 그러나 산 밑에 진을 치고 눌러앉아 있어서는 누구도 성숙을 향한 등산로에 오를 수 없다.

세 가지 범주 중 첫째는 회심, 즉 "죽은 행실을 회개함과 하나님께 대한 신앙"이다(6:1). 모호한 문구인 "죽은 행실"은 영적으로 죽어 있는 사람의 특징인 육신의 행위를 뜻할 수도 있고(엡 2:1-2),[13] 또는 결코 구원에 이를 수 없는데도 스스로 의로워지려는 무익하고 죽은 행실(마 5:20), 즉 "자력 구원을 이루려는 인간의 헛수고"를 뜻할 수도 있다.[14] 우리는 그 양쪽 모두를 회개하고 오직 믿음으로만 구원받아야 한다(엡 2:8-9).

이런 가르침은 그리스도인의 삶을 위한 필수 기초지만 시작에 불과하다. 자신이 무엇으로부터 구원받았는지에만 계속 집중하고 거룩한 삶을 위하여 구원받았음을 경시하는 사람은 에베소서 2장 8-9절만 읽고 그다음 절을 망각하는 사람과 같다. "우리는 그가 만드신 바라 그리스도 예수 안에서 선한 일을 위하여 지으심을 받은 자니 이 일은 하나님이 전에 예비하사 우리로 그 가운데서 행하게 하려 하심이니라"(엡 2:10). 영적으로 미성숙한 이들은 자신이 회심한 경험에서 좀처럼 벗어나지 못하는 것 같다. 최악의 경우 그들은 몇 번이고 계속 '구원받거나' '영접 기도를 드리거나' '초청에 응하여 강대상 앞으로 나간다.' 이 첫걸음을 결코 넘어서지 못한다.

도의 초보 중 둘째 범주는 교회의 실무 절차에 해당하는 "세례들과 안수[에]…관한 교훈"이다(히 6:2). 여기 "세례들"이 유대인의 정결 의식을 가리키거나 유대교의 씻음과 기독교 세례의 차이를 가리킨다고 보는 입장도 있다.[15] 헬라어 단어는 "세례"의 어원인 밥티스모스(*baptismos*, 909)다. 그런데 본문에는 복수로 쓰여 "세례들[에]…관한 교훈"으로 직역된다. 이는 필시 물 세례와 성령 세례에 관한 교훈일 것이며, 새로 믿고 회심한 사람이라면 모두 겪었을 일이다(행 1:5, 10:47).[16]

"안수"라는 말은 사역자를 세우는 안수 의식(행 6:6, 13:3), 성령을 받게 함(행 8:17, 19:6), 신유 같은 영적 복을 받음(행 9:17) 등을 연상시켰을 것이다. 내가 이해하기로는 이것은 교회의 정치 형태에 관한 기본 지침을 가리킨다. 즉 안수를 받고 지도자로 세워진 장로들에게 어떻게 반응할 것인가의 문제다(딤전 4:14, 딤후 1:6). 물론 중요한 문제이기는 하지만 신자들은 세례를 언제 어디서 어떻게 베풀 것인가 또는 지역교회의 정치 형태를 장로 주도, 목사 주도, 회중 중심, 기타 절충안 중 무엇으로 할 것인가 따위에 완전히 매여 있는 경우가 너무 많다. 교회의 이런 기본적 실무 절차 때문에 많은 교단이 갈라졌다. 영적으로 미성숙하다는 확실한 증거다!

끝으로 도의 초보 중 셋째 범주는 예언, 즉 "죽은 자의 부활과 영원한 심판"이다(6:2). 기독교 신앙에서 예언의 문제가 "도의 초보"에 속한다니 놀랄 사람이 많을 것이다. 그러나 저자는 종말에 일어날 사건의 순서, 미래의 대환난에 대한 자세한 내용, 적그리스도의 특성 따위를 말한 것이 아니다. 본문의 사안은 간단하다. 죽은 자의 부활은 모든 그리스도인의 기본 소망이고(롬 6:5, 고전 15:21-22), 영원한 심판은 바울이 복음 전파와 연계한 내용이다(롬 1:16-18, 2:16).

저자의 요지는 분명하다. 기독교 신앙의 터에 해당하는 기초적 경험과 실무와 교리에 매여 있는 한 우리는 더 고차원의 영적 성숙으로 발전할 수 없다. 기초를 넘어 "완전한[성숙한] 데로 나아"가야 한다(6:2). 저자는 수신자들이 하나님의 도움으로 전진하리라는 희망을 품었다(6:3). "하나님께서 허락하시면"이라는 문구는 우리의 영적 성숙까지도 하나님의 공급에 달려 있음을 일깨워준다. 그분만이 우리를 아기에서 장성한 자로 기르실 수 있다.

—6:4-8—

3절은 하나님을 힘입어 성숙한 데로 나아갈 수 있음을 확신 있게 내다보는 전환점 구실을 한다. 그러나 3절의 조건절은 하나님이 성숙한 데로 나아가도록 허락하지 않으시는 경우도 있음을 암시한다. 그래서 4절부터 저자는 신자의 삶을 영적 미성숙에 고착시키는 주된 문제점을 논한다. 4절 서두의 "왜냐하면"이라는 접속사로 보아 분명히 지금 그는 영적 성장을 막는 장애물을 설명하는 중이다(헬라어 원문과 저자가 사용하는 NASB에 그 접속사가 있다-역주).

영적 발전을 막는 상황을 자세히 살펴보기에 앞서 본문에 대한 두 가지 중요한 관찰을 지적하고 싶다. 첫째, 잘 보면 저자는 3절까지는 일인칭 복수 대명사를 쓴다. "우리가…완전한 데로 나아갈지니라"(6:1-2). "우리가 이것을 하리라"(6:3). 그런데 영적 성장의 방해 요소를 논할 때는 삼인칭으로 바뀐다. "타락한 자들은 다시 새롭게…할 수 없나니 이는 그들이…다시 십자가에 못 박아"(6:6). 그러다 엄한 경고가 끝나면 저자는 다시 독자를 총칭하는 표현으로 돌아간다. "사랑하는 자들아, 우리가…너희에게는 이보다 더 좋은…것이 있음을 확신하노라"(6:9).

'희망적인' 대목(6:1-3, 9-12)에 일인칭과 이인칭을 쓰다가 '엄중한' 대목(6:4-8)에만 잠깐 삼인칭을 쓴 이런 변화는 저자가 다음 사실을 알았다는 증거다. 즉 독자들은 영적 성장을 "할 수 없"게 된 절망적 부류에 아직 들지 않았다. 아직 희망이 있었다. 그러나 듣는 것이 둔해지고 영적인 문제에 게으르게 반응하는 현 상태 때문에 그들은 돌이킬 수 없는 지경으로 더 깊이 타락할 심각한 위험에 직면해 있었다.

엄한 경고의 어둡고 음산한 숲속에 들어서기 전에(6:4-6) 둘째로 알아야 할 중요한 점은 7-8절에서 관찰된다. 저자는 절망적 상태에 빠져 성숙한 데로 나아가지 못하는 이들(6:8)과 하나님이 공급하시는 영적 성장의 수단에 그분의 은혜로 말미암아 반응하는 이들(6:7)의 차이를 이런 예화로 설명한다. 흑백처럼 분명히 대비된다.

성숙한 데로 나아가는 사람들	"땅이 그 위에 자주 내리는 비를 흡수하여 밭 가는 자들이 쓰기에 합당한 채소를 내면 하나님께 복을 받고"(6:7).
성숙한 데로 나아가지 않는 사람들	"만일[땅이 그 위에 자주 내리는 비를 흡수하여] 가시와 엉겅퀴를 내면 버림을 당하고 저주함에 가까워 그 마지막은 불사름이 되리라"(6:8).

그런데 4-6절의 경고를 설명하려고 저자가 제시한 이 예화를 잘 보면, 무익한 "가시와 엉겅퀴"를 없애려고 땅을 불살라도 땅 자체는 완전히 없어지지 않을 수 있다. 합당한 채소를 내는 데 필요한 수단을 다 받고도 무익한 잡초만 냈으니 바로 그 잡초를 없애기 위한 불사름이다. 이는 영적 발육 부진의 상태에 빠진 이들도 구원을 잃지 않고 결국 그리스도의 심판대에서 상급만 잃는다는 개념을 뒷받침해준다. 이 준엄한 가르침은 각 사람이 이생에서 그리스도의 몸 된 교회를 위해 수고하는 것과 관련하여 고린도전서 3장 12-15절에 확증되어 있다.

> 만일 누구든지 금이나 은이나 보석이나 나무나 풀이나 짚으로 [교회의] 이 터 위에 세우면 각 사람의 공적이 나타날 터인데 그날이 공적을 밝히리니 이는 불로 나타내고 그 불이 각 사람의 공적이 어떠한 것을 시험할 것임이라 만일 누구든지 그 위에 세운 공적이 그대로 있으면 상을 받고 누구든지 그 공적이 불타면 해를 받으리니 그러나 자신은 구원을 받되 불 가운데서 받은 것 같으리라.

그래서 내 생각에 히브리서 6장의 쟁점은 고린도전서 3장과 마찬가지로 영원한 구원을 잃는 문제가 아니다. 구원은 그리스도의 보배로운 피를 값으로 치르고 샀으므로 번복될 수 없다. 쟁점은 하늘의 상급을 잃는 문제다.

이제 천천히 4-6절을 더 자세히 살펴보자. 수많은 주석과 기사와 책과 설교에 이 구절들에 대한 방대한 양의 자료가 나오는데, 이를 정리해보면 해석이 크게 두 부류로 나뉜다.

1. **본문에 언급된 사람들은 한때 구원받았으나 구원을 잃었다.** 그들은 빛을 받고[즉 거듭나고] [구원이라는] 하늘의 은사를 맛보고 성령[세례]에 참여했으며(6:4) 하나님의 말씀과

내세의 능력을[표적과 기사와 기적으로] 맛보았다(6:5). 그런데도 진정한 구원으로 말미암는 이 모든 복을 경험한 뒤에 그리스도를 떠나 "타락"했다[구원을 잃었고, 그리하여 다시 회복되어 구원받을 수 없게 되었다](6:6).

2. **본문에 언급된 사람들은 실제로는 구원받지 않았는데 그렇게 보일 뿐이다.** 그들은 그리스도를 고백하지만 그분께 온전히 속해 있지 않고, 사고에 빛을 받아 복음을 이해했으나 마음에는 복음의 불이 붙지 않았으며, 하늘의 은사를 맛보기만 했지 삼키지는 않았고, 성령 충만한 공동체에 둘러싸여 성령에 참여했을 뿐 자신은 성령 세례를 받지 않았다(6:4). 말씀을 시식만 했지 음미하지는 않았고, 하나님의 초자연적 역사를 살짝 스쳤을 뿐 거듭나지는 못했다(6:5). 그 결과 "그리스도인이 될 뻔했던" 그들의 가짜 믿음은 뿌리를 내리지 못했다(참조. 마 13:21). 그들은 겉모습뿐이던 믿음을 떠나 "타락"했다. "그들이…우리에게 속하지 아니하였나니 만일 우리에게 속하였더라면 우리와 함께 거하였으려니와"(요일 2:19). 이것이 그들의 실상이다.

이상이 두 가지 지배적 관점이다. 첫째 입장이 옳다면 믿음을 버린 사람은 절대로 다시 구원받을 수 없다. 6절에 다시 새로워져 회개할 수 없다고-어렵거나 드문 것이 아니라 불가능하다고-되어 있다. 하지만 이 입장은 신자의 구원이 보장된다고 가르치는 많은 성경 본문과 모순된다(예. 요 10:27-29, 롬 8:1, 27-29, 요일 5:11-13).

둘째 입장이 옳다면 저자는 구원의 확신을 얻기 어렵게 만든 셈이다. 그러면서도 그는 거듭난 참 신자들에게 해당하는 표현을 여럿 썼다. 우선 "빛을 받"았다고 했는데(6:4) 10장 32절에는 독자의 진정한 회심을 똑같은 단어로 표현했다. 또 "하늘의 은사"와 "하나님의 선한 말씀과 내세의 능력을 맛보"았다고 했는데(6:4-5), 2장 9절에는 "맛보다"는 똑같은 단어를 그리스도가-거짓이나 가짜로 경험하신 것이 아니라-진정으로 경험하신 죽음을 가리켜 썼다. 참 신자의 경험이 거짓 신자의 경험과 똑같다면 자신이 영생을 얻었음을 어떻게 "알" 수 있겠는가(요일 5:13)?

두 입장 모두 문제가 있다면 이 본문의 난제를 어떻게 풀 것인가? 단순히 앞으로 돌아가 전체 문맥을 상기하면 된다. 전체 문맥은 신앙의 초보에 빠져 있느라 영적 발육이 부진한 사람들의 문제점이다. "완전한[성숙한] 데로 나아갈지니라"(히 6:2)는 격려의 대상은 하나님의 집 바깥에 있는 이들이 아니라 참으로 거듭난 이들이다. “빛을 받고 하늘의 은사를 맛보고 성령에 참여한 바 되고 하나님의 선한 말씀[을]… 맛보고”라는 어구(6:4-5)도 모두 지극히 자연스럽게 비신자가 아닌 그리스도인에게 어울리는 표현이다.

그다음 풀어야 할 문구는 “다시 새롭게 하여 회개하게 할 수 없나니”(6:6)이다. 이는 구원받지 못한 사람(구원받은 적이 없든 아니면 구원을 잃었든)의 구원에 대한 말이 아니라 구원받은 사람의 회개에 대한 말이다. 참된 그리스도인도 죄와 게으름으로 타락할 수 있으며, 그러면 회개해야 한다. 실제로 요한계시록의 일곱 교회에 보내진 편지에 보면 타락하고도 제때에 회개하지 않는 사람들에게 닥쳐올 혹독한 결과가 나와 있다.

> 그러므로 어디서 떨어진 것을 생각하고 회개하여 처음 행위를 가지라 만일 그리하지 아니하고 회개하지 아니하면 내가 네게 가서 네 촛대를 그 자리에서 옮기리라(계 2:5).

> 그러므로 회개하라 그리하지 아니하면 내가 네게 속히 가서 내 입의 검으로 그들과 싸우리라(계 2:16).

주어진 기회에 회개하기는커녕 워낙 반항이 심하여 더는 회개가 불가능해진 한 사람의 운명도 요한계시록에서 엿볼 수 있다. 여자 “이세벨”은 선을 넘었다. 그래서 그녀에게 임할 징계가 확정되었다. 그러나 그녀를 따르던 이들에게는 아직 회개할 시간이 남아 있었다.

> 또 내가 그에게 회개할 기회를 주었으되 자기의 음행을 회개하고자 하지 아니하는도다 볼지어다 내가 그를 침상에 던질 터이요 또 그와 더불어 간음하는 자들도 만일 그의 행위를 회개하지 아니하면 큰 환난 가운데에 던지고(계 2:21-22).

전부 종합해보면 히브리서 6장의 경고도 비슷하다. 저자는 극단적인 (그래서 아마도 드문) 경우를 논했다. 즉 참으로 거듭났으나 워낙 “타락”하여 그 어떤 회개의 촉구에도 이미 마음이 완고해져 하나님의 자애로운 징계(12:5-7)에 응하지 않는 사람들이다. 돌아오라는 하나님의 거듭된 호소에도 불구하고 그리스도와의 교제에서 완전히 떨어져나간 사람들은 참 포도나무이신 그분과의 교제 안에 거하여 열매를 맺기는커녕 말라비틀어진다(요 15:1-6). 아버지께 합당한 채소로 풍작을 이루는 것이 아니라 전혀 쓸모없는 가시와 엉겅퀴만 낸다(히 6:7-8).

요한계시록 2장 20-22절에 나오는 이세벨의 극단적 사례에서 보듯이 이 위험은 가상이 아니라 실제다. 신자들은 영적 성장의 길에서 하도 멀리 벗어나 정로 쪽에서 부르는 길잡이의 소리가 더는 들리지 않을 수 있다. 그들은 되돌아가는 길의 표지판을 다 무시하며, 자신을 바른 길로 인도하라고 주님이 보내신 사람들을 밀쳐낸다. 이 정도로까지 "타락한" 이들은 그 결과 하나님의 한시적 심판에 직면한다. 여전히 구원받아 자신을 피로 사신 주님을 장차 대면하지만 상급은 다 잃는다(고전 3:12-15). 어찌나 타락했는지 이들을 "다시 새롭게 하여 회개하게" 하려면 주님을 다시 십자가에 못 박아 그분의 일을 심히 욕되게 함과 같다(히 6:6).

참 신자가 이렇게 완전히 길을 벗어나는 경우는 내 생각에 극히 드물다. 아마도 그래서 저자는 신약 어디에도 나오지 않는 단어 파라핍토(*parapiptō*, 3895)를 써서 "타락한"이라고 했을 것이다. 또한 그래서 이런 사람을 "그들"이라는 삼인칭 복수로 표현했다. 히브리 그리스도인들은 영적으로 자라는 데 둔하고 무기력하며 게으르고 무디어졌지만(5:11, 6:12), 그래도 아직은 그간의 성장을 바탕으로 성숙한 데로 나아갈 희망이 있었다. 그러나 지금 기회가 있을 때 방향을 돌리지 않는다면 파라핍토로 표현된 다시는 돌이킬 수 없는 극단적 경우가 무서운 현실이 될 수도 있었다.

적용: 히브리서 5:11-6:8

영적 성장을 위한 실천 훈련

이 글을 읽는 독자 중 회개가 불가능할 정도의 극단적 타락으로 끝나고 싶은 사람은 아무도 없다. 그러나 6장 4-6절에 묘사된 보기 드문 상태는 한순간에 이루어지지 않는다. 5장 11절-6장 8절의 경고는 지속적인 둔함, 반복되는 타락, 발육 부진 등의 오랜 과정을 보여준다. 영적 성장에 필요한 양분을 제대로 받지 못하면 신앙생활이 서서히 고사한다.

"그런즉 선 줄로 생각하는 자는 넘어질까 조심하라." 고린도전서 10장 12절에 나오는 뜨끔한 경고다. 하나님과 아무리 가깝게 동행하고 있더라도 꼭 명심할 것이 있다. 한 발짝이라도 잘못 내디딘다면 그때마다 우리는 정로에서 한 걸음 벗어나 벼랑 끝으로 한 걸음 더 다가서는 것이다. 곧고 좁은 길에서 단 몇 걸음이라도 이탈하지 않기 위해 지금부터 영적 성장을 유지하는 몇 가지 실천 원리를 상기해보자. 5장 14절에 개괄되어 있는 내용이다.

첫째, 단단한 영의 영식을 먹으라. "단단한 음식"은 젖과 대비된다(5:12–14). 우유병으로 먹는 유아식이 아니라 숟가락과 젓가락으로 먹는 성인의 음식이다. 씹어서 천천히 소화해야 하는 이 음식은 필수 영양소를 공급하여 몸을 건강하게 한다. 영적으로 말하자면 이는 더 깊은 교리로 나아가고, 더 진지하게 의에 헌신하며, 더 열심히 하나님의 일에 힘쓰는 것 등을 의미한다. 약하고 얄팍한 성경 교육, 희석된 교리, 서커스를 보는 것과 같은 예배 '체험' 등은 불량식품이므로 삼가야 한다. 우리에게 도전을 가해줄 성경공부가 필요하고, 정로를 벗어나지 않도록 박차를 가해줄 교회 공동체가 필요하다. 단단한 영의 양식을 먹지 않고는 영적 성장을 기대할 수 없다.

둘째, 늘 의로운 삶을 실천하라. 말씀을 일상생활에 제대로 적용하려면 실천('사용함')이 필요하다. 단지 듣고 깨닫는 수준을 넘어 실제로 들은 대로 행한다는 뜻이다. 그것도 한두 번이 아니라 계속 반복해야 한다. 실천은 시간과 에너지와 헌신을 요한다. 일주일에 한 번 교회에 나가고는 엿새 동안 내내 영적으로 굶어서는 실천이 요원하다. 날마다 올바른 영적 활동에 참여해야 한다. 그래야 영적 근육이 붙어 신앙생활이 튼튼해진다. 늘 의로운 삶을 실천하지 않고는 영적 성장을 기대할 수 없다.

셋째, 연단된 분별력을 보이라. "지각을 사용함으로 연단을 받아 선악을 분별"함(5:14)은 영적 성숙의 확실한 증거다. 단단한 영의 양식을 먹고 지속적 훈련과 실천을 통해 이를 좋은 습관으로 굳히면 옳고 그름, 참과 거짓, 지혜와 어리석음, 유익과 해악을 구분하는 능력이 벼려진다. 영적으로 성숙한 사람은 무슨 일이 닥쳐와도 지혜롭고 능숙하게 대처할 줄을 안다. 거의 제2의 천성이 된다. 다행히 우리도 단단한 영의 양식을 부지런히 먹고 늘 의로운 삶을 열심히 실천하면–그러기를 장기간에 걸쳐 계속하면–당연히 영적으로 성숙하여 연단된 분별력을 갖출 수 있다.

더 좋은 것(히브리서 6:9-20)

9사랑하는 자들아 우리가 이같이 말하나 너희에게는 이보다 더 좋은 것 곧 구원에 속한 것이 있음을
확신하노라 10하나님은 불의하지 아니하사 너희 행위와 그의 이름을 위하여 나타낸 사랑으로 이미 성
도를 섬긴 것과 이제도 섬기고 있는 것을 잊어버리지 아니하시느니라 11우리가 간절히 원하는 것은
너희 각 사람이 동일한 부지런함을 나타내어 끝까지 소망의 풍성함에 이르러 12게으르지 아니하고 믿
음과 오래 참음으로 말미암아 약속들을 기업으로 받는 자들을 본받는 자 되게 하려는 것이니라
13하나님이 아브라함에게 약속하실 때에 가리켜 맹세할 자가 자기보다 더 큰 이가 없으므로 자기
를 가리켜 맹세하여 14이르시되 내가 반드시 너에게 복 주고 복 주며 너를 번성하게 하고 번성하게 하
리라 하셨더니 15그가 이같이 오래 참아 약속을 받았느니라 16사람들은 자기보다 더 큰 자를 가리켜
맹세하나니 맹세는 그들이 다투는 모든 일의 최후 확정이니라 17하나님은 약속을 기업으로 받는 자들
에게 그 뜻이 변하지 아니함을 충분히 나타내시려고 그 일을 맹세로 보증하셨나니 18이는 하나님이
거짓말을 하실 수 없는 이 두 가지 변하지 못할 사실로 말미암아 앞에 있는 소망을 얻으려고 피난처
를 찾은 우리에게 큰 안위를 받게 하려 하심이라 19우리가 이 소망을 가지고 있는 것은 영혼의 닻 같
아서 튼튼하고 견고하여 휘장 안에 들어 가나니 20그리로 앞서 가신 예수께서 멜기세덱의 반차를 따
라 영원히 대제사장이 되어 우리를 위하여 들어가셨느니라

독일의 시성 괴테는 "책망의 효과도 크지만 격려는 그보다 더하다. 질책 뒤의 격려는 소나기가 지난 뒤 쏟아지는 햇살과 같다"고 말했다.[17] 1-8절의 강한 경고는 성경을 통틀어 가장 엄중한 말에 속한다. 그 말이 히브리서의 첫 독자들을 빽빽한 먹구름처럼 뒤덮어 천둥 번개를 발하는 모습이 머릿속에 그려진다. 금방이라도 폭우를 퍼붓고 벼락을 내리칠 듯이 말이다.

그런데 그때 천둥이 멎는다. 번개가 사라지고 구름장 사이로 작은 빛줄기가 하나 새어든다. 빛줄기는 계속 더 늘어나더니 갑자기 찬란한 햇빛이 어둠을 뚫고 하루를 밝히며 온기와 기쁨과 격려를 가져다준다. 9절에 도달한 유대인 그리스도인들의 심정이 바로 그러했다. 물론 그들은 "영적 성장의 길에서 벗어나지 말라!"는 직전의 매서운 경고를 잊지 않을 것이다. 그러나 주님은 저자를 인도하여 인정과 격려와 소망의 단원으로 넘어가게 하셨다(6:9-12). 그리하여 저자는 독자를 무서운 먹구름 아래서 이끌어내 원래의 주제인 멜기세덱으로 다시 돌아간다(16:13-20).

묵상의 서재

"너희에게는 이보다 더 좋은 것이 있음을 확신하노라"(히브리서 6:9)

오래전 내가 사역을 처음 시작했을 때 우리는 매사추세츠주에 살았다. 그때는 아이가 둘뿐이었고 아직 어렸다. 우리 집 근처에 오래된 소년원이 있었는데 건물은 다 낡아 칙칙했고, 돌담은 세월의 흔적으로 거무튀튀했다. 요즘은 그런 데를 '청소년 교정 시설'이라 부르지만, 명칭이야 어찌됐든 어둡고 음산한 곳이었다. 담장 위로 망루들이 솟아 있었는데, 사방이 유리로 막힌 그곳에서 무장 경비대가 경내를 감시했다.

하루는 차를 몰고 지나가는데 내 아들 커트가 창 밖으로 그 무서운 곳을 쳐다보았다. 궁금증이 역력해 보였다. 나는 초등학교 1학년 아이에게 맞추어 최대한 쉽게 말했다. "아들아, 저기는 엄마 아빠 말을 안 듣는 애들을 보내는 곳이란다." 아이는 부쩍 관심을 보였다. 그 큰 눈망울을 끔뻑이며 모퉁이 너머까지 담장을 쭉 따라가던 모습이 지금도 기억난다. 곧 아이가 물었다. "아빠, 말을 몇 번이나 안 들어야 저기로 가는 거예요?" "잘못했다고 말하면 안 가도 되지요?" 아이의 목소리가 갈라지더니 울음이 터져 나왔다.

겁먹은 아이를 그대로 둘 수는 없었다.

그래서 손을 뻗어 아들을 꼭 감싸 안으며 말했다. "커트야, 너는 절대로 저 담장 안에 갇힐 일이 없단다."

"약속해요, 아빠?"

아이는 조금 더 훌쩍였다.

그날 밤 함께 기도할 때 그 일을 하나님께 다 말씀드렸다. 영영 잊지 못한다. 지금도 기억나지만 아이는 주님께 아빠가 절대로 약속을 잊지 않게 해달라고 기도했다. 물론 커트는 그 담장 안에 갇힌 적이 없다.

그 소년원은 극단적 반항에 뒤따를 수 있는 결과를 엄히 경고하는 역할을 했다. 그러나 단 한 순간도 나는 내 아들이 그 방향으로 가고 있다고 생각하지 않았다. 나는 아이를 이런 말로 격려해 준 셈이다. "아들아, 너에게는 이보다 더 좋은 것이 있음을 확신하노라"(참조. 히 6:9).

—6:9-12—

건축을 시작하려면 먼저 폭파부터 해야 할 때가 있다. 저자는 5장 11절-6장 3절에 "장성하라!"고 엄히 명했다. 이어 성장은커녕 타락하는 이들이 맞이할 암울한 결과로 요란한 폭발음을 울렸다(6:4-8). 그러자 수신자들은 자신도 그 돌이킬 수 없는 타락의 위험한 벼랑에 근접한 것이 아닌지 불안하다 못해 어쩌면 두려웠을 것이다. 바로 그때 저자는 폭파를 멈추고 건축을 시작한다. 명령과 경고 대신 인정과 격려로 돌아선다.

사실 그는 삼인칭 복수인 "타락한 자들"에서 이인칭 복수 "너희"로 전환할 때 "사랑하는 자들아"라고 불렀는데, 이는 그들을 향한 깊은 사랑과 친밀한 애정을 보여주는 단어다. 가족 용어인 "형제"보다 의미가 강한 이 단어는 헬라어 아가페(*agapē*, 26)의 파생형으로 '친애하는', '사랑하는', '소중한', '귀한' 자들이라는 의미가 담겨 있다.[18] 저자는 또한 "그들"과 "너희"를 "그러나…너희에게는"이라는 문구로 완전히 대비한다(헬라어 원문과 저자가 사용하는 NASB에 접속사 "그러나"가 있다-역주). 요지는 분명하다. 저자는 독자에게 더 좋은 것이 있음을 확신했다. 앞으로 그들은 타락하는 부류에 속하지 않을 것이다. 오히려 저자가 확신했듯이 그들은 하나님이 영적 성장을 위해 공급하신 수단에 긍정적으로 반응하여 "구원에 속한 것"(6:9)에서 장성할 것이다.

저자가 독자들의 영적 성장을 확신한 근거는 10절에 나온다. 그들은 이미 다른 사람을 섬기는 선한 열매를 맺고 있었다. 이미 하나님의 역사하심에 민감한 마음을 드러내며 사랑에서 비롯된 행위를 보이고 있었다. 실제로 당장의 고난 속에서도 "성도를…이제도 섬기고 있"었다. 물론 장애물과 박해에 부딪혀 성숙을 향한 진척이 약간 더뎌졌을 수 있으나 하나님은 그들을 버리실 리가 없다. 그분은 불의하지 않으시기에 그들이 그리스도의 가르침(참조. 마 6:2-6)대로 실천해온 사랑을 결코 간과하지 않으신다.

고전하고 있던 히브리 그리스도인들도 믿음과 사랑의 희미한 불씨에 부채질을 하면 영적 성장을 향한 뜨거운 열정을 다시 불붙이는 것이 가능했다. 저자가 11-12절에 그들에게 촉구한 내용이 바로 그것이다. 이 두 구절에서 그는 세 가지 권면으로 그들의 의욕을 북돋운다.

첫째, 그는 그들이 동일한 부지런함을 끝까지 나타내기를 원했다(6:11). 그들은 과거에 이미 부지런한 행위와 사랑을 나타냈다. 이제 그대로 인내하며 "끝까지 소망의 풍성함"을 지키기만 하면 되었다. 공식은 변하지 않았다. 믿음은 소망에서 비롯되어 사랑으로 역사한다(고전 13:13, 살전 1:3, 5:8).

둘째, 그는 그들이 영적 성장에 게으르지 않기를 원했다(6:12). "게으르지"로 번역된 원어는 저자가 5장 11절에 듣는 것이 "둔하므로"라고 할 때 쓴 바로 그 단어다. 4–8절의 경고로 잠시 우회했던 저자는 이제 독자를 본래의 취지로 다시 데려간다. 즉 영적으로 졸고 있던 그들을 정신이 번쩍 들도록 깨운다.

셋째, 그는 그들이 약속들을 기업으로 받는 자들을 본받기를 원했다(6:12). 저자는 이 말로 히브리서의 세 번째 경고였던 짧은 우회로를 완전히 벗어난다. 이제 그는 앞서 논의하던 본래의 큰길로 돌아간다. 바로 약속된 영적 안식을 받는 문제다(4:1–11).

이 세 가지 권면 속에 메아리치는 저자의 총체적 열망은 그들이 "완전한[성숙한] 데로 나아"가는 것이다(2절). 그러려면 부정적으로는 게을러지려는 성향과 싸워야 하고(6:11), 긍정적으로는 뒤따를 만한 "믿음과 오래 참음"의 본보기가 있어야 한다(6:12). 13–20절에서 저자는 아브라함의 모본으로 시작하여 우리를 다시 탁월한 모본이신 예수 그리스도께로 데려간다.

—6:13–15—

저자가 아브라함을 인내하는 믿음의 확실한 모본으로 꼽는 것은 놀랄 일이 아니다. 방금 전에 그는 독자에게 "믿음과 오래 참음으로 말미암아 약속들을 기업으로 받는 자들을 본받는 자"가 되라고 권면했다(6:12). 이어 그는 아브라함에게 스포트라이트를 비추어 주의를 끈다. 하나님의 사람을 언급할 때 가장 대표적인 예인 아브라함은 그분의 약속이 성취되기를 끝없이 기다리고 또 기다렸던 인물이다.

문제의 약속은 아브라함의 아내 사라에게서 아들이 태어나리라는 것이었다. 그런데 알다시피 아브라함과 사라는 젊지 않았다. 약속을 처음 받을 때 사라는 65세, 아브라함은 75세였다(창 12:4). 이런 인생의 황혼기에 하나님은 아브라함에게 그가 "큰 민족"이 될 것(창 12:2)과 그의 자손이 "땅의 티끌 같"고(창 13:16) 하늘의 별같이 많아질 것을 약속하셨다(창 15:5). 얼마나 대단한 약속인가!

그런데 하나님은 시간이 한참 지난 뒤 약속을 이루시어 아들을 딱 하나만 주셨다. 그가 이삭이다. 약속이 성취될 때 아브라함은 100세, 사라는 90세였다(창 17:17). 25년은 기다리기에 긴 시간이다. 특히 인간의 상식과 모든 경험으로 미루어 그 나이에 자식을 볼 가능성은 전무했으니 더 말할 것도 없다!

그러나 아브라함은 기다렸고 하나님은 약속을 지키셨다. 아브라함은 믿음의 삶을 통해 하나님의 약속이 반드시 이루어진다는 것을 배웠다. 사실 그분은 자신의 이름으로 맹세까지 하셨다(히 6:13-14). 그래놓고 약속을 어기신다면 전지전능하신 사랑의 하나님이라는 자신의 이름에 먹칠을 하시는 셈이었다. 아브라함은 이를 알았다. 그래서 하나님의 약속이 이루어지기까지 사반세기나 지연되는데도 그는 "오래 참아" 마침내 "약속을 받았"다(6:15. 참조. 롬 4:18-21).

약속에 신실하신 하나님을 오래 기다리며 신뢰한 아브라함은 그리스도인에게 좋은 귀감이 된다. 아브라함이 특정한 약속을 받았듯이 그리스도를 믿는 신자도 "보배롭고 지극히 큰 약속"을 받았다(벧후 1:4). 오래 기다린 아브라함에게 결국 약속을 신실하게 지키신 하나님은 우리에게도 약속을 신실하게 지키신다.

—6:16-20—

16절부터 저자는 인내하며 기다린 아브라함의 모본에서 방향을 돌려 독자에게 계속 견고히 설 것을 격려한다. 아브라함이 하나님의 절대적인 신실하심을 신뢰하여 혼란과 의심의 시기를 헤쳐 나갔듯이 그리스도를 믿는 신자도 약속을 지키시는 하나님의 그 똑같은 불변의 속성을 의지할 수 있다.

저자는 유대인 특유의 방식으로 작은 것에서 큰 것으로 논증해나간다. 성경 시대의 사람들은 자기보다 큰 자를 가리켜 맹세하면 논쟁이 종결되었다(6:16). 맹세를 어기면 어긴 사람에게 결과가 따랐다. 인간 세계에서도 그러할진대 하물며 하나님의 말씀은 얼마나 더 절대적 신빙성이 있겠는가! 실제로 그분은 자기보다 더 큰 이가 없어 자기를 가리켜 맹세하셨다(6:13, 17).

18절에 나오는 두 가지 "변하지 못할 사실" 덕분에 신자는 하나님의 약속에 담긴 신빙성을 확신할 수밖에 없다. 첫째, 하나님의 뜻이 변하지 않는다(6:17). 한결같은 불변성은 그분의 속성이다. 우리 하나님은 변덕스럽거나 불확실하거나 종잡을 수 없는 분이 아니다. 한번 뜻을 정하신 일은 반드시 이루실 능력과 의지를 겸비하신 분이다. 둘째, 맹세로 표현된 그분의 약속이 변하지 않는다(6:17). 그분의 입에서 약속이 발화되는 순간 그분의 사람들은 흔들림 없이 즉각 그대로 믿으면 된다. 왜 그럴까? "하나님이 거짓말을 하실 수 없"기 때문이다(6:18).

하나님과 그분의 약속에 대한 이런 신학적 사실에 비추어볼 때, 아브라함을 본받아 하나님의 약속에서 피난처를 찾는 신자들에게는 세 가지 유익이 있다. **첫째, 큰 안위가 있다**(6:18). 이 격려 덕분에 그들은 영적 성장의 길을 가로막는 장애물을 극복할 수 있다. **둘째, 앞에 있는 소망을 붙들 수 있다**(6:18). 물리적 사물을 꼭 붙든다는(개역개정에는 "얻으려고"로 번역되어 있음–역주) 은유를 써서 저자는 보이지 않는 것을 믿음으로 붙잡는다는 개념을 전달한다(참조. 11:1). 소망을 꼭 붙들면 그것이 절망의 해독제 역할을 한다. **셋째, 영혼의 닻이 있다**(6:19). 의심의 물결이 삶을 표류시키려 위협할 때도 그들은 하나님의 약속을 바라고 믿기에 줄곧 "튼튼하고 견고하"다. 육중한 닻이 배를 흘러 떠내려가지 못하게 하는 것과 같다(참조. 히 2:1). 초대 교회에서 닻이 기독교의 보편적 상징물이 된 것은 놀랄 일이 아니다. 특히 로마의 카타콤에서 이를 볼 수 있다.

19–20절에서 저자는 닻의 은유를 뜻밖의 방향으로 비튼다. 그가 생각한 소망의 닻은 흙 속에 묻혀 우리를 땅에 견고히 서게 한다거나 해저에 담겨 단지 풍랑을 극복하게 해주는 것이 아니다. 이 닻은 이 세상에 속한 것이 아니다. 저자는 우리가 사모하는 하늘에 계속 초점을 맞춘 채 우리의 주의를 모든 소망의 중심이자 근원이신 예수 그리스도께로 돌린다. 그러면서 이 소망이 "휘장 안에 들어 가나니"라고 말한다(6:19).

이제 우리는 한 바퀴 빙 돌아 다시 예수님의 대제사장직과 신비에 싸인 멜기세덱에 대한 논의로 돌아온다. 마치 저자가 "온전하게 되셨은즉 자기에게 순종하는 모든 자에게 영원한 구원의 근원이 되시고 하나님께 멜기세덱의 반차를 따른 대제사장이라 칭하심을 받으셨느니라"(5:9–10)는 말씀 직후에 '일시 정지' 버튼을 누른 것과 같다. 이어 5장 11절–6장 19절에서 그는 본론을 보류한 채 독자에게 긴 부연 설명을 통해 그들이 듣는 것이 둔해져 타락할 위험이 있음을 말한다. 그러다가 19–20절에서 다시 '재생' 버튼을 눌러 우리를 위한 그리스도의 사역이 우월하시다는 설득력 있는 강화를 재개한다. 그리하여 하늘 성막의 휘장 뒤에서 벌어진 일을 가리켜 보인다. "그리로 앞서가신 예수께서 멜기세덱의 반차를 따라 영원히 대제사장이 되어 우리를 위하여 들어가셨느니라."

이후 몇 장에 걸쳐 전개될 이 은유는 우리를 성막의 지성소로 데려간다. 거기는 오직 대제사장만이 백성을 대표하여 들어갈 수 있던 곳이었다. 예수님은 하늘의 성막에서 휘장 안으로 들어가 자신의 목숨이라는 흠 없는 제물을 하나님 앞의 제단에 바치셨다. 그 결과 우리에게 "튼튼하고 견고"한 소망이 생겼다. 신약에서 이곳에만 쓰인 "앞서 가신"이라는 헬라어 표현은 우리에게 약속된 천국이 확실하다는 최종 확증이다. "그리스도가 앞서가셔서 천국의 성막에 계시기에 장차 우리도 천국에 들어갈 것이 보장된다."[19]

Marie-Lan Nguyen/Ancient Kircherian Collection/Wikimedia Commons

3세기 초인 고대 어느 그리스도인 여성의 비문으로, 가운데에 초기 기독교의 두 가지 보편적 상징물인 물고기와 닻이 그려져 있다.

적용: 히브리서 6:9-20

의심이 닥쳐올 때 기억하라

의심은 명확히 진술된 신학적 사실에 또는 의문의 여지없이 명령된 도덕적 진리에 흔히 끼어드는 물음표다. 의심은 신앙이 미성숙하거나 영적인 반응이 게을러진 사람을 절망으로 몰아갈 수 있다. 하지만 그럴 필요가 없다! 하나님의 성품과 약속을 기꺼이 기억하는 사람에게는 의심이 말없음표에 불과하다. 즉, 신앙 여정을 잠시 멈추고 하늘의 하나님께로 주의를 돌리는 막간이다. 그분만이 능히 우리에게 절망과 불안과 의문의 한가운데서 소망과 확신과 담대함을 주신다.

먹구름이 몰려와 우리 삶의 풍경 위에 의심의 그림자를 드리울 때 우리는 어찌할 것인가? 풍랑 이는 바다에서는 누구나 주님께 집중하기보다 바람과 파도에 집중하는 경향이 있다. 베드로도 그런 문제가 있었다. 주님은 그를 불러 격랑의 물 위를 함께 걷게 하셨다. 그런데 예수님에게서 눈을 떼는 순간 그는 무서워하며 물에 빠졌다(마 14:27-31). 사나운 바다의 한가운데서 그분은 우리를 앞서가신 닻이시다.

삶의 풍랑 속에서 하나님은 우리에게 영혼의 소망을 주신다(6:19). 의심이 "그런 건 바보나 믿을 소리다"라고 말할 때 "하나님이 거짓말을 하실 수 없"음을 기억하라(6:18). 의심이 "하나님이 나를 버리셨다"라고 말할 때 "그 뜻이 변하지 아니함을…맹세로 보증하"신 그분을 기억하라(6:17). 주변 상황이 계속 당신을 어렵게 할지라도 당신은 하나님이 뜻하신 바 있어 이 모두를 주관하고 계심과 자신의 영혼이 하늘에 견고히 정박되어 있음을 조용히 확신할 수 있다.

다시, 멜기세덱(히브리서 7:1-17)

1이 멜기세덱은 살렘 왕이요 지극히 높으신 하나님의 제사장이라 여러 왕을 쳐서 죽이고 돌아오는 아
브라함을 만나 복을 빈 자라 2아브라함이 모든 것의 십분의 일을 그에게 나누어 주니라 그 이름을 해
석하면 먼저는 의의 왕이요 그 다음은 살렘 왕이니 곧 평강의 왕이요 3아버지도 없고 어머니도 없고
족보도 없고 시작한 날도 없고 생명의 끝도 없어 하나님의 아들과 닮아서 항상 제사장으로 있느니라
4이 사람이 얼마나 높은가를 생각해 보라 조상 아브라함도 노략물 중 십분의 일을 그에게 주었느

니라 5레위의 아들들 가운데 제사장의 직분을 받은 자들은 율법을 따라 아브라함의 허리에서 난 자라
도 자기 형제인 백성에게서 십분의 일을 취하라는 명령을 받았으나 6레위 족보에 들지 아니한 멜기세
덱은 아브라함에게서 십분의 일을 취하고 약속을 받은 그를 위하여 복을 빌었나니 7논란의 여지 없이
낮은 자가 높은 자에게서 축복을 받느니라 8또 여기는 죽을 자들이 십분의 일을 받으나 저기는 산다
고 증거를 얻은 자가 받았느니라 9또한 십분의 일을 받는 레위도 아브라함으로 말미암아 십분의 일을
바쳤다고 할 수 있나니 10이는 멜기세덱이 아브라함을 만날 때에 레위는 이미 자기 조상의 허리에 있
었음이라

11레위 계통의 제사 직분으로 말미암아 온전함을 얻을 수 있었으면 (백성이 그 아래에서 율법을
받았으니) 어찌하여 아론의 반차를 따르지 않고 멜기세덱의 반차를 따르는 다른 한 제사장을 세울 필
요가 있느냐 12제사 직분이 바꾸어졌은즉 율법도 반드시 바꾸어지리니 13이것은 한 사람도 제단 일을
받들지 않는 다른 지파에 속한 자를 가리켜 말한 것이라 14우리 주께서는 유다로부터 나신 것이 분명
하도다 이 지파에는 모세가 제사장들에 관하여 말한 것이 하나도 없고 15멜기세덱과 같은 별다른 한
제사장이 일어난 것을 보니 더욱 분명하도다 16그는 육신에 속한 한 계명의 법을 따르지 아니하고 오
직 불멸의 생명의 능력을 따라 되었으니 17증언하기를 네가 영원히 멜기세덱의 반차를 따르는 제사장
이라 하였도다

나는 평생 자동차 여행을 많이 했다. 가끔 재미로 낯선 경치를 찾아 떠날 때도 있지만, 대부분은 목적지와 일정과 도착 시간을 정하고 다닌다. 여행의 행선지와 동행자와 목적에 따라 가장 빠른 길로 직행할 때도 있는데 대개는 제한 속도가 높은 고속도로다. 하지만 소위 '경치 좋은 길'을 택할 때도 있다. 꾸불꾸불한 뒷길로 가노라면 자주 감속 구역인 한적한 마을을 지나기도 하고 간혹 사적지나 전망대에서 쉬기도 한다. 경치 좋은 길은 목적지까지 최단기간에 가는 가장 실속 있는 길은 아니지만, 거의 매번 가장 재미있다.

히브리서 저자의 목표는 분명하고 단순하다. 그리스도가 인격과 사역에서 우월하심을 예증하는 것이다. 이 중심 주제를 고찰하면서 때로 그는 목적지까지 곧은길로 직행한다. 1장에 그리스도의 권능과 신성을 직설적으로 명쾌하게 표현할 때가 그렇다. 그러나 경치 좋은 길을 택할 때도 있어, 더러는 잊히기도 한 구약의 다양한 본문 사이를 완보하듯 지나간다. 그의 이런 강해 방식은 1세기의 유대인 독자에게는 매우 익숙했지만, 21세기의 대다수 독자에게는 낯선 것이다. 이 과정에서 그는 종종 멈추어 미묘한 공통점과 유사점과 차이점을 탐색한다.

이번 본문도 경치 좋은 길에 해당하는데 히브리서의 첫 독자들과 현대 독자들의 몇 가지 중요한 차이 때문에 우리는 종종 따라가기가 힘들다. 첫 독자들은 남녀 모두 혈통상 유대인으로서 예수님을 대망의 메시아로 받아들였다. 우리는 대부분 이방인으로서 예수님을 세상의 구주로 영접했으나 유대 문화와 전통 속에서 자라지는 않았다. 첫 독자들은 율법, 제사장직, 제사, 성전 예배 등 구약의 배경을 훤히 알았다. 사실 그중에는 평생 유대교를 직접 실천했던 사람도 많았다. 그런데 우리는 유대인이든 이방인이든 구약의 제사나 성전 예배에 참여해본 적이 없다. 성경과 역사적 자료를 통해서 알 뿐이다. 끝으로 1세기 유대인들은 랍비들이 구약을 강해하던 다양한 방식에 아주 익숙했을 것이다. 랍비들이 쓰던 독특한 기법들이 오늘날의 우리에게는 대개 낯설어 보이지만 1세기에는 보편적이었다.

저자는 시편 110편 4절–"여호와는 맹세하고 변하지 아니하시리라 이르시기를 너는 멜기세덱의 서열을 따라 영원한 제사장이라 하셨도다"–을 강해하면서 지극히 유대인다운 방식으로 구약에 접근한다. 오늘날 우리 중 다수는 "멜기세덱"이라는 이름을 발음하기도 힘들고, 대부분은 철자법도 모르며, 구약에 나오는 그의 이야기를 그대로 말할 수 있는 사람도 드물다. 짐작컨대 예수 그리스도가 어째서 "멜기세덱의 서열을 따"른 제사장인지를–히브리서 저자의 도움 없이–설명할 수 있는 사람은 거의 전무할 것이다.

이번 본문에는 멜기세덱이라는 성경의 인물과 우리의 영원한 대제사장이신 예수 그리스도가 첫 유대인 독자들에게 가장 와닿을 만한 방식으로 비교된다.[20] 1세기의 히브리서 수신자들은 메시아의 우월성에 대해 마음이 느슨해져 있었다. 박해 때문에 환멸에 빠지고 방향을 잃어 그중 다수는 아브라함, 모세 율법, 레위 제사장직, 동물 제사, 랍비들의 전통적 구약 해석 등 자기네 전통의 뿌리로 되돌아갔다. 히브리서에 역설되어 있듯이 그리스도는 구약이 계시하는 중심이자 목표시다. 메시아를 직접 예언한 본문들은 물론이고 예언적 대망이나 심지어 신비에 싸인 멜기세덱 같은 전조 인물들을 통해서도 마찬가지다. 저자가 경치 좋은 길로 가기는 하지만 목적지는 분명하다. 즉, 메시아가 오심으로 완전히 새 시대가 밝았고, 유대교의 낡은 제도는 백미러 속으로 사라졌다.

—7:1-3—

1-17절에서 저자의 강해는 신비의 인물 멜기세덱을 중심으로 이루어진다. 그의 중심 본문은 시편 110편 4절인데 이미 그가 5장 6절에 인용하여 그리스도가 하늘에 계신 우리의 대제사장이심을 예증한 바 있다. 그런데 여기 7장에서는 멜기세덱의 반차인 그리스도의 제사장직이 그보다 나중에 생겨난 아론의 제사장직보다 어떻게 우월한지를 설명한다. 앞서 저자가 둔한 독자들에게 "설명하기 어려우니라"(5:11)고 말했던 것이 바로 이 주제임을 잊어서는 안 된다.

강해가 시작되는 1-3절에서 저자는 창세기 14장 18-20절에 나오는 간략한 멜기세덱 기사와 그리스도의 정체 사이의 몇 가지 유사점을 지적한다. 요지는 멜기세덱의 신분은 성경 내러티브상에 그러했을 뿐이지만, 그리스도의 신분은 그분의 속성 자체라는 것이다. 멜기세덱이 묘사된 짤막한 장면이 히브리서에 어떻게 쓰였는지를 이해하는 열쇠는 바로 3절에 나온다. 저자는 모세가 창세기 14장 18-20절에 멜기세덱을 기술한 방식을 해석하여 멜기세덱이 "하나님의 아들과 닮"은 존재임을 밝힌다. "닮아서"로 번역된 단어 아포모이오오(*aphomoioō*, 871)는 '이것을 저것과 비슷해지게 하다'는 뜻이다.[21] 즉 멜기세덱의 속성은 하나님의 아들도 아니었고, 영원하거나 신적이거나 천사 같거나 천상의 존재도 아니었다.[22] 다만 그는 성경 본문의 내러티브상 몇 가지 특이한 유사점을 보여, 참되고 영원하신 대제사장 예수 그리스도의 '모형'이나 '전조'나 예시의 역할을 할 뿐이다.[23]

그렇다면 저자가 강조한 유사점은 무엇인가?

첫째, 둘 다 왕이자 제사장이라는 사실이 유사하다. 멜기세덱은 살렘 왕으로서(히 7:1, 창 14:18) 훗날 예루살렘이라 불릴 도시를 다스렸다(시 76:2). 비슷하게 예수 그리스도는 예루살렘만 아니라 이스라엘과 세상과 온 창조세계의 왕이시다(마 19:28, 계 1:5). 또 멜기세덱은 "지극히 높으신 하나님의 제사장"이었다(히 7:1, 창 14:18). 비슷하게 예수 그리스도는 우리를 위해 중보하시는 대제사장이시다(히 2:17, 3:1, 4:14-15, 5:1, 5, 10). 그래서 내러티브상의 멜기세덱은 그리스도의 속성과 일치한다.

둘째, "멜기세덱"과 "살렘"이라는 두 이름과 그리스도가 왕으로서 행하시는 일 사이에 유사점이 있다. 저자가 유대인 특유의 언어유희를 통해 지적했듯이 "멜기세덱"이라는 단어 자체가 어떤 면에서 예수 그리스도를 예고하는 듯 보인다(2절). 이 이름은 히브리어의 두 단어가 합성된 것으로 멜렉(*melek*, H4428)은 '왕'이라는 뜻이고, 체데크(*tsedeq*, H6664)는 '의'라는 뜻이다. 또 "살렘"이라는 지명은 '평화'를 뜻하는 단어 샬롬(*shalom*, H7965)과 동족어다. 창세기 14장에 나오는 이 신비로운 인물의 이름과 호칭을 합하면 "의의 왕…평강의 왕"(2절)이 된다. 그러나 멜기세덱은 내러티브상 그러했을 뿐이지만, 예수 그리스도는 속성 자체가 성육신하신 의이시고(고전 1:30) 화평의 화신이시다(엡 2:14).

셋째, 멜기세덱이 창세기 14장의 내러티브에 등장하는 방식에도 그리스도와의 유사점이 암시되어 있다. 제사장이자 왕인 그가 성경 이야기에 소개될 때는 화려한 이력이나 명문가의 족보가 제시될 법도 하다. 그런데 창세기 14장 18-20절의 빈약한 역사 기록에 그의 부모나 조상이나 자손이나 출생이나 죽음은 숫제 언급조차 없다. 그는 그야말로 난데없이 등장하여 "떡과 포도주"를 가지고 나와서 제사장으로서 아브라함을 축복했고, 아브라함은 그에게 최근의 전쟁에서 얻은 전리품 중 십분의 일을 주었다(히 7:1-2, 창 14:18-20). 이 신비에 싸인 살렘의 대제사장은 이를테면 "[기록상] 시작한 날도 없고 [기록상] 생명의 끝도 없"이 본문에 등장한다(7:3). 물론 그도 유한한 인간인 만큼 분명히 태어나고 죽었지만, 성경 인물로서는 내러티브에 시작이나 끝이 기록되어 있지 않다. 비슷하게 그리스도는 속성

멜기세덱과 메시아의 비교	
멜기세덱은 내러티브상 이러했다.	**예수 그리스도는 속성 자체가 이러시다.**
레위 제사장직에 속하지 않은 제사장이므로, 훨씬 나중에 생겨난 모세 율법을 따라 섬긴 것이 아니다.	레위 제사장직에 속하지 않은 **궁극의 제사장**이시므로, 모세 율법을 따라 섬기신 것이 아니라 율법을 성취하셨다.
이름을 번역하면 '의의 왕'이다.	십자가에서 우리를 위해 의를 사셨으므로 참되신 **의의 왕**이시다.
살렘이 '평화'라는 뜻이므로 '평강의 왕'이다.	장차 우주에 평화의 나라를 이루실 진정한 **평강의 왕**이시다.
그의 부모나 시작이나 끝에 대해 성경에 기록되어 있지 않다.	**하나님의 영원한 아들**로서 시작도 없고 끝도 없으며, 성자 하나님으로서 성부와 성령과 영원히 하나시다.

자체가 실제로 시작이나 끝이 없으시다.

히브리서 저자가 역설했듯이 이런 여러 면에서 멜기세덱은 장차 오실 하나님 아들의 전조였다. 그래서 훗날 다윗은 장래의 메시아에 대해 "이르시기를 너는 멜기세덱의 서열을 따라 영원한 제사장이라 하셨도다"(시 110:4)라고 선포할 수 있었다. 멜기세덱의 신분은 내러티브상 그러했을 뿐이지만 메시아의 신분은 그분의 속성 자체다. 즉 예수님은 제사장이자 왕이시고, 의와 평강의 화신이시며, 신성이 영원하시고, 능히 하늘에서 대제사장으로 섬기신다.

—7:4-10—

지금까지 저자는 멜기세덱이 어떻게 그리스도의 모형으로서 적절하며 예수님의 제사장직이 어떻게 "멜기세덱의 반차를 따"랐다고 볼 수 있는지를 제시했다(7:1-3). 이제 그는 신중

우화적 해석?(히브리서 7:3)

예로부터 유대교와 기독교는 "성경을 어떻게 해석할 것인가?"의 문제로 씨름했다. 성경 자체에는 단계적 해석 규정을 담은 취급 설명서가 딸려 있지 않다. 그래서 그동안 이 질문에 대한 많은 답이 제시되었다. 온갖 다양한 관점 중에서 역사상 두 가지 성경 해석법이 대세를 이루었다. 바로 문자적 해석과 우화적 해석이다.[24]

우화적 해석은 "숨어 있는 또는 은밀한 배후 의미를 찾는 작업인데, 그 의미는 본문의 더 자명한 의미와는 거리가 멀거나 실제로 무관하다"라고 정의되어왔다.[25] 유대교 해석자들 사이에 이 방법이 보편화되었는데 그들은 구약을 당대의 삶에 시의성 있게 만들려 했다. 또는 문자적으로 해석하면 자기들 보기에 민망할 것 같은 성경의 여러 대목을 그런 식으로 설명하려 했다. 예컨대 아가서는 사랑하는 남녀 사이의 로맨틱한 관계를 말하는 듯 보이는데도 우화적 해석자들은 이를 영적으로 하나님과 이스라엘의 사랑의 관계로 재해석했다. 초기 기독교 해석자들도 뒤를 이어 이 사랑 노래를 그리스도와 교회의 관계로 해석했다.

이따금 신약의 저자들도 보기에 따라 거의 우화적 해석으로 비쳐질 법한 글을 썼다. 갈라디아서 4장 21-31절에 나오는 바울의 간략한 강해가 단적인 예이며, 히브리서 저자가 멜기세덱과 예수님을 비교한 내용도 그렇다. 그러나 구약을 '우화적으로' 해석한 신약의 극소수 사례를 일부 유대교와 후기 기독교의 저작에 나타나는 과도하고 괴상한 우화적 해석과 비교해보면 실제로 전자는 차라리 밋밋하다.

게다가 신약의 저자들이 사용한 경미한 우화적 해석은 엄밀히 말해서 해석('이 본문은 어떤 의미인가?'라는 물음의 답)이 아니라 적용이나 예화('이 본문은 어떻게 나의 요지를 예시해주는가?'라는 물음의 답)에 더 가깝다. 이처럼 구약 본문을 활용하여 유사점을 도출하고 교리나 실천 원리를 예시하는 방법은 1세기 유대인들 사이에 꽤 흔했으며, 따라서 충분히 유대인 그리스도인 독자들의 주의를 끌었을 것이다.[26]

히 논증을 한 걸음 더 끌고 나가 구약의 대망을 성취하신 그리스도의 우월성을 입증한다. 그러기 위해 그는 멜기세덱이 히브리 민족의 시조이자 기본 언약을 처음 받았던 아브라함보다도 더 큰 존재임을 입증한다.

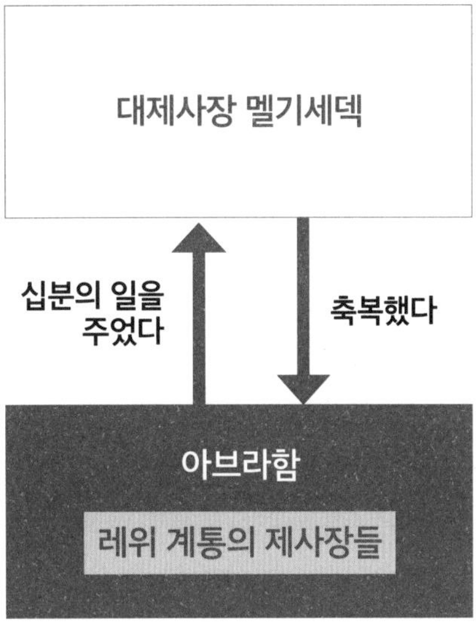

첫째, 적을 물리치고 돌아오다 멜기세덱과 마주친 아브라함은 모든 전리품의 십분의 일(즉 '십일조')을 그 제사장에게 주었다(히 7:4, 창 14:20). 저자는 이 대목에 멈추어 아브라함이 멜기세덱에게 십일조를 바친 사건에서 몇 가지 흥미로운 함의를 이끌어낸다. 그가 지적했듯이 레위 계통의 제사장들은 모세 율법에 따라 아브라함의 후손인 이스라엘 백성에게서 십일조를 받았다(7:5). 그런데 아브라함은 레위 지파의 까마득한 조상이므로 그가 수세기 전에 멜기세덱에게 십일조를 줄 때 어떤 의미에서 레위 계통의 제사장들도 유전적으로 "아브라함 안에서" 멜기세덱에게 십일조를 바쳤다. F. F. 브루스(F. F. Bruce)가 주해했듯이 "아브라함에게서 십일조를 받은 멜기세덱은 기록상 '생명의 끝'이 없는 사람이었다."[27] 그래서 멜기세덱이 아브라함보다 크며, 논리상 멜기세덱의 제사장직도 아브라함의 후손인 레위 계통의 제사장직보다 크다(7:9-10).

둘째, 멜기세덱은 하나님 약속의 소유자인 아브라함을 축복했다(7:6, 창 14:19-20). 휴즈는 "성경의 정식 축복에서는 언제나 윗사람이 아랫사람을 축복한다"고 설명했다.[28] 히브리서 저자도 축복의 그런 상하 관계가 타당하여 "논란의 여지 없"다고 주해했다(7:7). 멜기세덱의 속성이 아브라함보다 우월했다는 말은 아니다. 어차피 그들은 둘 다 인간이었다. 다만 이 살렘 왕이자 제사장은 영적 권위 면에서 아브라함보다 높았다. "여기 '높은'이라는 단어는 지위나 중요도나 서열이 높은 사람을 가리킨다."[29] 그래서 논리상 멜기세덱의 제사장직이 레위 계통의 제사장직보다 우월했다. 후자는 아직 아브라함의 "허리에" 있었다(7:10).

저자의 세세한 논증이 오늘날의 우리에게는 생경해 보일 수 있으나 첫 히브리 독자들은 그 복잡한 내막을 이해했을 것이므로 안심해도 된다. 그들이 정신적 '잠'에서 화들짝 깨어나 고기처럼 질긴 성경 강해를 들을 자세가 되어 있었다는 전제 아래 말이다(참조. 5:11). 비록 우리가 저자의 꼼꼼한 단계적 설명을 따라가기는 좀 힘들지 몰라도 그의 논지를 파악하기에는 어려울 것이 없다.

멜기세덱은 아브라함보다 우월했다.
레위 계통의 제사장들은 '아브라함 안에' 있었다.
그러므로 멜기세덱은 레위 계통의 제사장들보다 높다.

여기까지 논리적으로 증명되었으니 이제 전체 요지인 그리스도의 인격과 사역의 우월성까지는 두 단계밖에 남지 않았다. 1) 멜기세덱이 레위 계통의 제사장들보다 높으므로 멜기세덱의 제사장직-모세 율법보다 훨씬 일찍 존재했던-도 모세를 통해 제정된 레위 제사장직보다 높다. 2) 메시아의 제사장직은 "멜기세덱의 반차"를 따랐으므로(7:17, 시 110:4) 그분의 제사장직이 모세 율법 아래 제정된 레위 제사장직보다 높다.

마음이 흔들리던 첫 독자들에게 이 얼마나 강력한 논증인가! 앞서 보았듯이 히브리서의 수신자들은 큰 대제사장이신 메시아를 온전히 신뢰하던 데서 돌이켜 다시 레위 제사장직과 끊임없는 제사와 각종 의식에서 의미를 찾으려는 유혹에 시달리고 있었다. 그런데 저자의 요지는 레위 계통-이스라엘의 초대 대제사장인 아론의 후손-보다 우월한 또 다른 계통의 제사장직이 있다는 것이었다. 바로 왕이자 제사장인 멜기세덱의 반차인데 그는 장래의 훨씬 더 위대하신 왕이자 제사장이신 예수 그리스도의 전조였다.

—7:11-17—

저자는 논의를 더 발전시켜 다윗의 예언에 함축된 의미를 지적한다. 훗날 멜기세덱의 서열을 따른 제사장이 메시아로 임한다는 예언이었는데(시 110:4), 이 예언을 통해 하나님은 아론의 반차를 따르지 않는 "다른 한 제사장"(7:11)이 필요하다는 것을 보이셨다. 히브리서의 수신자들은 장차 멜기세덱의 제사장직을 닮은 새로운 제사장이 임하리라는 시편 110편 4절의 의미를 알아야 했다. 아론의 제사장직으로는 얻을 수 없는 것이 분명히 있었는데 그것은 바로 온전함이었다(7:11).

레위 계통의 제사장직은 모세 율법과도 밀접한 관계가 있다. 아론의 제사장직은 모세 율법을 통해 제정되었다(출 28:1). 그래서 저자가 지적하는 당연한 사실이 있다. 제사장직이 (시편 110편 4절에 예고된 대로) 아론에서 멜기세덱으로 바뀌었으니 모세 율법도 바뀔 수밖에 없다는 것이다(12절). 멜기세덱으로 대변되는 것은 이후의 율법과 제사장직보다 오래되었고, 그 둘과는 별개이며, 그 둘로는 이룰 수도 없다. 즉 레위 계통의 제사장직을 통해서는 신자가 하나님께 직접 나아갈 수 없었고, 율법으로는 신자의 삶이 성숙할 수 없었다. 그러나 옛 언약이 실패한 지점에서 새 언약은 성공했다. 예수 그리스도-멜기세덱의 반차를 따라 약속된 제사장-를 통해 우리는 막힘없이 하나님께 나아가며(4:14-16) 진정한 영적 성숙을 향해 자라갈 수 있다(12:1-2).

13-14절에 저자가 설명했듯이 예수 그리스도는 레위 지파가 아니라 유다 지파 출신이시다. 이로써 그분은 모세 율법의 옛 언약에 규정된 제사장의 법적 혈통과는 무관하시며, 그렇기에 그분의 제사장직은 전혀 다른 반차에 속해 있다. 그것은 "불멸의 생명"에 기초한 영원한 제사장직이며, 신비에 싸인 멜기세덱은 그 전조였다(7:15-16). 바로 이것이 히브리서 저자가 말하는 시편 110편 4절의 약속의 의미다. "[예수님에 대하여] 증언하기를 네가 영원히 멜기세덱의 반차를 따르는 제사장이라 하였도다"(7:17).

적용: 히브리서 7:1-17

제사장직이 바뀌면서 율법도 바뀌었다

그리스도는 아버지의 오른편에 좌정하여 큰 대제사장의 역할을 맡으실 때 구약의 레위 계통의 제사장직을 이으신 것이 아니라 멜기세덱의 반차를 따라 제사장이 되셨다. 그래서 저자는 "제사 직분이 바꾸어졌은즉 율법도 반드시 바꾸어지리니"라고 말했다(7:12). 예수님은 신자의 삶에 아무런 열매도 맺지 못하던 율법을 뿌리째 뽑으시고 그 자리에 풍성한 은혜의 과수원을 만드셨다. 율법은 연약하고 무력했으나 은혜는 효험이 뛰어나고 확신으로 충만하다.

우리가 하나님께 가까이 갈 수 있음이 율법 때문이 아니라 은혜 덕분임을 결코 잊어서는 안 된다. 경직된 규정을 통해서는 하나님께 나아갈 수 없고 율법주의적 원리는 안전을 보장해주지 못한다. 우리의 안전은 우리 대신 율법을 성취하신 구주께 있다. 그리스도는 율법의 요구대로 완전한 순종과 완전한 제물로 죄를 속하여, 은혜의 원리에 기초한 새로운 질서를 여셨다.

하나님과 바른 관계를 맺으려면 굳이 온갖 버거운 계명을 지키려고 고생하거나 똑같이 죄인인 제사장의 중재를 받을 필요가 없다. 멜기세덱의 반차를 따르신 큰 대제사장께로 가면 된다. 그분은 복을 주시고 우리를 지켜주시며, 사랑으로 보답할 능력도 주신다. 우리가 그분을 사랑함은 공로를 쌓기 위함이 아니라 그분의 자비에 대한 반응이다. 우리의 대제사장은 불멸하여 영원히 사시며, 땅의 그 어떤 제사장도 하지 못하는 일을 능히 하신다.

예수님은 우리의 과거를 아실 뿐 아니라 더 중요하게 우리가 어디로 가야 하는지도 아신다. 우리를 반드시 그곳에-영적 성숙과 영원한 안전에-이르게 하실 능력도 있으시다. 그분은 우리 머리에 담긴 지식뿐 아니라 마음 상태와 손으로 하는 일까지 보살피신다. 끊임없이 제사를 드려야 했던 구약의 제사장직과 달리 우리의 대제사장 예수 그리스도는 우리의 연약함과 공허함을 그리고 구원의 필요성을 우리에게 알려주신다. 그뿐 아니라 더 중요하게 실제로 우리를 구원하여 굳건하게 하시고, 그분을 신뢰하며 순종할 능력도 충만하게 주신다! 우리는 그분을 떠나서는 아무것도 할 수 없지만(요 15:4-5), 그분과 함께라면 모든 것을 할 수 있다(빌 4:13, 참조. 갈 2:16-20).

제사장직이 바뀌면서 율법도 바뀌었으니 얼마나 감사한 일인가!

완전하고 영원한 제사장직(히브리서 7:18-28)

18전에 있던 계명은 연약하고 무익하므로 폐하고 19(율법은 아무 것도 온전하게 못할지라) 이에 더 좋
은 소망이 생기니 이것으로 우리가 하나님께 가까이 가느니라 20또 예수께서 제사장이 되신 것은 맹
세 없이 된 것이 아니니 21(그들은 맹세 없이 제사장이 되었으되 오직 예수는 자기에게 말씀하신 이로
말미암아 맹세로 되신 것이라 주께서 맹세하시고 뉘우치지 아니하시리니

네가 영원히 제사장이라
하셨도다)

22이와 같이 예수는 더 좋은 언약의 보증이 되셨느니라

23제사장 된 그들의 수효가 많은 것은 죽음으로 말미암아 항상 있지 못함이로되 24예수는 영원히

계시므로 그 제사장 직분도 갈리지 아니하느니라 [25]그러므로 자기를 힘입어 하나님께 나아가는 자들을 온전히 구원하실 수 있으니 이는 그가 항상 살아 계셔서 그들을 위하여 간구하심이라

[26]이러한 대제사장은 우리에게 합당하니 거룩하고 악이 없고 더러움이 없고 죄인에게서 떠나 계시고 하늘보다 높이 되신 이라 [27]그는 저 대제사장들이 먼저 자기 죄를 위하고 다음에 백성의 죄를 위하여 날마다 제사 드리는 것과 같이 할 필요가 없으니 이는 그가 단번에 자기를 드려 이루셨음이라

[28]율법은 약점을 가진 사람들을 제사장으로 세웠거니와 율법 후에 하신 맹세의 말씀은 영원히 온전하게 되신 아들을 세우셨느니라

다른 것과 비교하지 않고는 사물의 진면목을 알 수 없을 때가 있다. 보드라운 면사 이불의 감촉이 비단처럼 느껴질 수 있으나 반대쪽 손으로 극세사 이불을 만져보면 달라진다. 중간 해상도의 텔레비전 화면도 선명해 보일지 모르나 첨단 고해상 화면과 나란히 놓으면 달라진다. 안경 렌즈 덕분에 눈앞의 글씨가 또렷해 보일 수 있으나 검안의가 당신의 근시에 더 잘 맞는 렌즈와 비교해 보여주면 달라진다. 이것은 모두 두 가지 예를 나란히 병치해야만 어느 쪽이 우월하고 어느 쪽이 열등한지 알 수 있는 경우다.

히브리서 저자는 7장 전반부에서 멜기세덱의 반차를 따라 세워진 예수 그리스도의 제사장직이 아론과 레위 계통의 제사장직보다 우월하다고 역설했다. 이에 기초하여 7장 후반부에는 완전하고 영원하신 우리의 대제사장 예수님이 다른 누구보다도 월등히 뛰어나심을 지적한다. 이처럼 그리스도의 우월한 제사장직을 예증하기 위해 저자는 그분의 제사장직과 레위 계통의 제사장직을 나란히 병치한다. 그 결과 성품과 영원성과 사역 면에서 그분의 우월성은 열등한 쪽보다 훨씬 밝게 빛난다. 그리스도의 우월한 제사장직을 통해서만 우리는 참으로 하나님께 가까이 갈 수 있다.

—7:18–19—

18–19절에 제시된 첫 비교는 다분히 나머지 논의의 원형이 된다. 구약의 제사장직보다 우월한 그리스도의 제사장직에 담긴 심오한 의미와 실제적 적용은 이 두 구절에 기틀이 잡혀 있다. 헬라어 원문에 저자는 "멘…데"(*men…de*, 3303+1161)라는 흔한 수사법을 써서 두 요소를 대비하는데 대개 "한편으로…그러나 다른 한편으로"로 번역된다.[30] 저자에 따르면 한편

으로 율법은 "연약하고 무익하므로" 폐해졌다(7:18). 율법을 통해서는 하나님께 제대로 나아갈 수도 없고 영적으로 성장할 수도 없다. "율법은 아무것도 온전하게 못"하기 때문이다(7:19). 그러나 다른 한편으로 그리스도의 제사장직이 세워짐으로써 "더 좋은 소망이 생기니 이것으로 우리가 하나님께 가까이 가"게 되었다(7:19).

우리가 속속들이 변화되는 것은 이렇게 하나님께 나아갈 수 있기 때문이지 종교적 공로를 쌓아서가 아니다. 우리 같은 구제불능의 죄인에게 이보다 더 근본적으로 요긴한 것은 없다. 하나님을 알고 그분께 직접 나아가는 것이야말로 참된 종교의 표지다. 그래서 타락한 인류에게는 죄 많은 인간과 거룩하고 의로우신 하나님을 갈라놓는 간극을 이을 확실한 다리가 필요하다. 하나님과 사람 사이를 중보할 그 다리는 예수 그리스도시다(딤전 2:5). 그분을 통해 우리는 하나님께 나아갈 수 있다(요 14:6).

하지만 구약의 제사장들도 그런 역할을 하지 않았던가? 어떤 의미에서 그들도 하나님과의 관계를 이어주는 다리가 아니었던가? 그들도 길을 가리켜 보이고, 참 예배자들의 주의를 창조주께로 돌리며, 그분의 복을 그들에게 중재하지 않았던가? 구약의 제사장직과 예수님의 제사장직은 서로 다른 다리일 뿐 결국 도달하는 데는 같지 않은가? 정말 그냥 오십보백보가 아닌가?

저자는 이런 집요한 의문에 큰 소리로 "아니오!"라고 답한다. 둘은 같지도 않을 뿐더러 그리스도의 제사장직이 레위 계통의 제사장직보다 절대적으로 우월하다.

—7:20-25—

저자의 비교 연구는 계속되어 모세의 제도에 따른 레위 계통의 제사장직과 멜기세덱의 반차를 따른 우리의 큰 대제사장 예수님이 서로 대비된다. 두드러진 차이점은 크게 네 가지다.

저자가 21절에 강조했듯이 멜기세덱의 반차를 따른 그리스도의 제사장직은 시편 110편 4절의 말씀처럼 하나님의 맹세로 세워졌다. 그래서 예수 그리스도는 모세 언약보다 우월한 언약의 보증이 되셨다(7:22). 한 주석가는 "이 구절의 핵심 단어는 '보증'이며, 이 단어에는 보증인이라는 뜻도 있고 중재자라는 뜻도 있다"고 주해했다.[31] 헬라어 원어 엥귀오스(*engyos*, 1450)는 "피의자의 보석금을 내주는 사람을 가리켜 쓰였다. 그 사람이 피고가 법정

	레위 계통의 제사장		예수 그리스도
한편으로	하나님의 맹세로 제사장이 된 것이 아니라 물리적 후손이라서 되었다(히 7:21).	그러나 다른 한편으로	멜기세덱의 반차를 따라 하나님의 맹세로 제사장이 되셨다(시 110:4, 히 7:21).
	언젠가는 만료될 열등한 언약의 한시적 관리인이었다(히 7:22).		영원히 만료되지 않는 더 나은 언약의 보증이 친히 되셨다(히 7:22).
	죽으면 계속할 수 없었으므로 직무가 한시적이었다(히 7:23).		죽음을 이기고 영원히 사시므로 대제사장의 직무도 영원하다(히 7:24).
	옛 언약 아래에서 하나님과 한시적 교제를 가능하게 했을 뿐 영원한 구원은 줄 수 없었다(히 7:25).		하늘에서 중보 사역을 하시므로 그분을 통해 하나님께 오는 이들에게 능히 영원한 구원을 주신다(히 7:25).

에 출두할 것을 보증한다."[32] 그리스도의 제사장직이 우월하기에 그분을 믿는 이들에게는 더 나은 구원이 보장된다.

요컨대 그리스도의 제사장직이 영원하기에 아들의 중보 사역을 통해 아버지께 온 우리는 영원히 구원받는다. 그분이 영원히 사시기에 우리도 영원히 산다. 우리는 죽을 수밖에 없는 죄인이므로 중재해줄 대제사장이 영원히 필요하다. 그런데 예수님은 영원하시고 완전하신 대제사장이시다. 이 사실은 예수 그리스도 안에서 우리가 영원히 안전하다는 것을 얼마나 확실히 일깨워주는가! 그분은 그분을 믿는 이들을 "완전히, 전적으로, 영원히 구원하실" 수 있다.[33]

옛 제사장직 아래서 주어지던 구원은 언약된 교제의 회복과 관계가 있었다. 즉 율법에 순종하면 약속의 땅에서 한시적 복을 받았다. 풍작을 이루고, 각종 질병에 걸리지 않으며, 적에게서 보호받고, 그 땅에서 형통했다(138페이지에 따로 설명해놓은 "구약의 성도는 어떻게 구원받았는가?"를 참조하라). 그러나 그리스도가 영원한 제사장직을 통해 주시는 구원은 칭의와 성화와 영화와 관계되며, 부활하여 하나님과 함께 누리는 영생까지 포함된다. 단순히 그리스도의 인격과 사역을 믿으면 누구나 영원한 구원을 받는다.

구약의 성도는 어떻게 구원받았는가?(히브리서 7:25)

그리스도의 영원한 제사장직을 옛 언약 아래에 있던 레위 계통의 제사장직과 비교하다 보면 구약의 성도는 어떻게 구원받았는가라는 중요한 의문이 든다. 그들은 율법을 지키고 동물 제사를 드려서 구원받았을까? 옛 제도를 통해 임시로 구원받은 그들을 나중에 그리스도가 오셔서 영원히 구원하신 것일까? 구원의 길이 둘이어서 불완전한 제사 제도를 통해서도 받고 은혜로 그리스도의 희생을 믿어서도 받는 것일까? 구약의 성도가 구원받고 천국에 간 것이 율법을 지켜서이며, 그러다 부족하면 동물 제사를 통해 용서를 구한 것이라고 착각하는 사람들이 있다. 그러나 히브리서에 분명히 나와 있듯이 그리스도만이 그분을 힘입어 하나님께 나아가는 자들을 "온전히 구원하실" 수 있다(7:25). 게다가 10장 4절에는 "황소와 염소의 피가 능히 죄를 없이 하지 못함이라"고 아예 단정되어 있다.

그리스도인이 반드시 알아야 할 것이 있는데, 모세 언약과 율법과 제사 제도 아래서는 하나님이 언약에 충실한 이들에게 천국의 영생을 약속하신 적이 없다. 이스라엘에게 주어진 약속은 현세적이고 한시적이었다. 하나님은 이스라엘에게 "세계가 다 내게 속하였나니 너희가 내 말을 잘 듣고 내 언약을 지키면 너희는 모든 민족 중에서 내 소유가 되겠고 너희가 내게 대하여 제사장 나라가 되며"(출 19:5-6)라고 말씀하셨다. 모세도 신명기 28장 1-2절에 "네가 네 하나님 여호와의 말씀을 삼가 듣고 내가 오늘 네게 명령하는 그의 모든 명령을 지켜 행하면 네 하나님 여호와께서 너를 세계 모든 민족 위에 뛰어나게 하실 것이라 네가 네 하나님 여호와의 말씀을 청종하면 이 모든 복이 네게 임하며 네게 이르리니"라고 선포했다. 순종에 대한 복으로 열거된 내용은 그들이 약속의 땅에서 안전하고 무탈하며 풍요롭게 산다는 것이었다(신 28:3-14). 순종하면 천국의 영원한 구원을 얻는다는 말은 한 마디도 없다. 마찬가지로 언약을 어길 때 뒤따를 저주의 목록에도 지옥의 영원한 벌에 대한 경고는 전혀 없고, 다만 죽음과 파멸을 포함하여 이 땅에서 받는 한시적 심판이 있을 뿐이었다(신 28:15-68).

율법으로 천국의 영원한 구원을 얻어낼 수 없었듯이 제사 제도로 죄를 영원히 속할 수도 없었다. 제사 제도를 통해 얻는 '용서'는 현세적이고 한시적이었다. 옛 언약 아래서 율법에 불순종하면 복 대신 한시적 저주가 임했다. 그런데 하나님이 한시적으로 용서받을 수단을 주셨으니 곧 진심으로 회개하며 드리는 제사였다. 제사지낸다고 영혼이 영원히 구원받는 것이 아니라 이스라엘이 불순종에 따르는 당연한 결과인 한시적 심판을 면하는 것뿐이었다.

그렇다면 구약의 성도는 어떻게 영원히 구원받고 거듭나서 천국을 보장받았을까? 성경에 밝혀져 있듯이 영원한 구원은 언제나 **믿음으로 말미암아 은혜**로 주어진다(롬 4:1-15). 행위로나 율법을 지켜서나(갈 2:21) 동물 제사로(히 10:4) 영원한 구원을 얻어낸 사람은 아무도 없다. 영원한 구원의 근거는 언제나 그리스도의 속죄 사역이었다(롬 3:21-26).

물론 모세 언약 아래에 있던 구약의 성도에게는 예수 그리스도의 성육신과 십자가와 부활을 통해 계시될 이야기의 전말이 아직 없었다. 그러나 장차 메시아를 통해 임할 궁극의 구원에 관한 많은 예언과 약속과 묘사는 있었다(롬 1:1-4, 벧전 1:10-12). 그러므로 원한다면 그들도 어린아이처럼 단순하게 하나님의 선하심과 자비와 약속을 믿을 수 있었다(창 15:6, 롬 4:3). 우리처럼 그들의 구원도 행위의 결과가 아니라 믿음으로 말미암아 은혜로 주어졌다. 신학자 찰스 라이리(Charles Ryrie)의 명언처럼 "구원의 **근거**는 어느 시대에나 그리스도의 죽음이고 구원의 **조건**은 어느 시대에나 믿음이다. 믿음의 **대상**은 어느 시대에나 하나님이지만 믿음의 **내용**은 시대에 따라 다르다."[34]

—7:26-28—

끝으로 그리스도가 구약의 제사장직보다 우월하신 이유가 26-28절에 세 가지 더 나오는데 모두 그분의 인격과 사역에 관계된다. 첫째, 예수님이 우월하심은 죄가 없으시기 때문이다(7:26). 즉 성품 자체에서 우월하시다. "거룩하고 악이 없고 더러움이 없고 죄인에게서 떠나 계시고 하늘보다 높이 되신 이라"(7:26). 레위 계통의 제사장은 누구도 그렇게 자처할 수 없었다. 브라운이 주해했듯이 "이전의 제사장직은 겉을 씻는 정결 의식을 중요하게 강조했으나, 그리스도의 제사장직은 그분이 안에서부터 도덕적으로 순결하시고 죄 없이 완전하시기에 효험이 있다."[35]

둘째, 예수님이 우월하심은 제사를 단번에 드리셨기 때문이다(7:27). 즉 제사장으로서 행하시는 사역에서 우월하시다. 그분은 온전히 거룩하시기에 동물 제사로 백성을 정결하게 하듯이 자신을 정결하게 하실 필요가 없었다. 그분은 "단번에 자기를 드려" 제사하셨다(7:27). 예수 그리스도 자신이 제물이시기에 친히 제단 위에 누워 자신의 목숨을 드려 죄를 속하셨다(9:24-28, 10:11-14). 다른 어떤 제사장도 이 희생양의 역할을 맡을 수 없었는데, 그것은 그들도 하나같이 죄인이어서 자신을 위한 제물이 필요한 처지였다. 오직 예수님만이 세상 죄를 지고 가신 하나님의 어린 양이시다(요 1:29, 사 53:7-12).

셋째, 예수님이 우월하심은 하나님의 온전하고 능하신 아들이시기 때문이다(히 7:28). 모세 율법은 불완전하고 연약한 인간들을 제사장으로 세웠고, 이 한시적 제도는 큰 대제사장이 오실 때까지만 시행되었다. 그 사이에 하나님은 장차 메시아가 멜기세덱의 반차를 따라 우월한 제사장으로 오실 것을 다윗의 입을 통해 맹세하셨다(시 110:4). 이 메시아는 한낱 죄인이 아니라 하나님의 온전하고 능하신 아들이요 영원한 제사장이니 곧 우리의 큰 대제사장 예수님이시다.

적용: 히브리서 7:18-28

우리의 '최고 사제'이신 그리스도

이교 국가였던 고대 로마에서는 백성과 신들을 중재하던 제사장을 '사제'(*pontifex*)라 불렀다. 이 라틴어 단어의 어원은 고대사의 안개 속에 싸여 있지만, 많은 사람이 라틴어의 두 단어인 *pons*(다리)와 *facere*(만들다)가 합성된 것으로 본다. 이 개념은 다리 위에서 제사와 예물을 드리던 의식과 관련이 있을 수 있다.[36] 그런가 하면 신들과 백성 사이에 다리를 놓던 제사장의 역할을 이 단어의 기원으로 보는 이들도 있다.[37] 천주교에서 교황을 '최고의 다리'라는 뜻인 최고 사제라 불러왔지만, 이 호칭의 정당한 주인은 오직 그리스도뿐이다. 하나님과 사람 사이에 그리스도 외에 다른 제사장이나 사제나 다리는 필요 없다.

우리를 하나님과 분리시킨 죄의 간극은 아무 다리로나 이을 수 없기에 그리스도만이 우리의 기쁜 소식이시다. 우리는 영원한 사제이신 예수 그리스도를 통해 하나님께 도달하고 하나님을 알 수 있다. 거룩하신 하나님의 천국 해안과 우리 사이에 죄의 뜨거운 강물이 가로놓여 있는데, 영원한 대제사장 예수님은 그 위에 놓인 다리시다.

그리스도가 죄인인 인류와 거룩하신 하나님 사이의 다리라는 이 개념은 구원의 복음을 생각하는 (또한 전하는) 유익한 방법이 되었다. 우리 자신도 상기하고 또 다른 사람들에게 이 기쁜 소식을 전하려는 의욕도 다질 겸 해서 그리스도가 어떻게 우리의 완전하고 영원한 다리이신지 생각해보자.

1. 온 인류는 하나님과 분리되어 있고, 각 사람은 죄 때문에 심판을 면할 수 없다(요 3:17-21, 36, 참조. 롬 3:23, 6:23, 히 9:27).
2. 영생에 대한 예수님의 많은 말씀을 보면 하나님과 분리된 이 상태를 해결할 방도가 있다(예. 요 5:24).
3. 인간은 스스로 이런저런 다리를 놓아 하나님께 가려 하지만(요 1:12-13), 예수님은 자신만이 길이라고 선포하셨다(요 14:6, 참조. 엡 2:8-9).
4. 예수님만이 길이신 이유는 그분의 신분과 행위 때문이다. 즉 그분은 하나님이자 인간이시고(요 1:14), 흠 없는 어린 양이시다(요 1:36). 또 그분은 죽으셨고(요 6:51, 참조. 롬 5:8), 죽은 자 가운데서 살아나셨다(눅 24:5-7, 요 11:25).
5. 예수님은 이 메시지에 반응하라고, 즉 듣고 믿으라고 우리를 부르신다(요 5:24). 단순한 믿음으로 메시지를 받아들이면(요 1:12) 하나님의 영으로 말미암아 거듭난다(요 3:3). 누구든지 그분을 믿으면 구원받는다(요 3:16).

당신은 하나님을 유일하게 완전한 사제이신 예수 그리스도를 통해 아는가? 아니면 선행이나 종교 의식이나 교회 등록이나 기타 인위적 수단을 통해 스스로 다리를 놓아 하나님께 가려 했는가? 만일 그분을 안다면, 당신은 배타적 길이신 예수님을 통해 하나님께 더 가까이 가는가? 아니면 각종 계명, 스스로 의로워지려는 행위, 율법주의적 의식 등에 기초한 부실 종교에 의지해왔는가? 끝으로 만일 완전하신 사제의 기쁜 소식도 알고 하나님도 참으로 알아 그분을 가까이하고 있다면, 당신은 이 기쁜 소식을 다른 사람에게 전하는가? 간극의 저편에 발이 묶인 어느 비신자의 손을 잡고 예수 그리스도를 통한 하나님의 구원 계획 속으로 조심스레 안내한 적이 있는가?

우리는 그리스도를 통해서만 하나님께 도달하고 하나님을 알 수 있다. 예수님이 "곧 길이요 진리요 생명이니 [그분으로] 말미암지 않고는 아버지께로 올 자가 없"다(요 14:6). 그분만이 우리의 '최고 사제'시다. 영원히 하나님께 나아가게 해주시는 완전하고 영원한 대제사장이시다.

영영 낡아지지 않는 그리스도의 새 언약(히브리서 8:1-13)

1지금 우리가 하는 말의 요점은 이러한 대제사장이 우리에게 있다는 것이라 그는 하늘에서 지극히 크
신 이의 보좌 우편에 앉으셨으니 2성소와 참 장막에서 섬기는 이시라 이 장막은 주께서 세우신 것이
요 사람이 세운 것이 아니니라 3대제사장마다 예물과 제사 드림을 위하여 세운 자니 그러므로 그도
무엇인가 드릴 것이 있어야 할지니라 4예수께서 만일 땅에 계셨더라면 제사장이 되지 아니하셨을 것
이니 이는 율법을 따라 예물을 드리는 제사장이 있음이라 5그들이 섬기는 것은 하늘에 있는 것의 모
형과 그림자라 모세가 장막을 지으려 할 때에 지시하심을 얻음과 같으니 이르시되 삼가 모든 것을 산
에서 네게 보이던 본을 따라 지으라 하셨느니라 6그러나 이제 그는 더 아름다운 직분을 얻으셨으니
그는 더 좋은 약속으로 세우신 더 좋은 언약의 중보자시라

7저 첫 언약이 무흠하였더라면 둘째 것을 요구할 일이 없었으려니와 8그들의 잘못을 지적하여 말
씀하시되

주께서 이르시되
볼지어다 날이 이르리니
내가 이스라엘 집과 유다 집과 더불어 새 언약을 맺으리라
9또 주께서 이르시기를 이 언약은
내가 그들의 열조의 손을 잡고

애굽 땅에서 인도하여 내던 날에
그들과 맺은 언약과 같지 아니하도다
그들은 내 언약 안에 머물러 있지 아니하므로
내가 그들을 돌보지 아니하였노라
10또 주께서 이르시되
그 날 후에 내가 이스라엘 집과 맺을 언약은 이것이니
내 법을 그들의 생각에 두고
그들의 마음에 이것을 기록하리라
나는 그들에게 하나님이 되고
그들은 내게 백성이 되리라
11또 각각 자기 나라 사람과
각각 자기 형제를 가르쳐 이르기를
주를 알라 하지 아니할 것은
그들이 작은 자로부터 큰 자까지 다 나를 앎이라
12내가 그들의 불의를 긍휼히 여기고
그들의 죄를 다시 기억하지 아니하리라
하셨느니라
13새 언약이라 말씀하셨으매 첫 것은 낡아지게 하신 것이니 낡아지고 쇠하는 것은 없어져 가는 것이
니라

오늘날 당연시되는 첨단 기술이 나는 늘 놀랍기만 하다. 한때 공상과학 소설에나 나오던 스마트폰, 태블릿, 노트북 컴퓨터 같은 기기가 일상화되었다. 지난 수십 년간 신기술이 나타났다 사라지는 끝없는 행렬을 지켜보니 신제품도 결국 죄다 낡아져 최신 제품으로 대체되는 것을 우리는 알았다. 레코드판은 카세트테이프로 대체되었고, 카세트테이프는 CD로 대체되었으며, CD는 디지털 다운로드로 대체되었다. 디지털 파일이 무엇으로 대체될지는 몰라도 대체될 것만은 분명하다(당신이 이 책을 읽을 즈음에는 이미 대체되었을지도 모른다!). 텔레비전과 전화기와 자동차는 물론이고, 심지어 진공청소기와 커피 머신까지 다른 분야의 기술도 다 마찬가지다.

그게 첨단 기술의 문제다. 애써 최신 기기나 업그레이드를 손에 넣어 몇 달 동안 '첨단 상태'를 즐기다 보면 어느새 그 기기는 낡아져 구닥다리가 되어 있다. 컬러텔레비전이 인기

상품이던 때가 기억난다. 그러다 텔레비전 화면이 대형으로 바뀌고 평면으로 바뀌고 플라스마로 바뀌었다. 다음에는 또 무엇으로 바뀔지 모른다.

모든 것이 결국 낡아지는 것 같다. 사람이 만들거나 인간에게서 나거나 현세에 속한 것은 다 그렇다. 망가질 부품이나 썩는 재료로 제작되고 가변적 조건에 의존하는 것이면 무엇이든 결국 고장 나고 성능이 나빠져 쓸모없어진다. 그래서 우리 구주는 아주 지혜롭게 "너희를 위하여 보물을 땅에 쌓아 두지 말라 거기는 좀과 동록이 해하며"(마 6:19)라고 경고하셨다. 무엇이든 변하거나 썩는 것은 믿을 대상이 못 된다.

물질세계만 그런 것이 아니라 영의 세계도 마찬가지다. 이를 명백히 밝히고자 히브리서 저자는 8장에 모세 언약이 본래 영원한 것이 아니었음을 예증한다. 그 언약은 특정한 시대에 특정한 백성을 위해 특정한 조건 아래 체결되었다. 실제로 그는 옛 언약이 새 언약으로 대체될 날을 고대했던 구약의 한 예언을 인용하여, 전자는 낡아지되 이를 대체할 후자는 영영 없어지지 않을 것을 유대인 독자에게 입증한다. 이 단원은 그리스도의 인격과 사역이 우월하다는 지금까지의 내용과 아름답게 맞물려 있다. 그분이 "더 좋은 언약의 보증이 되셨"기에(7:22) 우리는 새 언약의 내용이 무엇이든 이전의 모든 것보다 우월함을 확실히 알 수 있다.

—8:1–2—

"지금 우리가 하는 말의 요점은"(8:1)이라는 말로 시작하여 저자는 여태까지 논한 굵직한 주제들을 핵심만 간단히 요약한다.

- 우리에게 있는 큰 대제사장은 옛 언약의 제사장들보다 크시다(1절).
- 우리의 대제사장은 하늘에서 하나님 우편에 앉아 계신다(1절).
- 그분은 참 장막에서 섬기시는데 이 장막은 사람이 세운 것이 아니라 하나님이 세우셨다(2절).

"참 장막"이라는 말은 마치 레위 계통의 제사장들이 제사를 수행하던 이 땅의 옛 성막이 가짜였다는 듯 진위를 대비하는 표현이 아니다. 이 문구는 모형이나 그림자에 대비되는 배후의 실체를 가리킨다. 가족사진이 진짜 살아 있는 가족의 시각적 모형에 불과하듯이 이 땅의 성막과 제사장직도 하늘의 진짜 성막과 제사장직의 모형이었다.

하늘의 그 장막은 어떻게 생겨났을까? 저자의 말처럼 주님이 친히 "세우"셨다. 땅의 세계처럼 하늘의 세계도 하나님이 창조하셨다. 땅의 성막 곧 본래 레위 계통의 제사장들이 제사로 예배를 드리던 거룩한 "회막"은 인간의 손으로 세우고 걷었던 반면(출 33:7, 수 18:1), 하늘의 성막은 하나님이 직접 세우셨다. 그래서 땅의 성막은 자명하게도 한시적 거처였으나 하늘의 성막은 본래 영원하다.

—8:3-6—

저자는 3-6절에서 땅의 장막과 하늘의 장막, 한시적인 것과 영원한 것, 변하는 것과 불변하는 것의 차이를 더 풀어낸다. 레위 자손인 아론 계통의 제사장들이 섬긴 곳은 "하늘에 있는 것의 모형과 그림자"였다(8:5). 이 말은 문자적 의미 그대로다. 저자의 말처럼 모세는 자신이 산에서 본 하늘 성전의 상징적 모형대로 땅의 성막을 짓게 했다(출 25:40, 참조. 행 7:44). 땅의 성막은 하늘에 있는 실체의 참 모형이지만 그래도 모형일 뿐이었다.

실존하는 물체마다 그림자가 있듯이 옛 언약의 각종 의식도 배후에 있는 더 큰 실체의 모형이었다.[38] 예수님이 정말 대제사장으로 섬기시려면 실제로 무언가 드릴 것-"예물과 제사"-이 있어야만 한다(8:3). 그런데 그것이 이 땅의 성전에서 드려지던 것과 똑같을 수는 없다. 모세를 통해 세워진 성전의 물리적 제단에는 동물의 피가 바쳐졌다. 사실 예수님의 제사장 직분이 하늘의 원안을 따르지 않고 땅의 모형대로 세워졌다면 그분은 제사장이 되실 자격조차 없다(8:4). 레위 지파 출신이 아니시므로 옛 언약의 제도 아래 "율법을 따라"(8:4) 예물을 드리실 수 없다.

6절에서 이 문제가 풀린다. 그리스도가 대제사장으로서 "예물과 제사"(8:3)를 드리시는 곳은 땅의 성막이 아니다. 땅의 성막은 모세가 받은 옛 언약의 율법을 따라 세워졌다. 그분께는 "더 아름다운 직분"이 있으니 곧 하늘 성막의 영원한 대제사장이시다. 그래서 논리적으로 그리스도는 "더 좋은 약속"에 기초한 "더 좋은 언약의 중보자"시다(8:6).

—8:7-13—

저자가 6절에 전개하는 논리는 탄탄하고 설득력이 있다.

그리스도는 사역과 인격에서 우월하시다.
그것은 그분의 직분이 옛 언약의 제사장직보다 우월하기 때문이다.
그것은 그분이 옛 언약보다 우월한 언약의 중보자시기 때문이다.
그것은 그분의 새 언약이 우월한 약속 위에 세워졌기 때문이다.

그런데 이 논증의 맨 마지막 주장에는 성경의 변호가 필요하다. 나머지 모든 것이 거기에 달려 있기 때문이다. 믿지 않는 유대인들은 이 편지의 첫 수신자인 유대인 그리스도인

성경에 나오는 여러 언약의 성질(히브리서 8:6-13)

성경의 첫 장부터 굳이 많은 양을 읽지 않더라도 알 수 있듯이 하나님은 자기 백성을 대하실 때 언약을 통해 하신다. 성경학자들은 하나님이 맺으시는 언약을 흔히 '조건적인' 것과 '무조건적인' 것으로 구분한다. 인간에게도 언약의 일부를 지킬 책임이 있는지 여부를 두고 하는 말이다.

예컨대 하나님이 노아에게 다시는 물로 세상을 멸하지 않겠다고 하신 약속은 **무조건적**이었다. 약속의 성취를 위해 하나님이 노아에게 요구하신 것이 없다(창 9:9-11). 반면 모세 율법의 언약은 명백히 **조건적**이었다. 하나님의 복을 받고 불순종으로 인한 저주를 면하려면 이스라엘 백성 쪽에서 모든 명령을 지킬 의무가 있었다(출 24:7). 또 아브라함 언약은 약속의 의무를 하나님이 홀로 지셨으므로 **무조건적**이었지만(창 15:12-18), 아브라함의 후손이 그 언약의 복을 누리려면 각 세대마다 그대로 신뢰하고 순종해야 했다(신 28장, 참조. 창 26:4-5).

노아 홍수 이후로 하나님이 인간과 맺으신 언약의 역사를 쭉 훑어보면 알겠지만, 모든 언약은 예수 그리스도를 통한 궁극적 성취와 새 언약 쪽으로 발전되어나간다. 하나님은 노아 언약에서 다시는 홍수로 세상을 멸하지 않겠다고 약속하셨는데(창 9:8-17), 이는 인류를 물리적으로 보전하여 그중 택하신 무리를 영적으로 구원하시기 위함이었다. 하나님은 나중에 아브라함에게 그의 후손을 별보다 많게 하시고 약속의 땅을 주시며 그를 통해 모든 민족에게 복을 주시겠다고 언약하셨다(창 12:1-3). 이스라엘 백성은 모세의 지도 아래 시내산에서 하나님의 율법에 순종하기로 약속하여 그분이 규정하신 언약의 조건에 동의했다(출 24:3). 이런 한시적인 율법 제도 덕분에 이스라엘은 아브라함 언약이 성취될 때까지 한 민족으로 보존될 수 있었다. 하나님이 다윗과 맺으신 언약은 아브라함 언약에 더 부연하여 아브라함에게 약속된 복이 다윗 왕가를 매개로 실현될 것을 구체화했다(삼하 7:12, 16, 22:51). 그러다 마침내 "더 좋은 약속"의 중보자(6절)이신 예수 그리스도가 오셨고, 하나님이 약속하신 모든 언약은 결국 그분을 통해 성취된다(참조. 눅 22:20).

들을 아마 계속 회유했을 것이다. 전자의 무리는 랍비들의 가르침을 전적으로 지지했고, 모세 언약—제사와 제사장직도 포함하여—을 수호하는 데 뜨겁게 헌신했다. 이 제도에 조금이라도 이의를 제기하는 사람은 비난과 공격의 대상이 되었을 것이다. 따라서 메시아가 오심으로 언약이 바뀌었고, 이 새 언약이 옛 언약보다 우월하다고 주장하려면, 저자는 성경으로 탄탄하게 뒷받침하여 자신의 요지를 입증해야 했을 것이다.

그래서 그는 예레미야 31장 31-34절을 장황하게 인용하는데, 취지는 모세 언약이 불완전해서 무흠한 새 언약으로 대체되어야 했음을 구약 성경 자체로 입증하는 데 있다(히 8:7). 문맥상 "무흠하"다는 단어—새 언약에만 적용된다—는 옛 언약이 나빴다는 것이 아니라 불충분했다는 뜻이다. 옛 언약은 영원한 구원이나 온전한 의를 이룰 수 없었다. 본연의 역할을 하기에만 충분했으니 곧 인간의 죄성에 대한 기준이 되어 죄를 환기시키고(롬 7:7, 히 10:3) 메시아가 오실 때까지 하나님의 백성 가운데에 악을 저지하는 역할이었다(갈 3:19). 그러나 영원한 의를 이루는 수단으로서는 불충분했다. 이스라엘과 유다에 주어질 새 언약은 출애굽 이후 시내산에서 체결된 옛 언약과 같지 않다(히 8:8-9). 과연 우월한 언약이 되려면 그토록 쉽게 번번이 어겨졌던 모세 언약과는 달라야 했다.

저자가 10-12절에 인용한 예레미야 31장에 따르면 새 언약은 적어도 네 가지 측면에서 옛 언약보다 우월하며, 이로써 옛 언약과 그에 따른 율법과 제사장직과 성막과 제사는 낡은 것이 된다.

첫째, 새 언약은 외적인 규정 대신 내적인 동기와 능력을 준다(8:10). 옛 언약의 수많은 계명과 규례와 법도는 중생하지 못하여 마음이 완고한 백성에게 주어졌다. 그들은 좋든 싫든 언약의 규정을 지킬 의무가 있었다. 순종의 동기는 순종하면 상을 받고 불순종하면 벌을 받는다는 외적인 결과에 있었다(신 28장). 이와는 전혀 대조적으로 새 언약에는 내적인 변화가 수반되어 법이 사람들의 마음에 기록된다. 심판이 두려워서가 아니라 믿음과 사랑의 결과로 하나님과 그분의 뜻에 복종한다.

둘째, 새 언약의 기초는 두려운 거리감 대신 친밀한 관계에 있다(8:10). 하나님은 이스라엘 백성에게 계명과 규례와 법도를 주실 때 멀리 떨어진 데서—시내산에서, 모세를 통해, 돌판 위에, 제사장과 선지자의 입을 거쳐—주셨다. 전체적으로 그 백성은 옛 언약의 제도 내에서 끊임없이 불순종했기 때문에 하나님과 더불어 부자간의 친밀한 관계를 누리지 못했다. 반면 새 언약에는 서로 친밀하게 교제하는 새로운 관계가 수반되는데, 이는 "사람이 자기의 친구와 이야기함같이" 모세가 하나님을 "대면"했다고 표현된 독특한 관계와 더 비슷하다(출 33:11).

셋째, 새 언약은 불안과 불확실 대신 담대함과 확신을 준다(8:11). 옛 언약의 제도에서 이스라엘 백성의 일부는 구원의 의미에서 주님을 아버지와 친구로 친밀하게 인격적으로 알았으나 나머지는 그분을 죄지을 때 치시는 재판장과 입법자로만 알았다. 다시 말해 옛 언약의 공동체에는 신자와 비신자가 섞여 있었다. 외적인 표인 할례는 모두가 받았으나 "마음에 할례를"(신 10:16, 렘 4:4) 행한 사람은 일부에 그쳤다. 반면 새 언약의 공동체에는 사람들이 외적인 표인 할례를 통해서가 아니라 내면의 변화인 중생을 통해 들어간다. 공동체의 각 구성원이 하나님과의 관계를 확신하며 그분을 친밀하게 알고 참으로 사랑할 수 있다는 뜻이다. 덕분에 구원의 확신을 품고 하나님의 집에 자신의 자리가 있음에 안심할 수 있다. 그 집에서는 모두가 형제자매이며 하늘에 한 아버지가 계시다.

끝으로, 새 언약은 실패와 죄 대신 용서와 자비를 강조한다(8:12). 불의와 죄가-제사 제도만 아니라면-부정한 죄인을 거룩하고 완전하신 하나님과 갈라놓았으므로 영원한 관계는 요원했다. 옛 언약 아래에 있던 이스라엘의 역사를 읽어보면 일보 전진에 이보 후퇴는 그나마 낫고 아예 이보 전진 후의 실족과 추락처럼 보인다! 반면 새 언약은 하나님의 사람들의 죄와 죄책을 단번에 영원히 말소한다. 그리스도가 이루신 일을 통해 자비와 은혜를 받으며 죄는 다시 기억되지 않는다.

새 언약이 옛 언약보다 우월하다는 이 모든 확연한 증거에서 분명하고 설득력 있는 메시지가 나온다. 즉 새 언약은 옛 언약을 "낡아지게" 한다(8:13). 히브리서가 기록될 당시에도 제사장직과 제사 제도는 아직 시행 중이었으나, 메시아가 오심으로써 새 언약이 도래했기 때문에 옛 언약은 "쇠하"여 "없어져 가는" 중이었다. 그러다 AD 70년의 유대인 봉기 때 로마 군대가 성전을 파괴하고 제사를 폐함으로써 옛 언약은 아주 극적이고 난폭한 방식으로 말 그대로 사라졌다.[39]

적용: 히브리서 8:1-13

새 언약의 기쁜 소식

우월한 새 언약의 기쁜 소식은 율법으로 우리의 죄성을 드러내는 옛 언약의 나쁜 소식과 극명한 대조를 이룬다. 나쁜 소식은 우리 각자가 삶을 망쳐서 하나님의 영광에 이르지 못한다는 것이다(롬 3:23). 율법은 거울처럼 우리 죄를 드러내지만 정죄할 뿐이지 정화할 수는 없다. 더 좋은 언약의 중보자이신 예수님만이 율법으로 드러난 죄의 얼룩을 제거하실 수 있다. 이는 새 언약의 강력하고 우월한 은혜와 자비이며 율법 조문으로는 결코 불가능한 일이다. 새 언약이 옛 언약보다 우월한 네 가지 측면을 다시 한 번 보면서 이 놀라운 진리가 우리 각자에게 개인적으로 어떻게 적용되는지 알아보자.

첫째, 새 언약이 동기와 능력을 주기에 우리는 내주하시는 하나님의 영이 우리의 연약함과 부족함을 뛰어넘으실 것을 확신할 수 있다. 그분을 신뢰하고 순종하는 삶이 우리 육신의 힘으로 되지 않음을 우리는 기억한다. 하나님이 우리 안에 역사하여 우리의 소원을 빚으시고 그분의 뜻을 이루게 하신다(빌 2:12-13). 하나님은 우리에게 마지못해 웃으며 건성으로 순종을 쥐어짜내라고 하시는 것이 아니라 내주하시는 성령을 통해 친히 영적 열매를 맺으신다. 바로 "사랑과 희락과 화평과 오래 참음과 자비와 양선과 충성과 온유와 절제"의 열매다(갈 5:22-23). 우리는 변화된 마음으로 그분을 사랑하고 순종하여 그분께 영광과 존귀와 감사를 올려드린다.

둘째, 새 언약의 기초가 그분과의 친밀한 관계이기에 우리는 하나님을 하늘 아버지로 받아들이고 늘 곁에 있는 친구이신 그분과 교제할 수 있다. 하나님이 무서워서 그분께 거리를 둔 적이 있다면 그분이 당신의 아버지시고 당신은 그분의 자녀임을 잊지 말라. 우리가 비틀거리다 넘어질 때도 그분은 우리를 날개 안에 품어 회복시키시고 양육하시며 보호해주신다. 아버지로서 바로잡아 징계하실 수는 있으나 우리를 치지는 않으신다. 친구로서 격려하고 위로하실 뿐 결코 우리를 파멸에 빠뜨리거나 버리지 않으신다.

셋째, 새 언약이 담대함과 확신을 주기에 우리는 구원의 확신에 대한 의심을 버릴 수 있다. 그분의 집에 내 자리가 없을지도 모른다는 불안을 떨칠 수 있다. 자신에게 그분의 자녀가 될 자격이 충분한지 의심스러워 무릎이 떨린 적이 있다면 이제 그러지 말라. 우리 중 누구도 자격이 없으나 그분이 우리를 초대하여 영원히 그분의 집에 들이셨다. 그 근거는 우리의 자격이 아니라 아들 예수님의 자격이다. 우리는 하나님의 집에 손님이 아니라 영원한 가족이며 그분의 나라에 관광객이 아니라 왕이신 그리스도와 함께한 상속자다(롬 8:16-17).

끝으로, 새 언약이 용서와 자비를 강조하기에 우리는 용서와 자비가 필요할 때마다 하나님을 의지할 수 있다. 당신이 죄책감의 감옥에 갇혀 있다면 하나님이 약속하신 용서가 해방의 열쇠다. 죄짓고 회개하기를 반복하는 기복에서 헤어나지 못하고 있다면 하나님의 자비가 늘 곁에서 당신을 일으켜 견고한 땅에 세워주시는 것을 잊지 말라. 덕분에 당신은 계속 자원하여 유혹과 죄에 맞서 싸울 수 있다. 자비란 우리가 받아 마땅한 벌을 하나님이 거두신다는 뜻이다. 용서란 죄의 결과와 죄책에서 그분이 우리를 해방시키신다는 뜻이다. 은혜란 우리가 받을 자격이 없는 것을 그분이 주신다는 뜻이다. 지금 누리는 모든 영적인 복과 영원히 그분과 함께 산다는 약속이 다 은혜다.

양심을 깨끗하게 하는 피(히브리서 9:1-14)

1첫 언약에도 섬기는 예법과 세상에 속한 성소가 있더라 2예비한 첫 장막이 있고 그 안에 등잔대와 상
과 진설병이 있으니 이는 성소라 일컫고 3또 둘째 휘장 뒤에 있는 장막을 지성소라 일컫나니 4금 향
로와 사면을 금으로 싼 언약궤가 있고 그 안에 만나를 담은 금 항아리와 아론의 싹난 지팡이와 언약
의 돌판들이 있고 5그 위에 속죄소를 덮는 영광의 그룹들이 있으니 이것들에 관하여는 이제 낱낱이
말할 수 없노라

6이 모든 것을 이같이 예비하였으니 제사장들이 항상 첫 장막에 들어가 섬기는 예식을 행하고
7오직 둘째 장막은 대제사장이 홀로 일 년에 한 번 들어가되 자기와 백성의 허물을 위하여 드리는 피
없이는 아니하나니 8성령이 이로써 보이신 것은 첫 장막이 서 있을 동안에는 성소에 들어가는 길이
아직 나타나지 아니한 것이라 9이 장막은 현재까지의 비유니 이에 따라 드리는 예물과 제사는 섬기는
자를 그 양심상 온전하게 할 수 없나니 10이런 것은 먹고 마시는 것과 여러 가지 씻는 것과 함께 육체
의 예법일 뿐이며 개혁할 때까지 맡겨 둔 것이니라

11그리스도께서는 장래 좋은 일의 대제사장으로 오사 손으로 짓지 아니한 것 곧 이 창조에 속하지
아니한 더 크고 온전한 장막으로 말미암아 12염소와 송아지의 피로 하지 아니하고 오직 자기의 피로
영원한 속죄를 이루사 단번에 성소에 들어가셨느니라 13염소와 황소의 피와 및 암송아지의 재를 부정
한 자에게 뿌려 그 육체를 정결하게 하여 거룩하게 하거든 14하물며 영원하신 성령으로 말미암아 흠
없는 자기를 하나님께 드린 그리스도의 피가 어찌 너희 양심을 죽은 행실에서 깨끗하게 하고 살아 계

신 하나님을 섬기게 하지 못하겠느냐

저자는 히브리서 전반에 걸쳐 그리스도의 인격과 사역이 구약의 제사장과 그들의 사역보다 우월함을 성경으로 힘써 논증한다. 앞서 8장에도 땅의 성막과 그 한시적 사역을 간략히 언급하면서(8:4-5) 하늘의 참 성막에서 행하시는 예수님의 대제사장 사역이 그보다 우월함을 역설한 바 있다.

이번 9장에서 그는 구약의 성막 장면으로 다시 돌아가 우리의 생각을 그리스도의 탁월한 인격과 사역 쪽으로 인도한다. 성막에서 드려지던 외적이고 육적인 예배가 내적이고 영적인 사역인 그리스도의 희생과 대비되는데, 전자의 제사와 정결 의식은 몸밖에 깨끗하게 할 수 없지만, 후자는 내면의 양심까지 능히 깨끗하게 한다. 물리적 성막의 기구와 제사장의 사역이 자세히 언급되기는 하지만 저자의 주목적은 영적인 데 있다. 즉 외적이고 가시적인 요소에서 내적이고 영적인 마음의 문제로 주의를 돌린다.

하지만 우리는 눈으로 보고 손으로 만지고 몸으로 경험할 수 있는 외면에 함몰되기가 얼마나 쉬운가. 또 우리 몸 안에 감정과 사고와 충동이 복잡하게 얽혀 있음도 잊기 쉬운데, 이 모두와 맞물려 있는 양심은 우리에게 옳은 행실을 독려하고 혹시 잘못했을 때는 벌할 수 있는 강력한 내면의 '목소리'다. 그러나 양심이라고 무조건 확실한 것은 아니다. 양심도 손상되고 무디어질 수 있으며, 그러면 악이 좋게 느껴지기도 하고 아무 잘못이 없어도 죄책감이 들기도 한다.

서신의 첫 수신자인 유대인 그리스도인의 문제점은 내면의 영적인 사안인 양심을 외면의 육적인 형태의 예배로 해결하려 했다는 것이다. 후자는 본래 속사람을 깨끗하게 하지 못하므로 부질없는 노력이었다. 그런 외형의 시대는 하나님의 구원 계획에서 중간 단계에 해당하며 미래의 개혁을 지향했다. 인간의 외면뿐 아니라 더 중요하게 내면의 양심까지 해결될 그때를 말이다.

—9:1-10—

저자는 이번 본문에 성막 기구의 배열(9:1-5)과 거기서 이루어지던 예배의 규정(9:6-10)을 약술한다. 그러나 성막 시설을 구석구석 다 둘러보지는 않는다. 실제로 그는 "이것들에 관하여는 이제 낱낱이 말할 수 없노라"(9:5)고 썼다. 다시 말해 그는 세부적인 설명을 하려는 것은 아니었다. 따라서 우리도 세부로 빠지지 않고 성막의 기구와 기능을 대략만 논할 것이다.

성막은 광야를 방황하던 기간에 레위인들이 지고 다니던 천막이었다. 어디선가 이동이 멎으면 제사장들이 천막 부품을 조립하여 이동식 예배 처소를 세웠다(참조. 출 25-31장, 35-40장). 이 한시적 건물 안에는 제사와 의식을 수행하는 데 필요한 여러 예배 기구가 설치되었는데, 모두 옛 언약의 제사 예법에 따라 하나님이 지시하신 대로였다(히 9:1).

도식에서 보듯이 성막에는 세 가지 주요 부위가 있었다.

첫째, 안뜰은 성막의 울타리 안에서 가장 외곽에 있던 큰 뜰로 성막과 이스라엘 백성의 진영을 분리하던 곳이자 제사장들이 직무를 수행하던 공간이었다(출 27:9-19). 안뜰에 놓인 놋제단(또는 번제단)은 주님께 각종 제사를 드리는 데 쓰였고(출 27:1-8, 레 1-7장), 그 제단과 성막 사이에 놓인 놋 물두멍은 성막의 실내에 들어가기 전 정결 의식을 수행하기 위한 용도였다.

둘째, 성소는 물두멍 뒤쪽의 두꺼운 휘장 안이었다. 제사장들이 휘장을 지나 성소에 들어가면 각각 왼쪽과 오른쪽에 금촛대와 진설병(또는 '임재의 떡', '거룩한 떡') 상이 마주보고 놓

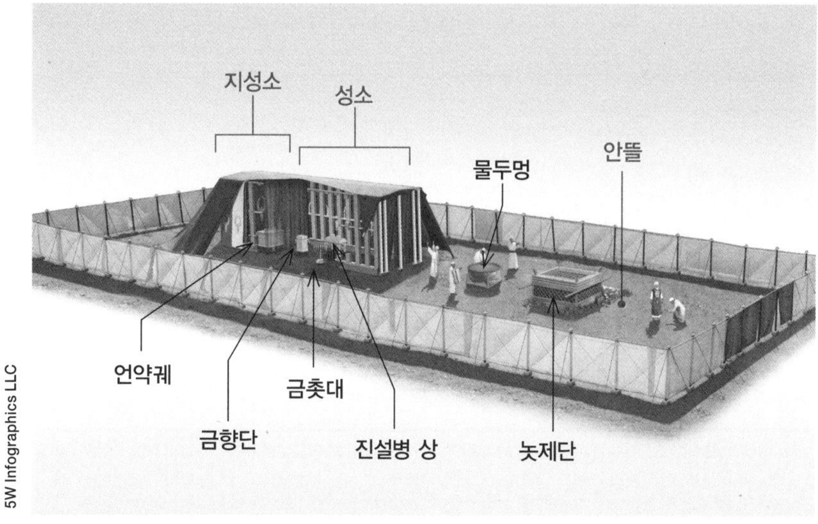

이 그림과 같이 성막은 안뜰, 성소, 지성소라는 세 가지 주요 부위로 이루어져 있었다.

여 있었다(9:2, 출 25:23-40). 본래 분향단의 자리는 성소 맨 안쪽에 지성소를 가린 휘장 바로 앞이었다. 그런데 히브리서 저자에 따르면 속죄일에는 분향단이 지성소 안쪽에 놓였던 것 같다.

출애굽기 30장 6절과 레위기 16장 12-18절에 분향단의 자리가 성소로 되어 있는데 본문 3-4절에는 가장 안쪽인 "지성소"에 속해 있다. 이 외관상의 모순이 고금의 주석가들을 궁지에 빠뜨렸다. 그러나 저자의 취지는 기구에 대한 아주 세부적인 설명이 아니라(9:5) 주로 속죄일과 관련하여(9:7) 예배 기구의 배열을 약술하는 데 있었다. 그런 면에서 저자가 금향단을 지성소와 연관시킨 것은 옳은 일이다. 다음은 앨런의 설명이다.

> 4절에 "있고"로 번역된 분사 에쿠사(*echousa*, 2192)는 위치보다 용도를 가리키며 따라서 "[지성소와] 연관되고"로 옮기는 것이 좋다. 이 견해는 분향단이 두 가지 면에서 지성소와 밀접하게 연관되어 있었기 때문에 설득력이 있다. 우선 분향단의 위치가 휘장 바로 앞이었고, 또 속죄일에 대제사장이 분향단의 향을 지성소 안으로 가지고 들어갔다.[40]

마찬가지로 거스리도 "분향단을 그 자리에 둔 것은 향이 타는 연기가 휘장 안으로 들어가 언약궤 앞 하나님께 상달되어야 했기 때문이다"고 말했다.[41] 그런가 하면 속죄일에 대제사장이 지성소의 휘장을 당분간 분향단까지 아우르도록 둘러쳐서, 의식을 행하는 동안 지성소에 연기가 가득하게 했을 가능성도 있다. 그 경우라면 분향단이 실제로 언약궤와 함께 휘장 안쪽에 놓인다.

셋째, 지성소는 둘째 휘장 뒤의 작은 공간으로 그 안에 언약궤가 있었고, 언약궤 안에는 십계명의 원래 돌판, 아론의 지팡이, 광야의 만나를 담은 금 항아리가 들어 있었다(9:4-5, 출 25:10-22). 금향로(9:4), 즉 분향단은 위치가 어디였든 간에 언약궤 위에 임하시는 하나님의 영광(9:5)을 자욱한 연기로 덮는 데 쓰였다.

1-5절에 무대를 설치하고 소품을 배열한 저자는 이제 6-10절에 성막 예배의 주역인 제사장들과 특히 대제사장(9:7)에게 주의를 집중시킨다. 제사장들은 순번대로 성소에서 제사를 드리고 예물을 바치고 의식을 거드는 등 매일 다양한 직무를 수행했으나(9:6) 휘장을

걷고 지성소에 들어가도 되는 사람은 대제사장뿐이었고, 그것도 일 년에 한 번 큰 속죄일에 특별한 의식을 행할 때에 한했다(9:7, 레 16:1–34). 매년 드려진 이 피 제사는 "자기와 백성의 허물을 위"한 것이었다(9:7).

하나님은 성막의 예배 제도 전반을 공들여 자세히 규정하셨다. 그러나 이런 의식은 겉사람에게 해당되었을 뿐이며 유형의 물품과 육체의 행동을 중심으로 이루어졌다. 이런 예물과 제사는 "먹고 마시는 것과 여러 가지 씻는 것과 함께 육체의 예법일 뿐"이었다(9:10). 그래도 예언의 성령으로 말미암아 이런 한시적이고 물리적인 예배 형태는 "개혁할 때"를 상징적으로 예고하도록 되어 있었다(9:10). 외형적 성막이 허물어져 하나님이 거하시는 지성소에 들어갈 길이 열리지 않는 한 아무도 지속적인 제사와 인간 대제사장 없이는 하나님께 나아갈 수 없었다(9:8).

1세기의 히브리서 독자들은 예루살렘의 물리적 성전에서 행해지던 고도의 형식화된 예배, 즉 제사장직과 제사, 씻음과 분향, 등잔대와 거룩한 떡 등으로 돌아가려 했다. 내면의 해방을 외적인 의식에서 찾으려 한 것이다. 그러나 저자는 외부 활동을 아무리 완벽하게 수행해도 그것으로는 죄지은 양심을 깨끗하게 할 수 없다고 역설한다.

"속사람"과 "겉사람"(히브리서 9:13–14)

성경은 인간에게 물리적이고 가시적인 요소와 무형적이고 비가시적인 요소가 공존한다고 가르친다. 이 둘을 각각 "겉사람"과 "속사람"이라 칭할 수 있다. 이는 처음부터 인간에 대한 성경의 일관된 가르침이다. "여호와 하나님이 땅의 흙으로 사람을 지으시고[육적 요소] 생기를 그 코에 불어넣으시니[영적 요소] 사람이 생령이 되니라[육과 영을 겸비한 전인적 존재]"(창 2:7).

우리 인격을 이렇게 두 요소로 구분하는 현상은 성경 전체에 나타난다. 사무엘상 16장 7절에 하나님은 "내가 보는 것은 사람과 같지 아니하니 사람은 외모를 보거니와 나 여호와는 중심을 보느니라"고 말씀하셨다. 바울도 "우리의 겉사람은 낡아지나 우리의 속사람은 날로 새로워지도다"(고후 4:16)라고 썼다. 몸은 죽으면 땅으로 돌아가 있다가 장차 그리스도가 재림하실 때 부활하지만(살전 4:13–16), 우리의 무형적 요소는 어떤 식으로든 계속 존재한다. 그래서 바울은 "몸을 떠나"면 곧 "주와 함께 있는" 것이라고 가르쳤다(고후 5:8).

요컨대 우리는 대다수 무신론자의 입장처럼 순전히 물질적 존재가 아니다. 그렇다고 많은 극동 종교나 뉴에이지나 영지주의의 입장처럼 소위 물리적 몸에 '갇힌' 본질상 영적 존재도 아니다. 신학자들의 표현대로 우리는 '영육'의 연합체다. 영혼과 육체, 내면과 외면, 비가시적 요소와 가시적 요소가 통합되어 있다.

—9:11-14—

시대는 변했으나 인간의 본성은 변하지 않았다. 나도 오랜 세월 사역하면서 보았지만 히브리서 수신자들의 특징이었던 그 똑같은 사고방식이 많은 교회에 스며들어 허다한 그리스도인의 삶을 변질시킨다. 불편한 양심을 달래거나 자신의 가치에 대한 의심을 덜거나 너무도 많았던 과실을 보충하려고 사람들은 은혜를 등지고 율법주의의 삶을 받아들인다. 1세기의 히브리서 독자들도 그런 죄를 지었다. 확실한 습관이나 특정한 종교 의식으로 돌아갈 수만 있다면 어떻게든 영혼의 안식과 양심의 해방을 얻을 수 있다고 생각했을 것이다. 알다시피 그들은 이미 듣는 것이 둔해졌고(5:11) 영적 성장이 멎어 있었다(5:12). 특히 이렇게 영적으로 침체되어 있을 때면 율법주의의 물살이 우리를 엉뚱한 종교적 구습으로 흘러 떠내려가게 할 수 있다.

다행히 저자는 "그러나 그리스도께서는"(9:11, 헬라어 원문과 저자가 사용하는 NASB에 "그러나"가 있다-역주)이라는 중요한 한마디로 그런 사고에 종지부를 찍는다. 이 단순한 대조로 저자는 외면에서 내면으로, 의식에서 의로, 불완전한 제사장들에게서 완전하신 대제사장께로 초점을 돌린다. 그가 역설했듯이 인간은 영과 육이 합해진 피조물인지라 본질상 내면의 영적인 문제-마음의 죄성-를 외면의 육적인 방법으로는 치료할 수 없다. 예수 그리스도만이 이 문제를 해결하실 수 있다.

우리 죄 때문에 죽으셨고 죽음을 이기고 부활하여 승천하신 예수님은 한시적 상징인 제사 제도를 그것이 늘 가리켜온 영원한 실체로 대체하셨다. 그분의 성막은 "더 크고 온전한 장막"(9:11)이며 망치로 조립하거나 사람의 손으로 짠 것이 아니라 하나님이 친히 하늘에 지으셨다(9:12). 그분이 드리신 속죄제물은 끝없이 도살되던 또 하나의 동물이 아니었으니 동물의 피로는 결코 영혼을 영원히 깨끗하게 할 수 없었다. 그분은 자신의 피를 "단번에" 드려 우리의 "영원한 속죄"를 이루셨다(9:12).

물론 옛 언약의 제사 제도에도 그 나름의 때와 장소와 특수한 목적이 있었다. 메시아가 오실 때까지 이스라엘 민족을 위해 세워진 그 제도 덕분에 그들은 늘 자신들이 지은 죄의 실상과 구원의 필요성에 초점을 맞출 수 있었다. 그러나 동물 제사를 통해 이루어지는 씻음은 "육체를 정결하게 하"는 의식에 불과했다(9:13). 그리스도는 우리의 대제사장으로서 우월하시다. 그분은 성령의 능력으로 아버지께 자신을 드리셨다. 한없이 귀중한 그분의 피는 무한한 능력이 있어 내면의 양심을 "죽은 행실에서" 깨끗하게 하여 우리로 하여금 하나님을 섬기게 한다(9:14).

적용: 히브리서 9:1–14
양심의 개혁

눈에 보이는 가시적 물체가 흔히 양심의 죄를 달래기 위해 바르는 인위적 연고로 쓰인다. 그런 방식에 중독되기가 얼마나 쉬운가! 쓰라린 죄책감과 무거운 죄로 고생하는 많은 사람이 종교 의식에 의지하는데, 이는 금방 선을 넘어 노골적 미신으로 변할 수 있다. 그들은 성화(聖畵), 기독교 음악, 예술품, '신성한' 사람이나 장소나 물건 등에 둘러싸여 있으면 불안한 양심의 뿌리 깊은 고통이 마법처럼 퇴치될 줄로 믿는다. 새삼스러운 현상이 아니다. 민수기 21장 4–9절에서 하나님은 놋뱀을 통해 기적적인 치유를 베푸셨는데, 그로부터 8백 년 후에도 이스라엘 백성은 아무것도 아닌 그 놋 조각을 모셔놓고 거기에 분향했다(왕하 18:1–4). 한때 유의미했던 상징물을 마법의 부적으로 써먹은 것이다.

비슷하게 우리도 스테인드글라스 창, 금박 입힌 십자가, 가죽 성경책, 그리스도인의 특정한 생활방식, 심지어 존경하는 목사 등 각자의 종교적 상징물에 신비한 마법의 의미를 부여할 수 있다! 상징물이나 예술품이나 지혜로운 그리스도인 멘토가 잘못된 것은 아니지만, 활동과 외면에 집착하면 유일하게 우리 양심을 깨끗하게 하실 수 있는 분에게서 시선이 빗나갈 수 있다. 때문에 양심의 진정한 개혁 쪽으로 우리의 주의를 돌려줄 두 가지 지침을 제안하고자 한다.

첫째, 외면을 지나치게 강조하지 말아야 한다. 외면을 무시해야 한다는 말이 아니다. 어차피 우리는 물질세계에 살도록 지어진 육체적 존재다. 그러나 세상이 지나치게 감각적이어서 무엇이든 보고 만지고 맛보고 경험해야 된다는 식이다 보니 중심 추가 외면과 내면의 적절한 균형을 훌쩍 벗어나버렸다. 우리가 이를 되돌려놓아야 한다. 의례적인 종교를 덜 강조하고, 그저 시늉만 내는 행위를 그만두며, 자꾸 늘어나 삶을 과도히 어지럽히는 허울뿐인 종교적 쓰레기를 삼가야 한다. 잔뜩 어질러진 기독교의 목발만 치워도 본질적인 2단계로 나아갈 수 있다.

둘째, 내면에 다시 집중해야 한다. 그림자인 상징물을 넘어 그것이 가리키는 실체를 보라. 영성 훈련의 수단인 찬송가와 복음성가, 매일의 말씀 묵상, 매주의 설교도 다 그 자체가 목표로 변할 수 있다. 수단을 활용하여 실체로 나아가라. 하나님처럼 내면을 중시하라(삼상 16:7). 그리스도께로 시선을 돌려 그분을 바라보라(히 12:2). 그렇게 하면 그분을 위한 열정적인 활동조차도 그분과 함께하는 풍성한 교제 앞에 희미해진다. 그분께 나아가면—정말 다가가면—그 순간 정화가 이미 시작된다.

영육 간에 양심의 개혁이 이루어진다.

피로 서명하고 인봉하여 송달된 언약(히브리서 9:15-28)

15이로 말미암아 그는 새 언약의 중보자시니 이는 첫 언약 때에 범한 죄에서 속량하려고 죽으사 부르
심을 입은 자로 하여금 영원한 기업의 약속을 얻게 하려 하심이라 16유언은 유언한 자가 죽어야 되나
니 17유언은 그 사람이 죽은 후에야 유효한즉 유언한 자가 살아 있는 동안에는 효력이 없느니라 18이
러므로 첫 언약도 피 없이 세운 것이 아니니 19모세가 율법대로 모든 계명을 온 백성에게 말한 후에
송아지와 염소의 피 및 물과 붉은 양털과 우슬초를 취하여 그 두루마리와 온 백성에게 뿌리며 20이르
되 이는 하나님이 너희에게 명하신 언약의 피라 하고 21또한 이와 같이 피를 장막과 섬기는 일에 쓰는
모든 그릇에 뿌렸느니라 22율법을 따라 거의 모든 물건이 피로써 정결하게 되나니 피흘림이 없은즉
사함이 없느니라

23그러므로 하늘에 있는 것들의 모형은 이런 것들로써 정결하게 할 필요가 있었으나 하늘에 있는
그것들은 이런 것들보다 더 좋은 제물로 할지니라 24그리스도께서는 참 것의 그림자인 손으로 만든
성소에 들어가지 아니하시고 바로 그 하늘에 들어가사 이제 우리를 위하여 하나님 앞에 나타나시고
25대제사장이 해마다 다른 것의 피로써 성소에 들어가는 것 같이 자주 자기를 드리려고 아니하실지니
26그리하면 그가 세상을 창조한 때부터 자주 고난을 받았어야 할 것이로되 이제 자기를 단번에 제물
로 드려 죄를 없이 하시려고 세상 끝에 나타나셨느니라 27한번 죽는 것은 사람에게 정해진 것이요 그
후에는 심판이 있으리니 28이와 같이 그리스도도 많은 사람의 죄를 담당하시려고 단번에 드리신 바
되셨고 구원에 이르게 하기 위하여 죄와 상관 없이 자기를 바라는 자들에게 두 번째 나타나시리라

온 인류는 깊고 캄캄한 바위틈에 빠져 있어 거기서 올라오기란 불가능하다. 죄와 사망으로 얼룩진 이 균열은 아담 때부터 쭉 우리에게 죄책감과 절망감만 안겨주었다. 그동안 많은

사람이 인간의 종교, 개인의 경건, 도덕 철학 같은 부질없는 인간적 수단을 통해 다시 환한 데로 기어오르려 해보았지만 모두 허사였다. 타락한 상태에 대응하고자 어둠의 한복판에 자신의 알량한 등불을 켠 이들도 있다. 그러면서 그들은 바위틈이 별로 캄캄하거나 깊지 않다고, 또는 인류가 사실은 자연 진화를 통해 심연에서 헤어나는 중이며 언젠가는 환한 데로 나올 거라고, 또는 죄와 죽음과 타락에 대한 말이 몽땅 다 환상에 불과하다고 생각할 수 있다. 하지만 바위틈은 그대로다. 사람은 누구나 자신의 현 상태가 본연의 수준이 아님을 직관적으로 안다. 본래 삶이 이보다 나아야 하는데 무언가 결핍되거나 상실된 상태임을 마음 깊이 안다.

이 타락한 상태의 한복판에 율법이 주어졌다. 모세가 서명하고 인봉하여 송달한 율법을 구약의 수많은 선지자가 확증했다. 하나님이 모세와 이스라엘 백성에게 주신 율법은 우리의 죄성과 유죄 상태를 똑똑히 지적한다. 우리가 얼마나 높은 데서 곤두박질쳤는지가 율법에 나와 있다. 율법은 우리 안에 절망감을 심어주면서 누군가 또는 무언가 우리를 이 상태에서 끌어올려야 할 필요성을 절감하게 한다. 하지만 율법은 구덩이에서 빠져나올 영구적 해법을 제시하지는 못한다. 실제로 이는 어떤 계율이나 규정으로도 불가능한 일이다. 율법이 할 수 있는 일이라고는 우리의 상태를 환기시키고, 더 큰 소망을 가리켜 보이며, 비좁고 캄캄하게 갇힌 상태에 한시적 해법을 제시하는 것뿐이다.

히브리서 9장에 보듯이 우리를 죄와 죄책의 구덩이에서 구원하는 데 필요한 것은 바로 그리스도의 피다. 대망의 메시아가 오심으로써 영원한 구원의 방법이 드러났다. 율법이 결코 하지 못하는 일을 그분이 하셨다. 그분은 어둠 속으로 내려가시되 부정한 우리를 정죄하신 것이 아니라 거기서 건져내셨다. 우리처럼 온전히 인간이 되셨으나 죄는 없으신 그분은 단번의 제물이 되어 우리 대신 피 흘려 죽으셨다. 이로써 하나님과 인류 사이에 전혀 새로운 구도 내지 '언약'이 도래했다. 새 언약은 당연히 옛 언약보다 훨씬 우월하다. 율법에 따른 옛 언약의 의식과 규정과 제사와 명령은 우리를 타락한 상태에서 구원의 빛 가운데로 끌어올릴 수 없다. 그런데 다름 아닌 예수 그리스도가 중보하신 새 언약은 피로 서명하고 인봉하여 송달되었다. 그것도 그냥 아무 피가 아니라 하나님의 흠 없는 어린양의 피니 곧 그분만이 세상 죄를 지고 가실 수 있다(요 1:29).

나머지 9장에 저자는 피라는 주제에 주의를 집중시킨다. 피를 매개로 옛 언약과 새 언약을 병치하여 그리스도가 우리의 우월하신 대제사장이심을 다시 한 번 예증한다. 우선 15-22절에는 새 언약의 그림자요 모형인 옛 언약 아래서 제사가 담당했던 중요한 역할이 기술된다. 이어 23-28절에는 모형인 옛 언약의 성취에 필수적 역할을 한 그리스도의 제사가 부각된다.

—9:15-22—

11-14절부터 저자는 옛 언약과 새 언약을 극명하게 대비했다. 옛 언약처럼 새 언약에도 피는 희생적 죽음의 생생한 상징으로 핵심 역할을 한다. 다만 염소와 황소의 피 제사가 아니라 "흠 없는 자기를 하나님께 드"려 우리 양심을 죽은 행실에서 깨끗하게 하시는 그리스도의 피다(9:14). "죽은 행실"이란 무엇인가? 물론 성령이 살리시지 않는 한 영적으로 죽어 있는 이들의 전형적 행실도 이에 해당하지만(엡 2:1-2), 결코 건강한 신앙생활을 낳지 못하는 스스로 의로워지려는 행위도 빼놓을 수 없다. 즉 의식과 규정과 계율은 본래 영생을 가져다주지 못한다.

15절에 저자가 분명히 밝혔듯이 나머지 9장의 전체 주제는 그리스도가 새 언약의 중보자시라는 것이다. 옛 언약의 방식으로는 치러질 수 없던 죗값이 그분의 죽음을 통해 치러졌으며, 그래서 새 언약에 참여하는 이들은 능히 영생을 기업으로 받는다(9:15).

저자는 당시 유대교 해석자들 사이에 통용되던 논법을 활용하여 헬라어 단어 "언약"의 두 가지 다른 의미로 논증을 전개한다. 하나는 성경의 의미고(145페이지의 "성경에 나오는 여러 언약의 성질"을 참조하라), 또 하나는 '유언'이라는 법적 의미다.[42] 사람의 유언이란 1세기나 오늘날이나 마찬가지여서 유언자가 살아 있는 한 조항의 효력이 발생하지 않아 상속자는 유산을 받지 못한다. 도널드 거스리는 언약과 그리스도에 관한 저자의 논증을 이렇게 설명했다. "유언은 유언자가 죽어야만 효력이 발생한다. 그래서 저자는 언약에서 그리스도의 죽음으로 인한 적용점을 하나 더 찾아낸다. 그분의 죽음으로 죄가 해결되었을 뿐 아니라 또한 긍정적 차원에서 언약의 영적 유익이 발효되었다."[43] 저자는 이 예를 통해 그리스도가 죽으셔야만 새 언약이 도래하여 하나님의 백성에게 영생이 상속될 수 있다는 법적 적합성을 증명했다(9:16-17).

이 예는 첫 언약에도 똑같이 적용된다. 다만 열등성이 확연히 드러날 뿐이다. 저자의 지적처럼 첫 언약도 "피 없이 세운 것이 아니"지만(9:18), 그 피는 하나님이자 인간이신 만물의 창조주요 구원자요 상속자의 피가 아니었다. 옛 언약은 송아지와 염소의 죽음을 통해 시행되었다. 동물의 피를 언약의 물리적 사본 위에 그리고 백성 위에 뿌렸는데 이는 죽음을 걸고 율법을 지켜야 한다는 의무의 표시였다(9:19-20, 참조. 출 24장).

옛 언약의 피는 사람에게만 아니라 성막과 예배 기구에도 뿌려졌다(9:21). 모세가 성막과 기구에 실제로 피를 뿌렸다는 기록은 성경에 없지만, 1세기 유대인 역사가 요세푸스의 글에 전승에서 비롯된 비슷한 개념이 나온다.

> 모세가 짐승을 죽인 피를 아론의 몸과 의복과 그 아들들에게 뿌리고 또 흐르는 물과 기름으로 정결하게 함으로써 그들은 하나님의 제사장이 되었다…그는 성막과 그에 딸린 각종 기명에도 똑같이 했다. 앞서 말했듯이 우선 향기름으로 하고 또 황소와 숫양의 피로 했다.[44]

히브리서 저자도 똑같은 구전 전승을 떠올렸을 수 있다. 또는 "뿌렸느니라"는 단어를 덜 직접적인 의미로, 즉 예배드리는 동안 제물의 피가 의복과 예배 기구와 성막에 어쩔 수 없이 튀었다는 의미로 썼을 수도 있다. 켄트 휴즈는 전자의 견해를 이렇게 잘 뒷받침했다.

> 언약의 체결은 영광스럽고도 선혈이 낭자한 사건이었다. 얼마 후 성막 예배가 처음 시작될 때도 마찬가지였다…체결되던 날 찬란한 성막과 그에 딸린 수놓은 휘장과 금 기명과 제사장의 의복에 다 피가 뚝뚝 떨어졌다.[45]

구약을 읽어본 사람이라면 누구나 저자의 다음 결론에 선뜻 동의할 것이다. "율법을 따라 거의 모든 물건이 피로써 정결하게 되나니 피 흘림이 없은즉 사함이 없느니라"(9:22). 정결 의식을 행하거나 무언가를 예배용으로 구별할 때는 피가 필수였다. 속죄에 피가 꼭 필요하다는 원리는 레위기 17장 11절에 분명히 요약되어 있는데, 구약의 제사에 대한 저자의 신학도 바로 거기에 기초했을 것이다. "육체의 생명은 피에 있음이라 내가 이 피를 너희에게 주어 제단에 뿌려 너희의 생명을 위하여 속죄하게 하였나니 생명이 피에 있으므로 피가 죄를 속하느니라."

본문 22절에 두 가지 중요한 신학적 개념이 깔려 있다. **첫째, 죄는 무서운 범과다.** 죄는 단지 실수나 경솔한 행동이나 판단 착오가 아니라 거룩하신 하나님을 대적하는 극악한 범행이다. 그분은 마땅히 우리의 절대적 순종을 받으셔야 할 분이다. **둘째, 속죄에는 대가가 따른다.** 하나님은 죄를 묵과하지 않으신다. 죄를 묵과하신다면 그분의 완전하고 거룩하신 성품에 어긋난다. 우리가 죄지을 때 그분은 그저 고개를 내두르며 "실수하는 게 인간이니까 어쩔 수 없군"이라고 말씀하지 않으신다. 죄가 거룩하신 하나님을 대적하는 끔찍한 범과이기에 속죄에도 그만한 대가가 따른다. 하나님의 창조세계에서 가장 값비싼 대가는 생명이고 동물의 생명은 피에 있다(레 17:11). 그래서 "피 흘림이 없은즉 사함이 없느니라"(9:22)가 당연해진다.

—9:23-28—

끝없이 이어지는 동물 제사에 늘 피가 강물같이 흘렀을 옛 언약의 제사 제도는 하나님의 백성이 고대하던 완전한 구원의 기쁜 소식이 될 수 없었다. 땅의 제사는 하늘의 진리를 예표했다는 데 참된 가치가 있었다(9:23). 즉 땅의 제사는 그 자체 너머의 더 완전하고 영원한 것을 가리켜 보였다.

저자는 24-26절에 세 가지를 강하게 대비한다. 첫째, 그리스도가 들어가신 곳은 손으로 만든 성소가 아니라 하늘 자체다(9:24). 여기서 강조되는 사실은 땅의 성막이 옛 언약에 속한 모형이며, 장차 실체로 실현될 새 언약의 예고편이었다는 것이다.

둘째, 그리스도는 여느 대제사장들처럼 제사를 자주 드리신 것이 아니라(9:25) 자신을 단번에 제물로 드리셨다. 하나님의 아들이신 이 속죄제물은 실제로 어찌나 효력이 뛰어난지 이로써 과거와 현재와 미래를 통틀어 모든 죗값이 깨끗이 치러졌다. 저자도 이를 암시하여 만일 그리스도의 단번의 죽음으로 부족했다면 그분이 "세상을 창조한 때부터 자주"(9:26) 죽으셔야 했을 것이라 지적했다. 그러나 이 죽음의 효력은 창조의 시작부터 종말의 때까지 인류사의 전 구간에 두루 미치기 때문에 그분의 고난은 단번으로 족했다.

셋째, 그리스도의 죽음은 옛 언약의 제사와 질적으로 달랐다. 후자는 죄의 얼룩이 남아 있어 계속 씻어야 했으므로 끝없이 반복될 수밖에 없었다. 옛 제도는 죄를 덮었다고 할 수 있지만, 그리스도의 피는 "죄를 없이"했다. "없이하"다로 번역된 헬라어 단어 아데테시스(*athetēsis*, 115)는 법조계에서 '무효화'라는 뜻으로 쓰였다.[46] 이 단원에서 또 하나 중요한 단어는 "단번에"라는 뜻의 하팍스(*hapax*, 530)로 그리스도의 속죄 사역과 관련하여 26절과 28절에 두 번 쓰였다. 이 단어는 그리스도의 희생이 끝없이 반복되지 않는다는 사실을 강조해준다. "이제 자기를 단번에 제물로 드려 죄를 없이하시려고 세상 끝에 나타나셨느니라"(9:26). 그리스도는 "많은 사람의 죄를 담당하시려고 단번에 드리신 바 되셨"다(9:28).

9장은 경고의 말로 마무리되는데 경고 대상은 그리스도의 인격과 사역의 우월성과 또 그로 인한 새 언약의 완결성을 무시하는 사람들이다. 인간은 한번 죽도록 정해져 있고 그 후에는 재기의 기회 없이 심판이 있다(9:27). 이 암시적 경고는 그리스도를 구주로 믿으려는 결단을 어리석게 미루는 이들이나 세상 쾌락을 탐닉하려고 복음을 무시하는 이들을 겨냥한 것이다. 반면에 그리스도를 믿는 신자들에게는 저자가 격려와 소망의 말로 이번 장을 맺는다. 장차 우리 구주는 "구원에 이르게 하기 위하여…두 번째 나타나"신다(9:28). 같은 맥락에서 바울도 "죽은 자들 가운데서 다시 살리신 그의 아들이 하늘로부터 강림하실 것을 너희가 어떻게 기다리는지를 말하니 이는 장래의 노하심에서 우리를 건지시는 예수시니라"(살전 1:10)고 썼다.

적용: 히브리서 9:15-28

내일 죽으리니 멈추어 신중히 생각하라

현대 쾌락주의 철학은 "내일 죽으리니 먹고 마시고 즐기자"라는 구호로 요약될 수 있다(참조. 전 8:15, 사 22:13, 고전 15:32). 일상적 표현으로 바꾸면 "욜로, 인생은 한 번뿐이다!"가 될 것이다. 그러나 이 철학의 고대 에피쿠로스 버전은 특히 죽음의 두려움에서 벗어난 정신적, 정서적 쾌락을 강조했다. 인간적 수단으로 평정을 얻으려는 현대 심리학의 인생관과 다르지 않다.[47]

히브리서의 '철학'은 도심의 화려한 쇼핑가나 학문의 상아탑에서 발원하는 위와 같은 철학과는 정반대다. 우리네 신념 체계의 기반이 육체적 방종이든 지식의 발전이든 심리적 건강이든, 저자는 우리 앞에 엄연한 현실과 엄중한 경고를 내놓는다. 내일 죽으리니 멈추어 신중히 생각하라!

성경이 삶을—또한 내세를—보는 관점은 다르다. 솔로몬이 깨달았듯이 삶에는 먹고 마시는 것 이상이 있고(전 2장), 죽음에는 무덤 이상이 있다. 무덤 너머에 우리의 창조주요 심판자이신 하나님이 계신다. 인간의 모든 문제의 참 근원은 육체적이거나 심리적인 것이 아니라 영적인 것이다. 문제는 죄와 그에 따른 심판이다. 죄 문제는 경제적 번영, 육체적 쾌락, 지식의 발전, 내면의 평화로 해결되지 않는다. 히브리서의 가르침처럼 우리의 죄 문제는 용서로만 해결될 수 있다.

그래서 인간의 절박한 상황에 해답이 될 중요한 진리가 하나 있다. 이 진리를 깨닫고 받아들여 우리 사고와 삶이 변화되면, 그것이 우리를 절망에서 끌어올려줄 뿐 아니라 오늘의 세상에 그토록 절실히 필요한 영적 평온도 가져다줄 수 있다. 단순하면서도 통찰력 있는 그 진리란 곧 오늘의 죄를 용서받을 수 있기에 내일의 심판도 면할 수 있다는 것이다.

현대 쾌락주의자들의 말도 일부는 옳다. 우리는 언젠가 죽는다. 그러나 히브리서가 일깨워주듯이 "그 후에는 심판이 있"다(9:27). 아무도 죽음이란 현실을 피할 수 없듯이 하나님을 대면해야 할 그날도 피할 수 없다. 그러나 영원한 심판은 면할 수 있다. 심판은 거룩하신 하나님을 대적한 우리 죄에 대한 정당한 형벌이며, 무거운 죄는 우리를 하늘 아버지에게서 계속 더 멀어지게 한다. 그러나 그리스도의 피로 죄를 완전히 없앨 수 있다.

무거운 죄를 구주께 넘겨드린 적이 없는 이들은 심판을 홀로 맞이해야 한다. 솔직히 그들의 미래는 암담하며 오늘의 삶에 소망이 차오를 확실한 기초도 없다. 반면에 죄와 죄책에서 해방된 우리는 기뻐할 이유가 있다. 위대한 귀향의 날을 간절히 고대할 수 있다. 그날 예수 그리스도가 그분을 구주로 영접하고 죄 사함을 받은 이들에게 심판이 아니라 구원을 가지고 오신다(9:28).

오늘의 죄를 용서받을 수 있기에 내일의 심판도 면할 수 있다는 이 진리를 진정으로 받아들이고 구현할수록 그분의 거룩한 성품을 닮고 싶은 마음도 더 커진다. 그러면 의의 열매를 맺어 미래의 상급을 소망할 뿐 아니라 현세의 평안과 기쁨까지 수확하게 된다.

모두를 위한 단번의 값없는 제사(히브리서 10:1–18)

[1]율법은 장차 올 좋은 일의 그림자일 뿐이요 참 형상이 아니므로 해마다 늘 드리는 같은 제사로는 나
아오는 자들을 언제나 온전하게 할 수 없느니라 [2]그렇지 아니하면 섬기는 자들이 단번에 정결하게 되
어 다시 죄를 깨닫는 일이 없으리니 어찌 제사 드리는 일을 그치지 아니하였으리요 [3]그러나 이 제사
들에는 해마다 죄를 기억하게 하는 것이 있나니 [4]이는 황소와 염소의 피가 능히 죄를 없이 하지 못함
이라 [5]그러므로 주께서 세상에 임하실 때에 이르시되

하나님이 제사와 예물을 원하지 아니하시고
오직 나를 위하여 한 몸을 예비하셨도다
[6]번제와 속죄제는 기뻐하지 아니하시나니
[7]이에 내가 말하기를 하나님이여 보시옵소서
두루마리 책에 나를 가리켜 기록된 것과 같이
하나님의 뜻을 행하러 왔나이다
하셨느니라

[8]위에 말씀하시기를 주께서는 제사와 예물과 번제와 속죄제는 원하지도 아니하고 기뻐하지도 아니하
신다 하셨고 (이는 다 율법을 따라 드리는 것이라) [9]그 후에 말씀하시기를 보시옵소서 내가 하나님의
뜻을 행하러 왔나이다 하셨으니 그 첫째 것을 폐하심은 둘째 것을 세우려 하심이라 [10]이 뜻을 따라 예
수 그리스도의 몸을 단번에 드리심으로 말미암아 우리가 거룩함을 얻었노라

[11]제사장마다 매일 서서 섬기며 자주 같은 제사를 드리되 이 제사는 언제나 죄를 없게 하지 못하
거니와 [12]오직 그리스도는 죄를 위하여 한 영원한 제사를 드리시고 하나님 우편에 앉으사 [13]그 후에
자기 원수들을 자기 발등상이 되게 하실 때까지 기다리시나니 [14]그가 거룩하게 된 자들을 한 번의 제
사로 영원히 온전하게 하셨느니라 [15]또한 성령이 우리에게 증언하시되

[16]주께서 이르시되 그 날 후로는
그들과 맺을 언약이 이것이라 하시고
내 법을 그들의 마음에 두고
그들의 생각에 기록하리라 하신 후에
[17]또
그들의 죄와 그들의 불법을
내가 다시 기억하지 아니하리라
하셨으니

[18]이것들을 사하셨은즉 다시 죄를 위하여 제사 드릴 것이 없느니라

몹시 배고플 때 선반에서 사진으로 가득한 요리책을 꺼내 조리법을 대충 훑어보고 만다는 사람을 나는 본 적이 없다. 솜씨 좋게 차려져 총천연색 광택지에 인쇄된 각종 요리를 흘끔거려봐야 배만 더 고파질 뿐이다. 허기진 사람은 단계별로 설명된 '비법'을 읽으며 '볶음, 찜, 튀김, 구이' 같은 단어를 보기만 해도 입에 침이 고일 수 있다. 요리책을 휙휙 넘기고 나서 선반에 도로 꽂으며 "이제 배부르니 디저트 조리법이나 이리 주세요"라고 말할 사람은 아무도 없다.

율법의 의식으로 영의 만족을 얻으려는 것도 요리책의 조리법으로 몸의 양분을 얻으려는 것만큼이나 어리석다. 요리책의 사진처럼 율법도 훨씬 우월한 실체를 예고하며 가리켜 보이는데, 그것은 바로 속죄제물이 되신 예수 그리스도시다. 율법은 사람들을 참 실체에 갈급하게 했다. 그 영원한 실체야말로 가슴 졸이는 죄책감을 근본적으로 없애고 자비와 은혜로 양심을 진정시켜준다. 율법은 "장차 올 좋은 일의 그림자일 뿐이요 참 형상이 아니"다(10:1).

이번 단원인 1-18절에서는 먼저 율법의 한계와 목적을 살펴볼 것이다. 율법이 할 수 없는 일과 지금도 계속하고 있는 일은 무엇인가(10:1-4)? 이어 옛 언약의 율법을 그리스도의 우월한 제사장직과 대비하여 탐색할 것이다. 그분이 드리신 자신의 몸은 어떻게 모두를 위한 단번의 값없는 제사였는가(10:5-14)? 끝으로 그리스도의 인격과 사역이 오늘을 살아가는 우리에게 주는 유익을 알아볼 것이다(10:15-18).

—10:1-4—

저자의 주제문이 1절에 간명히 요약되어 있다. 율법은 "장차 올 좋은 일의 그림자"에 불과했다. 그래서 율법은 하나님의 구속사가 전개되는 데 일익을 담당했으나 율법이 이룰 수 있는 일은 제한적이었다. 해마다 반복되는 동물 제사를 통해 "나아오는 자들을" 율법은 "온전하게 할 수 없"었다. 저자는 이 주장을 증명하고자 율법이 명백히 열등하여 신자의 양심을 깨끗하게 할 수 없음을 다음 몇 구절에 지적한다.

부부가 싸울 때마다 다시 식장에 가서 재혼해야 한다고 상상해보라. 관계가 틀어질 때마다 결혼증명서를 발급받고 판사나 목사를 찾아가 서약을 교환해야 한다고 말이다. 다행히 결혼이란 그런 게 아니다. 신랑 신부는 예식을 한 번만 치르면 부부가 된다. 얼마나 자주 시끄럽게 싸우거나 얼마나 관계가 식어지든 관계없이 법적으로 두 번, 세 번, 네 번 예식을 반복할 필요가 없다. 둘의 재혼은 법적으로 이혼한 상태에서만 필요하다. 결혼식을 자꾸 해야 한다면 이는 결혼하지 않은 상태가 반복된다는 뜻이다. 그런 상황에는 안정이 없으며 사실 아예 결혼이라 하기도 힘들다.

율법의 제사 제도가 그러했다. 관계를 갈라놓는 죄와 죄책의 위력을 만일 율법으로 완전히 다 해결할 수 있었다면 계속 제단 앞에 다시 갈 필요가 없었을 것이다(10:2). 모든 죄책이 없어졌을 테니 말이다. 희생양이 피를 흘리고 연기로 피어오르는 순간 죄도 다 사라지고 잊혔을 것이다.

그런데 저자는 율법을 깎아내리지 않도록 조심한다. 제사는 미련하거나 무의미하거나 악하지 않았다. 어차피 하나님이 정하신 제사이며 그 나름의 목적이 있었다. 그렇다면 율법의 목적은 무엇인가? 저자는 3절에서 "이 제사들에는 해마다 죄를 기억하게 하는 것이 있나니"라고 말한다. 데이비드 구딩(David Gooding)은 이렇게 설명했다. "그들은 죗값이 완전히 다 치러졌다고 생각한 적이 한시도 없었다. 그렇게 생각했다면 다시는 제사를 드리지 않았을 것이다. 주택 융자금이 완불된 후에도 계속 월부금을 갚는 사람은 없다."[48]

서사가 굵은 활사체를 쓸 수 있었다면 아마 4절을 강조했을 것이다. 제사로는 예배자를 온전하게 할 수 없다는 1절의 주장이 거기에 간단명료하게 설명되어 있다. "이는 황소와 염소의 피가 능히 죄를 없이하지 못함이라"(10:4). "못함이라"는 단어에 밑줄을 치라. 개연성이 낮거나 어렵거나 있을 법하지 않거나 드문 것이 아니라 아예 못한다. 잘 보면 이 못함은 단지 그리스도의 죽음에 비해 상대적으로 그렇다는 말이 아니다. 문맥상 이는 구약의 율법 자체로 인한 제사의 한계를 가리킨다. 동물 제사의 피가 능히 죄를 없이하지 못함은 처음부터 언제나 그랬던 일이다.

제사가 영구적으로 한 일이 있다면 바로 이스라엘 백성에게 그들의 죄성을 상기시킨 것이다. 제한 속도 표지판과 속도위반 딱지가 각각 법규와 과실을 상기시키듯이 율법과 제사도 늘 죄를 기억나게 했다(롬 3:20-23). 옛 제도 아래서는 이스라엘 백성의 죄가 한 해 동안 날마다 쌓이다가 속죄일의 제사로 당분간 덮였다. 이듬해에 죄는 또 쌓였고 속죄일에 다시 덮였다. 말하자면 옛 언약은 문제를 계속 뒤로 미룬 셈이다.

그런데 끝없이 피를 흘리던 그 제도는 이제 낡아졌다.

묵상의 서재

속도위반 딱지(히브리서 10:3)

나는 노골적으로 제도에 반항하거나 국법에 주먹을 휘두르는 사람은 아니지만 나도 완전하지는 않다. 완전하다고 주장해본 적도 없다. 지난 세월 주차위반 딱지와 속도위반 딱지라면 나도 떼일 만큼 떼였다. 대부분 내가 무지했거나 부주의했기 때문이었지만, 어쨌든 매번 유죄였고 자초한 벌금을 납부했다.

오래전 어느 날 시속 50킬로미터 구역에서 운전하던 때가 기억난다. 정확히 얼마나 빠르게 달리고 있었는지는 말하지 않겠지만, 그냥 65킬로미터가 넘었다고만 해두자. 솔직히 그때는 내가 과속하고 있는지조차 몰랐다. 하지만 너무도 분명한 사실이라서 굳이 속도 측정기를 확인할 필요도 없었을 것이다.

제복 차림의 신사가 법규에 대한 나의 무지를 지적하며 공공 안전의 책임을 물었다. 내가 낸 세금으로 돈을 받고 하는 일이었다. 그는 내 차를 길가에 대게 한 다음 아주 친절하게 운전면허증을 요구했다. 우리는 잠시 잡담까지 나누었다. 그는 아주 정중했으나 매우 직업적이기도 했다.

"여기 제한 속도가 얼마인지 아십니까?" 그가 말했다.

"아니요, 경관님…정말 모릅니다. 맹세코 제한 속도가 얼마인지 몰랐습니다." 내 솔직한 대답이었다.

"얼마나 빨리 달리고 있었는지는 아십니까?"

"음, 아니요, 경관님. 제가 얼마나 빨리 달리고 있었는지도 모르겠습니다."

"선생님 차에 속도계가 있습니까?" 그가 물었다.

나는 그냥 확인차 아래를 보았다. "예, 경관님. 속도계가 있습니다."

"선생님, 적발당하실 때 아래를 보셨다면 아시겠지만, 65킬로미터 이상으로 달리셨습니다. 제한 속도는 50킬로미터이고요. 저기 표지판이 보이십니까?" 그가 가리키는 데를 보니 큼직한 흰색 표지판에 까만 글씨로 '50'이라고 크게 적혀 있었다.

"못 봤습니다. 솔직히 여기는 제가 늘 다니는 곳인데 말입니다."

내 말에 경관은 고개를 끄덕이며 종이쪽지를 꺼냈다. 그것으로 종이학을 접었다면 좋았겠지만 그런 일은 없었다. 그가 내 정보를 끼적이는 동안 나는 좌석에 기대 앉아 과속에 대한 필연적 응보인 딱지를 기다렸다.

나중에 납부한 벌금은 교통법을 어긴 죄에 대한 제물이었다. 무지해서 제한 속도를 어겼으나 그래도 유죄였다.

그런데 몇 주 후에 시속 50킬로미터 구역인 바로 그 지점을 지나가다가 얼핏 속도계를 보니 법 집행관에게 적발당했던 날과 속도가 똑같았다. 얼른 브레이크를 밟아 감속했지만 또 법을 어긴 것이다. 물론 부주의해서 그랬지만 이번에는 무지 때문은 아니었다. 나는 왜 그랬을까? 법으로는 죄를 없이할 수 없었기 때문이다. 법은 가속기를 밟아대는 내 오른발을 얌전히 있도록 변화시킬 수 없었다. 그 경관은 내게 규정을 말해주고 위반하면 벌할 수는 있었으나 나를 온전하게 할 수는 없었다.

—10:5–14—

저자는 시편 40편 6-8절을 풀어써서 단번에 오신 그리스도와 계속 되풀이되는 제사 제도를 대조한다. 인용하기 전에 "그러므로"라는 말을 붙였는데 이는 동물 제사로는 결코 죄를 없이할 수 없기 때문에 하나님의 아들이 세상에 오셨다는 뜻이다. 그 무엇이나 누구도 할 수 없는 일을 그분이 하셨다. 결국 하나님은 온전한 정결과 전폭적 용서의 수단으로서 "제사와 예물"을 원하지 않으신다(10:5). 6절에도 그 개념이 대구를 이룬다. 하나님은 영원한 구원의 관점에서 제사장들이 제사 규정을 수행할 때 제단에 끝없이 피어오르던 연기를 기뻐하지 않으셨다.

이번 본문에 두 제사 제도가 설득력 있게 대비된다. 옛 제도에 따라 피를 흘리거나 시체가 불살라진 짐승은 결코 하나님을 영원히 충족시키지 못했다. 땅의 언약 아래 범한 죄 때문에 물리적 제단에 도살된 동물은 거룩하신 하나님 앞에서 영적인 죄책에는 아무런 효험이 없었다. 기껏해야 동물은 무지한 상태로 칼을 받았을 뿐이다. 사실 이 제도에서는 동물을 가져온 예배자나 제물을 바치는 제사장도 아무런 이해나 감정이나 의지 없이 그렇게 할 수 있었다. 단조로운 일과는 유의미한 의식을 무심한 절차로 전락시킬 수 있다. 이 점에서 그리스도와의 대비가 두드러진다. 하나님의 아들의 경우에는 진정한 의지가 개입되었다. 참 인간이신 그분의 뜻이 아버지의 뜻에 순순히 복종했다(마 26:42).

물론 지성과 감정과 의지를 지니신 참 인간으로서 하나님께 자원하여 복종하시려면 하나님의 아들이 참 인성을 입으셔야 했다. 그래서 저자는 5절에 시편 40편 6절의 한 소절-"주께서 내 귀를 통하여"(열어, NASB)-을 풀어써서 부분을 전체로 보완했다. "주께서…나를 위하여 한 몸을 예비하셨도다"(10:5). 저자가 본문을 가지고 장난을 치거나 제멋대로 바꾼 것은 아니다. 그는 히브리어 시편의 헬라어 역본을 인용했는데 거기에 부분인 "귀"가 전체인 "몸"으로 대체되어 있다. 저자가 이렇게 한 데는 그만한 이유가 있다. 하나님의 아들에게 하나님의 명령을 받으실 열린 귀가 있으려면 당연히 몸도 있으셔야 했다! 앨런은 "예수님은 성육신을 통해서만 하나님의 뜻을 수행하여 죄를 없이하실 수 있다"라고 주해했다.[49]

온전한 인성-몸, 혼, 영, 마음, 지성, 감정, 의지-을 입고 성육신하신 하나님의 아들은 하나님의 뜻을 행하러 오셔서 자신에 관해 구약에 기록된 내용을 모두 이루셨다(10:7). 그 과정에서 그분은 율법의 열등한 옛 제도와 제사를 근본적으로 폐하시고 여태 어떤 인간도 이룰 수 없었던 일을 인류를 위해 이루셨으니 곧 아버지께 온전히 순종하셨다(10:8-9). 연약하여 죄짓기 쉬운 타락한 인간으로서는 불가능한 일이 하나님이자 인간이시며 온전하고 순결하고 능하신 예수님께만은 가능했다. 그분이 이루신 영원한 정화도 동물 제사로는 결코 이룰 수 없던 일이었다. "예수 그리스도의 몸을 단번에 드리심으로 말미암아 우리가 거룩함을 얻었노라"(10:10).

저자가 독자에게 일깨우듯이 제사장마다 계속 제사를 드려야 했는데 그런 제사로는 죄를 없이할 수 없었다. 그래서 제사장들은 "매일 서서" 수고로운 피 제사를 몇 번이고 수행했다(10:11). "서서" 일하는 제사장들과는 대조적으로 예수님은 "하나님 우편에 앉으"셨다(10:12). 매일의 제사로는 결코 이룰 수 없던 죗값의 완불을 "한 영원한 제사"로 이루셨기 때문이다. 저자는 이를 "그가 거룩하게 된 자들을 한 번의 제사로 영원히 온전하게 하셨느니라"(10:14)고 표현했다. 지금 그리스도는 아버지의 오른편에 앉아 재림의 때를 기다리고 계시며, 그날이 오면 그분의 원수들은 심판으로 최종 궤멸되고 하나님의 나라가 완성된다(10:13).

—10:15-18—

끝으로 저자는 그리스도의 우월한 제사장직이 가져다주는 유익을 지적한다. 새 언약의 어휘로 다시 돌아간 그는 독자에게 그리스도가 단번의 속죄제물이 되어 이루신 일을 상기시킨다. 성령이 "우리에게"(10:15)—즉 신자에게—증언하시듯이 새 언약은 율법을 우리 마음과 생각 속에 심어준다(10:16). 이는 영원한 효력을 미치는 내면의 변화를 의미하는데, 바로 우리 죄가 잊혀 더는 기억되지 않는다는 것이다(10:17).

그리스도로 말미암아 가능해진 새 언약은 우리에게 필요한 모든 자원을 우리 안에 가져다준다. 사도 베드로는 이를 "그의 신기한 능력으로 생명과 경건에 속한 모든 것을 우리에게 주셨으니"(벧후 1:3)라고 표현했다. 하나님과의 관계를 망가뜨리고 의와 영적 성장을 방해하던 죄 문제가 이제 해결되었다. 그뿐 아니라 그리스도의 발자취를 따를 새로운 능력까지 우리에게 주어져 우리 몸을 "하나님이 기뻐하시는 거룩한 산 제물로" 드릴 수 있게 되었다(롬 12:1).

이전에 매료되었던 율법과 제사로 뒷걸음질치고 있던 히브리 신자들은 율법의 한계를 상기해야 했다. 동물 제사의 피로는 죄를 없어하지 못함을 똑똑히 들어야 했다(히 10:4). 요컨대 그들은 그리스도가 친히 완전한 제물이 되어 모두를 위한 단번의 값없는 제사를 드리셨다는 기쁜 소식을 들어야 했다.

적용: 히브리서 10:1-18
신자들이 누리는 큰 유익

그리스도가 모두를 위한 단번의 값없는 제사를 드리셨기에 우리는 그 은혜에 감사하여 하나님을 섬길 수 있다. 그분이 가라고 명하실 때 마지못해 발을 질질 끈다든지 오라고 부르실 때 몸을 사릴 필요가 없다. 그리스도의 우월한 제사장직 덕분에 우리는 의로운 삶에 들어섰으며 그 동기는 죄책감이 아니라 은혜다. 우리는 레위기에 열거된 계율과 규정과 의식으로 사는 것이 아니라 사랑의 법으로 산다. 그리스도의 의가 우리 안에 사랑을 낳는다. 그리스도는 자기 피로 우리를 사셔서 죄에서만 아니라 죄성을 기억나게 할 뿐인 율법의 갑갑

한 족쇄에서도 우리를 해방시키셨다.

새 언약과 옛 언약의 주된 차이는 한때 외적인 기준으로 돌판에 새겨졌던 율법이 이제 우리 마음속에 있다는 것이다(렘 31:31-33). 내주하시는 성령의 능력으로 우리는 충분히 죄의 족쇄와 율법주의의 속박에서 벗어나 충만한 삶, 열매 맺는 삶, 자유로운 삶을 살아갈 수 있다. 그리스도의 완전한 제사가 가져다주는 이런 유익을 하나씩 차례로 살펴보자.

그리스도 안에서 이제 우리는 충만하게 살 수 있다. 예수님은 "내가 온 것은 양으로 생명을 얻게 하고 더 풍성히 얻게 하려는 것이라"(요 10:10)고 말씀하셨다. 이 풍성한 삶은 비할 나위 없이 우월한 삶의 질을 가리킨다. 이런 삶이 완성되려면 우리 몸이 그분의 영광스러운 몸처럼 변화될 부활의 때까지 기다려야 하지만(빌 3:21), 지금도 그리스도 안에서 이 풍성한 삶을 누릴 수 있다. 베드로후서 1장 3-8절을 읽고 그리스도 안에서 누리는 이 새로운 삶의 복을 모두 적어보라. 내주하시는 성령의 능력으로 말미암아 이 복이 다 당신의 것임을 기도로 고백하라.

그리스도 안에서 이제 우리는 열매 맺으며 살 수 있다. 그리스도 안에서 우리에게 줄줄이 주어진 장엄한 약속들을 베드로는 이런 약속으로 마무리한다. 즉 그분 안에서 새로운 신분을 얻은 우리는 "게으르지 않고 열매 없는 자가 되지 않"는다(벧후 1:8). 우리 안에 지속되는 성령의 역사 중 열매의 측면에 집중해보자. 그분은 내면에 역사하여 우리 삶 속에 열매를 맺으신다(참조. 빌 2:12-13). 잠시 갈라디아서 5장 16-23절을 공부하라. 본문을 잘 살펴 다음 몇 가지 중요한 질문에 답해보라. 이 본문이 성령의 사역에 대해 가르치는 바는 무엇인가? 그것은 율법 아래의 삶과 어떻게 다른가? 성령의 열매는 어떻게 율법의 정신을 성취하는가?

그리스도 안에서 이제 우리는 자유롭게 살 수 있다. 갈라디아서 5장은 옛 율법 아래서 자유를 얻으려는 이들에게 중요한 사실을 환기시키며 시작된다. "그리스도께서 우리를 자유롭게 하려고 자유를 주셨으니 그러므로 굳건하게 서서 다시는 종의 멍에를 메지 말라"(5:1). 의식과 절차와 해야 할 일과 해서는 안 될 일의 목록은 인간에게 약간의 위안을 줄 수 있다. 레일 위로 달리는 기차처럼 말이다. 그러나 레일에 묶여 있는 사람은 탁 트인 길을 달리는 운전자의 자유나 광활한 하늘을 비행하는 조종사의 무한한 가능성을 경험할 수 없다. 그리스도는 우리를 불러 그분의 손을 잡고 함께 성령의 능력으로 날아오르자고 하신다. 당신도 지금 결단하면 목에서 종의 멍에를 벗을 수 있다. 그 자유로 죄를 짓는 것이 아니라 은혜를 확신하는 가운데 감사와 기쁨으로 의롭게 살아갈 수 있다. 그리스도가 우리를 자유롭게 하셨으니 자유롭게 살라!

씻음을 받고 들어가라(히브리서 10:19-39)

19그러므로 형제들아 우리가 예수의 피를 힘입어 성소에 들어갈 담력을 얻었나니 20그 길은 우리를
위하여 휘장 가운데로 열어 놓으신 새로운 살 길이요 휘장은 곧 그의 육체니라 21또 하나님의 집 다스
리는 큰 제사장이 계시매 22우리가 마음에 뿌림을 받아 악한 양심으로부터 벗어나고 몸은 맑은 물로
씻음을 받았으니 참 마음과 온전한 믿음으로 하나님께 나아가자 23또 약속하신 이는 미쁘시니 우리가
믿는 도리의 소망을 움직이지 말며 굳게 잡고 24서로 돌아보아 사랑과 선행을 격려하며 25모이기를
폐하는 어떤 사람들의 습관과 같이 하지 말고 오직 권하여 그 날이 가까움을 볼수록 더욱 그리하자

26우리가 진리를 아는 지식을 받은 후 짐짓 죄를 범한즉 다시 속죄하는 제사가 없고 27오직 무서
운 마음으로 심판을 기다리는 것과 대적하는 자를 태울 맹렬한 불만 있으리라 28모세의 법을 폐한 자
도 두세 증인으로 말미암아 불쌍히 여김을 받지 못하고 죽었거든 29하물며 하나님의 아들을 짓밟고
자기를 거룩하게 한 언약의 피를 부정한 것으로 여기고 은혜의 성령을 욕되게 하는 자가 당연히 받을
형벌은 얼마나 더 무겁겠느냐 너희는 생각하라 30원수 갚는 것이 내게 있으니 내가 갚으리라 하시고
또 다시 주께서 그의 백성을 심판하리라 말씀하신 것을 우리가 아노니 31살아 계신 하나님의 손에 빠
져 들어가는 것이 무서울진저

32전날에 너희가 빛을 받은 후에 고난의 큰 싸움을 견디어 낸 것을 생각하라 33혹은 비방과 환난
으로써 사람에게 구경거리가 되고 혹은 이런 형편에 있는 자들과 사귀는 자가 되었으니 34너희가 갇
힌 자를 동정하고 너희 소유를 빼앗기는 것도 기쁘게 당한 것은 더 낫고 영구한 소유가 있는 줄 앎이
라 35그러므로 너희 담대함을 버리지 말라 이것이 큰 상을 얻게 하느니라 36너희에게 인내가 필요함
은 너희가 하나님의 뜻을 행한 후에 약속하신 것을 받기 위함이라

37잠시 잠깐 후면 오실 이가 오시리니
지체하지 아니하시리라
38나의 의인은 믿음으로 말미암아 살리라
또한 뒤로 물러가면 내 마음이 그를 기뻐하지 아니하리라
하셨느니라

39우리는 뒤로 물러가 멸망할 자가 아니요 오직 영혼을 구원함에 이르는 믿음을 가진 자니라

지금까지 히브리서 저자는 예수님이 우리의 대제사장으로서 우월하시다는 증거를 여러 각도에서 거듭 제시했다. 죄인들에게 하늘 문을 활짝 열어줄 수 있는 제사장은 다시없고, 거룩하신 하나님과 부정한 인류 사이의 중보자가 될 유자격자도 다시없다. 아무리 경건한 사람도 율법의 까다로운 기준에 부합할 수 없고, 어떤 제물도 죗값을 다 치러 죄인들의 빚을 탕감할 수 없다. 이 모두가 오직 예수님만이 하실 수 있는 일이다. 이 점이 히브리서에 진술되고 또 진술되었다.

이제 강조점은 그리스도의 우월성에서 우리의 책임으로 다시 넘어간다. 저자는 독자들의 눈을 들여다보며 심각하게 힘주어 말한다. "어느 모로 보나 그리스도의 인격과 사역은 그 무엇보다도 우월하다. 그러니 여기 너희가 마땅히 보여야 할 반응이 있다." 이 대목에서 그리스도가 탁월하시다는 증거와 우리의 책임이 뒤따른다는 사실이 너무도 압도적이어서 거기에 함축된 의미는 명백하다. 즉 그분을 전적으로 신뢰하고 순종하지 않으면 우리는 큰 곤경에 빠진다.

여기서 히브리서에 기록된 다섯 가지 경고의 본문 중 네 번째가 나온다. 기억하겠지만 첫 번째는 2장 1–4절의 "유념하여 흘러 떠내려가지 않게 하라!"였다. 두 번째 경고의 본문(3:7–4:13)은 독자에게 "삼가 마음을 완고하게 하지 말라!"고 촉구했다. 세 번째는 타락에 대한 어려운 가르침을 아우른다. "영적 성장의 길에서 벗어나지 말라"(5:11–6:20). 저자는 이제 네 번째 경고의 본문(10:19–39)에서 "믿음 안에 굳게 서서 하나님의 심판을 면하라!"고 외친다.

이번 본문의 윤곽은 단순하여 따라가기 쉽다.

히브리서 10:19–21	확실한 사실	"얻었나니…계시매."
히브리서 10:22–25	순종해야 할 명령	"나아가자…그리하자."
히브리서 10:26–31	누구나 주의해야 할 경고	"범한즉."
히브리서 10:32–39	독자를 향한 호소	"생각하라…그러므로."

이 단원이 끝나면 두 가지를 아주 명확히 알게 된다. 1) 하나님은 자기 자녀들에게 그분

을 신뢰하며 순종할 것을 요구하신다. 2) 그분을 신뢰하고 순종하지 않으면 우리는 심각한 결과를 맞을 것이다. 단원을 마칠 때 우리는 선택의 기로에 놓일 것이다. "뒤로 물러가 멸망할 자"에 속할 것인가, 아니면 "영혼을 구원함에 이르는 믿음을 가진 자"에 속할 것인가(39절)?

—10:19-21—

옛 언약과 그 제사장직의 구도에서는 성막 안쪽의 지성소가 지상에서 가장 신성한 곳이었다. 대제사장만이 까다로운 정결 의식의 절차를 거쳐 일 년에 한 번 속죄일에 그곳에 들어갈 수 있었다. 다른 제사장들까지 포함해 나머지 모두에게는 출입 금지였다. 성막이 예루살렘 성전으로 대체될 때도 거대한 휘장이 지성소와 나머지 성전을 갈라놓았다. 그러다 예수님이 죽으실 때 그 육중한 휘장이 위에서부터 아래까지 찢어졌는데(마 27:51), 이는 옛 제도가 새 제도로 완전히 바뀌었다는 상징이다.

하나님은 부정한 죄인들에게 더는 "출입 금지!"를 명하지 않으신다. 신자는 그리스도의 피로 말미암아 죄의 얼룩에서 깨끗해졌으므로 자유로이 지성소에 들어갈 "담력"을 얻었다(10:19). 이제 하나님은 우리를 오라고 부르신다. 유대인과 이방인, 남자와 여자, 어른과 아이, 부자와 가난한 자 등 만인을 초대하여 그 신성한 곳에 들어오게 하신다. 이는 살아 계신 하나님과의 인격적이고 친밀하며 영원한 관계를 상징한다.

혹시 두려워서 들어가기를 주저하거나 수치심에 발을 질질 끄는 사람들을 위해 히브리서 저자는 두 가지 중요하고 확실한 사실로 우리의 걸음에 힘을 실어준다. 그가 앞서 여러 장에 역설한 내용이 사실상 여기에 압축되어 있다. 첫째, 완전한 속죄제물이신 예수님의 피로 말미암아 우리에게 하나님과의 인격적 관계 안으로 들어갈 길이 열렸다(10:19-20). 레이먼드 브라운은 20절에 나오는 저자의 은유에 대해 이렇게 주해했다. "최초의 성금요일에 묵직한 성전 휘장이 위로부터 아래까지 찢어졌듯이 흠 없이 순전하신 그리스도의 몸도 우리를 위해 찢기셨다. 하나님께 나아가는 길은 예수님이 피를 흘리셨기에 이전처럼 막히지 않고 만인에게 열려 있다."[50]

둘째, 예수님은 지금도 하나님의 집을 다스리시는 큰 대제사장이시다(10:21). "하나님의 집"이라는 은유는 신약의 많은 곳에 등장한다. 히브리서의 경우 이 말이 직접적으로는 구약의 하나님 백성(3:1-2)을, 간접적으로는 하나님이 "지으신" 만물(3:4)을 지칭했다. 하나님의 아들 그리스도는 그 집의 상속자시다(3:6). 그런데 "집"에 대한 3장의 이런 논의에도 다른 두 가지 관련된 측면이 숨어 있다. 하나는 3장 6절의 "우리는 그의 집이라"에 암시된 신약 공동체, 즉 교회고(참조. 딤전 3:15) 또 하나는 확신을 끝까지 굳게 잡는 개인들이다(히 3:6).

10장의 문맥에서 "집"의 은유는 성막이나 성전-하나님을 예배하기 위해 따로 구별된 신성한 곳-을 배경으로 한다. 성전의 은유가 신약에 어떻게 영적 의미로 적용되는지를 보면 10장의 은유에 대한 우리의 이해는 두 가지 개념으로 좁혀진다. 하나는 하나님의 성전인 교회고(고전 3:16, 엡 2:21), 또 하나는 하나님의 성전인 각 신자의 몸이다(고전 6:19). 궁극적으로 본문은 두 개념을 다 염두에 두었다. 실제로 성경은 공동체와 거기 속한 개인을 결코 따로 떼어놓지 않는다. 그러나 나머지 10장의 명령과 경고가 개인적 성격인 것으로 보아 "집"의 개념은 특히 개인과 관련된다. 저자도 그리스도가 우리의 큰 대제사장이심을 부인하지 않으나 10장에서는 그리스도가 나의 대제사장이심을 우리 각자에게 환기시킨다.

—10:22-25—

19-21절에 강조된 두 가지 사실에 입각하여 저자는 세 가지 순종해야 할 명령을 제시하는데, 이는 우리 각자가 개인의 인격적 차원에서 대제사장 앞에 책임이 있기 때문이다. 각 명령은 청유형 문장으로 이루어져 있다.

첫째, 하나님께 나아가자(10:22). 이미 보았듯이 그리스도의 구원 사역은 우리 양심을 죄와 죄책에서 깨끗하게 했다(9:14). 이렇게 깨끗해진 마음(10:22)은 몸의 씻음으로 나타나야 하는데, 마음은 눈에 보이지 않는 존재 내면의 차원이고 몸은 겉으로 보이는 삶을 뜻한다. "몸은 맑은 물로 씻음을 받았으니"라는 문구가 물 세례를 가리킨다고 볼 수도 있으나,[51] 실제로 저자의 강조점은 세례의 상징적 의미에, 즉 변화된 생활방식으로 그리스도를 따르는 헌신적 삶에 있다.[52] 그래서 "하나님께 나아가자"라는 권면은 믿음으로 영원히 용서받고 순종하는 삶에 헌신한 신자를 불러 그분과의 인격적 관계 속으로 더 깊이 들어가게 한다.

둘째, 고백하자(10:23). "믿는 도리"("고백", NASB)로 번역된 단어 호몰로기아(*homologia*,

3671)는 '충성을 표현하는 행동'이나 '고백하는 행위'를 뜻하지만, '충성을 고백하는 말'을 가리킬 수도 있다.[53] 본문의 강조점은 내면과 외면 둘 다-전인적 존재가 믿음과 순종으로 그리스도를 닮아감-에 있으므로 필시 저자는 언행을 겸비한 고백을 염두에 두었을 것이다. 보다시피 이 고백의 중심은 하나님의 약속에 근거한 소망에 있다(10:23). 그리스도의 우월한 제사장직을 굳게 확신하기에 우리는 계속 말로 그분을 고백하고 행동으로 그분을 본받아 세상에서 그리스도의 대변자 역할을 할 수 있다. 세상은 절실히 우리 안에 계신 그리스도를 볼 필요가 있다.

셋째, 서로 격려하자(10:24-25). 여기서 저자의 강조점은 개인에서 공동체로 이동한다. 이 이동은 낮은 기어를 높은 기어로 변환한다기보다는 한쪽 다리에서 다른 쪽 다리로 무게를 옮기는 것과 같다. 알다시피 개개 신자는 신앙 공동체의 일원이며, 신앙 공동체는 개개 신자의 헌신으로 강건해진다. 우리는 그리스도의 몸 된 교회의 일원으로 믿음과 순종의 삶을 살면서 서로 적극적으로 영적 성장을 격려할 책임이 있다. 그리스도께 더 가까이 가는 외적 표현으로 서로 내적 동기인 사랑을 격려해야 하고, 이 내적 동기는 다시 외적 행동인 선행으로 나타나야 한다(10:24). 그러려면 그냥 구석으로 물러나 나머지 몸과 단절된 채 혼자서만 예수 그리스도와의 관계를 가꾸어서는 안 된다. 그분의 재림을 간절히 사모하면서 공동체로 모여 서로 더 가까워져야 한다(10:25).

이 본문(10:24-25)에는 교회 모임의 참석과 관련하여 중요한 의미가 함축되어 있다. 모임의 목적은 예배나 교육이나 교제일 수도 있고, 믿음과 소망과 사랑의 표현일 수도 있다(행 2:42-47). 섬처럼 각자 떨어져 살아서는 서로 격려하라는 명령을 이행할 수 없다. 성경에 "서로" 함께하라고 한 많은 일은 공동체로 모여서만 가능하다. 그러나 그리스도를 믿되 헌신과 사랑 없이 반항하고 불순종하는 신자는 서로 공동체로 모여도 유익할 것이 없다. 개개 그리스도인이 공동체에 긍정적으로 기여한다는 개념은 저마다 힘써 "씻음을 받"고 "하나님께 나아가"는 삶을 전제로 한다.

—10:26-31—

신자가 22-25절의 명령을 경시하여 하나님께 나아가지 않고, 고백하지 않으며, 서로 격려

묵상의 서재

엉뚱한 곳에 잘못 들어가다(히브리서 10:19-21)

웬만한 사람이 수술실에 걸어 들어갈 일은 없다. 물론 병상에 누운 채로 들어갔거나 들어갈 사람이야 많지만 수술실에 걸어 들어갈 권한은 외과의사, 마취과의사, 간호사, 의대생 등 특정 부류에 국한된다. 그런데 나 같은 목사는 어떨까? 그것도 대개는 아니다.

오래전 어느 수요일에 나는 어쩌다 수술실에 걸어 들어갔다. 인근 병원에서 위원회 모임이 있어 한 시간쯤 일을 보고 나오던 참이었다. 오후 일정이 적힌 메모지를 꺼내 읽느라 어디로 나가는지는 별로 신경 쓰지 않았다. 너무 일찍 오른쪽으로 방향을 틀어 '출입 금지' 구역으로 들어간 나는 어느새 엉뚱한 곳을 걷고 있었다.

메모지에서 고개를 드는 순간 제일 먼저 나 같은 옷차림이 하나도 없다는 것부터 눈에 띄었다. 그곳 사람들은 복장이 이상했다. 내가 들어서자 종이 신발 끌리던 소리가 멎으면서 마스크를 쓴 세 사람의 시선이 일제히 내게로 쏠렸다. 막 돌아서려는데 한 간호사가 내 쪽으로 왔다.

내 기억에 그녀는 두 가지를 물었다.

"여기가 어딘지 아세요?"

나는 몰랐다.

"나가주시겠어요?"

나는 나왔다.

불현듯 두 가지가 깨달아졌다. 1) 나는 수술실에 들어가 있었다. 2) 분명히 거기는 내 자리가 아니었다. 밖으로 나오려는데 창피하고 적잖이 바보가 된 기분이었다. 설상가상으로 내가 미처 도망치기 전에 마스크 차림의 다른 간호사가 문밖으로 고개를 내밀고 큰 소리로 말했다. "일요일 날 뵙겠습니다, 스윈돌 의사 선생님."

나는 왜 수술실에서 환영받지 못했을까? 깨끗하지 못했기 때문이다. 수술실의 기준으로 볼 때 나는 머리끝부터 발끝까지 더러웠다. 수술실에 들어가려면 누가 불러줘야 하고 씻음을 받아야 한다.

하지 않으면 어떻게 될까? 저자는 26-31절에서 행여 그 반대로 하는 사람들에게, 즉 하나님과의 친밀한 교제를 멀리하거나, 고백의 빛을 가리거나, 신앙 공동체를 버리는 이들에게 엄중한 경고를 발한다. 10장 전체의 논증을 보면 39절에 상반된 두 부류의 사람들이 요약되는데 이번 26-31절에는 그중 부정적인 쪽이 제시된다. 즉 "뒤로 물러가 멸망할 자"부터 여기에 먼저 거론되고, "영혼을 구원함에 이르는 믿음을 가진 자"는 다음 단원(10:32-39)에 다루어진다.

26절과 관련하여 일차로 답할 질문은 "우리가…짐짓 죄를 범한즉"이라는 저자의 말에서 "우리"가 누구냐는 것이다. 이를 구원받지 못한 사람들로 보는 입장이 있다. 그들의 신앙 고백은 진정이 아니며, 죄를 끊지 못했다는 사실이 그 증거라는 것이다.[54] 다른 입장에서는 이를 한때 진정으로 구원받았으나 배교하여 구원을 잃는 사람들, 즉 "자신의 신앙을 부정하는 참 신자들"로 본다.[55] 이번 경고 본문의 어법과 은유와 심지어 구조까지도 6장의 경고와 매우 비슷하다 보니 성경학자들은 대개 두 경고의 대상을 같은 부류로 본다. 즉 참으로 구원받지 못한 사람들, 또는 구원을 잃는 사람들, 또는 구원받았으나 무서운 심판에 직면하는 사람들이다. 내 견해는 그중 세 번째다. 10장에서 경고하는 대상은 은혜와 믿음으로 영원한 구원을 받았으나 행여 나중에 타락하여 다시는 돌이킬 가망이 없는 죄의 상태에 빠지는 사람들이다. 그 결과 그들은 한시적 심판을 당하고 하늘의 상급을 잃지만 영생을 잃지는 않는다.[56]

도널드 거스리가 제대로 주해했듯이 일인칭 복수 "우리"는 히브리서 저자가 "경고의 대상에 자신도 포함시켰다"는 뜻이다.[57] 더욱이 앨런은 "경고의 대상이 신자들임을 이런 어법이 강하게 나타내준다"고 말했다.[58] 그러므로 복음을 귓등으로만 들은 비신자들이나 경건의 모양만 있을 뿐 참으로 구원받은 적이 없는 거짓 신자들을 이 경고의 대상으로 보아서는 안 된다. 26-31절에 의도된 사람들은 "진리를 아는 지식"을 충분히 받았다(10:26). 여기 "지식"에 해당하는 헬라어 단어 에피그노시스(*epignōsis*, 1922)는 의미가 강하여 하나님을 진정으로 충분히 아는 구원의 지식을 암시하는 본문들에 쓰였다.[59] 이는 단지 어렴풋이 인식하는 정도를 뜻하지 않는다.[60] 이는 진리를 아는 지식을 그들이 듣기만 한 것이 아니라 받았다는 사실로도 확증된다. 아울러 하나님이 "그의 백성"(10:30)을 심판하신다는 저자의 우회적 언급에도 "우리"가 지칭하는 것이 진정한 신자 곧 하나님의 백성임이 더 드러나 있다.

요컨대 저자가 경고하는 대상은 진정한 신자지만 그의 삶이 그리스도께 순종하는 믿음의 삶과 정반대라서 비신자와 뚜렷이 구별되지 않는 잠재적 부류의 사람들이다. 그들은 신자지만 그분께 더 가까이 가기는커녕 그분에게서 멀어졌다. 영적 성장과 격려의 공동체를 떠나 감시에서 벗어났다. 이로써 그리스도의 인격과 사역을 믿던 자신의 신앙 고백을 저버렸다. 그분이 이루신 일만이 그들의 죗값을 치를 수 있는데도 말이다. 그들은 거듭났지만 알면서도 계속 죄를 짓는다(10:26). 이는 단지 실족이나 한때의 반항이 아니며 유혹과 죄에 맞서 지속적으로 씨름하는 것도 아니다. 그거라면 우리도 다 겪는 일이지만, 이것은 은혜로우시고 자비로우신 사랑의 아버지께 대드는 노골적 반역이다.

저자가 다시 작은 것에서 큰 것으로 나아가는 논법으로 지적했듯이 옛 언약 아래서 율법에 반항한 자들은 호된 심판을 받았다(10:28). 그러니 그리스도의 죽음과 부활을 통해 세워진 우월한 언약 아래서 하나님의 은혜에 노골적으로 반항하는 이들은 얼마나 더 심판을 받겠는가(10:29)! 그들은 성부와 성자와 성령을 대적했고 거만하게 주님께 반란을 일으켰다(10:29-30). 이렇게 완고하여 회개하지 않는 죄인들에게는 하나님의 무서운 진노(10:27)와 복수가 기다리고 있다(10:27, 30-31). 요컨대 하나님은 자기 자녀들이 선을 넘어 돌이키지 못할 지경에 이르면-계속 고의로 그분께 반항하면-그들을 엄히 징계하신다. 공정하게 물리적 목숨을 앗아가실 수도 있다(행 5:1-10, 고전 11:27-30, 요일 5:16). 어느 경우든 그들은 그리스도의 심판대 앞에서 하늘의 상급을 잃는다(고전 3:15, 고후 5:10).

6장의 경고 본문을 논할 때 보았듯이 저자는 이런 경우를 드문 일로 보았으나 그래도 현실이 될 수 있다. 이 서신의 수신자들에게 아직은 그런 일이 없었지만, 그중 일부가 계속 그리스도의 은혜와 새 언약을 떠나는 쪽으로 간다면 그렇게 될 수도 있었다.

—10:32-39—

이제 저자는 완고한 반항에 임하는 최종 결과에 대한 무서운 전망(10:26-31)에서 그리스도를 신실하게 따르는 이들에 대한 멋진 비전으로 방향을 돌린다(10:32-38). 전자는 "뒤로 물러가 멸망할 자"에 해당하지만, 후자는 "영혼을 구원함에 이르는 믿음을 가진 자"다(10:39). 그는 수신자들이 두 번째 부류에 속한다고 온전히 믿었다. 이전에 그리스도인다운 삶으로 나타난 그들의 귀한 믿음과 순종이 이미 그 증거였다(참조. 6:9-12).

그가 독자에게 일깨웠듯이 예전에-그리스도를 아는 구원의 지식으로 처음 빛을 받은 후에(참조. 6:4)-그들은 큰 고난과 공개적 비방과 환난과 박해를 견뎌냈다(10:32-33). 이런 시련의 한가운데서도 견고하게 계속 그리스도인으로서 증언했다. 그리스도를 위한 고난을 피하지 않았고(10:33), 어려움에 처한 이들에게 진정한 사랑과 관심을 베풀었으며(10:34), 이 땅의 낙보다 하늘의 상을 더 중시했다(10:34).

26-31절에 안락한 이들을 따끔한 경고로 괴롭게 했던 저자는 이제 고난당하는 이들을 위대한 약속들로 위로한다. 자칫 흘러 떠내려갈 수 있는 전자의 부류에게는 회개가 필요했다. 후자의 부류에게 필요한 것은 인내인데, 이미 고난 중에 인내하는 능력을 보인 그들인지라 아무것도 그들의 앞길을 막을 것이 없다. 담대히 헌신하면서 계속 전진하여 그리스도를 믿고 순종하면 된다.

연약하고 지친 신자들이 힘들 때 쉬고 싶거나 난공불락 같은 장애물 앞에서 물러서고 싶은 마음은 정상이다. 서신의 첫 독자들도 그런 거대한 난관에 부딪혀 있었다. 오르막이 어찌나 가파르고 험해 보이던지 돌아서서 오던 길로 도로 가고 싶었다. 그래서 저자는 37-38절의 격려에 경고를 가미한다. 구약의 두 본문을 한데 엮어 풀어썼는데, 하나는 시련이 지나갈 때까지 견디라는 격려의 본문이고(사 26:20), 또 하나는 믿음의 삶에서 떨어져나가는 이들에게 신속히 심판이 임한다는 경고의 본문이다(합 2:3-4).

저자의 메시지는 분명하다. 여정이 거의 끝나가니 견뎌내라. 상급은 그만한 가치가 있지만, 떨어져나가면 결과가 너무 혹독하다. 비록 격려에 불길한 경고를 곁들이기는 했지만 저자는 수신자들의 상태를 확신했다. "우리는 뒤로 물러가 멸망할 자가 아니요 오직 영혼을 구원함에 이르는 믿음을 가진 자니라"(10:39).

적용: 히브리서 10:19-39
올바른 반응

위대한 설교자일수록 고난당하는 이들을 위로하고 안락한 이들을 괴롭게 하는 데 능했다. 조나단 에드워즈(Jonathan Edwards)도 그중 하나였다. 18세기의 청교도 목사인 그는 조지 윗

필드(George Whitefield)와 존 웨슬리(John Wesley) 같은 선각자들과 함께 제1차 대각성운동을 통해 당시 깊이 잠들어 있던 기독교계를 깨웠다. 조나단 에드워즈는 1741년 7월 8일 코네티컷주 엔필드에서 그의 설교 중 가장 유명한 설교를 남겼다. 이 설교에서 조나단 에드워즈는 침울한 청중을 매섭게 질타했다. 이 설교는 "진노한 하나님의 손에 붙들린 죄인들"이라는 제목으로 역사에 보전되었다. 그가 평소대로 차분하고 침착하게 원고를 읽어 내려가자 내용 자체가 위력을 발휘하여 청중의 마음속을 뚫고 들어가 회심과 회개로 이끌었다. 다음은 그 명설교의 한 대목이다.

> 지금 하나님의 진노의 먹구름이 무서운 폭풍과 요란한 우레를 가득 머금고 바로 여러분의 머리 위에 떠 있습니다. 하나님이 손으로 제지하지 않으시면 당장 여러분 위에 쏟아질 것입니다. 주권적인 하나님이 이 상태를 좋게 여기셔서 광풍을 막고 계십니다. 그렇지 않으면 회오리바람처럼 맹렬히 몰아치는 파멸에 여러분은 여름 타작마당의 겨처럼 될 것입니다.[61]

1700년 후 조나단 에드워즈가 했던 설교처럼 히브리서 저자의 말도 어둡고 불길한 심판의 경고로 오늘날 우리 위에 머물러 있다. 다행히 아직은 하나님이 막고 계셔서 우리에게 늘 희망이 있다. 모여드는 먹구름 사이로 한 줄기 빛이 새어들어 우리를 선택의 기로로 부른다. 우리는 경고를 귀담아듣고 믿음 안에 견고히 설 것인가, 아니면 뒤로 물러가 멸망하여 반항의 결과를 당할 것인가(10:39)?

19-39절의 경고를 확실히 귀담아듣기 위해 자신에게 아래의 심층 질문을 던져보라. 그냥 읽지만 말고 숙고하라. 이로써 자신의 가장 내밀한 동기를 살피고 행동의 지침으로 삼으라.

- 나의 신앙생활은 어디로 가고 있는가?
- 나는 하나님께 더 가까이 가는가, 아니면 그분에게서 흘러 떠내려가고 있는가?
- 나는 신앙 고백 안에 견고히 서 있는가, 아니면 뒤로 물러가 멸망으로 치닫는가?
- 나는 하나님의 사람들과 자주 모이는가, 아니면 모이기를 폐하는가?

• 나는 동료 신자들에게 사랑과 선행을 적극적으로 격려하는가, 아니면 그들의 행보에 피해를 주는가?

이런 물음에 답해보면 당신이 뒤로 물러가는 부류와 견고히 서는 부류 중 어느 쪽에 가까운지 드러날 것이다. 현재 당신이 어느 부류에 해당하든 책장을 넘기기 전에 반드시 결단하라. 올바른 방향으로 돌이키는 회개가 필요할 수 있고, 믿음과 순종의 오르막길을 고수하는 인내가 필요할 수도 있다.

이 기회를 무시하지 말고 하나님께 가까이 나아가라. 씻음을 받고 가라.

주

1. Bauer 외, *A Greek-English Lexicon*, 683.
2. 같은 책, 770.
3. Polybius, *The Histories of Polybius*, 제1권, E. Schuckburgh 번역(London: Macmillan, 1889), 214.
4. 이 주제의 학문적 논의에 대한 개괄과 단어 디아테케의 다른 해석에 대해서는 다음 책을 참조하라. Allen, *Hebrews*, 477–481.
5. "죽음에서"라는 문구는 헬라어로 에크 타나투(*ek thanatou*, 1537+2288)이며 '죽음으로부터'로 직역된다. 알다시피 하나님은 예수님의 죽음을 면해주신 것이 아니라 부활의 기적으로 죽음의 한가운데서 구원하셨다.
6. Bauer 외, *A Greek-English Lexicon*, 615.
7. Guthrie, *Hebrews*, 134.
8. Barclay, *The Letter to the Hebrews*, 60.
9. Ray Stedman, *How to Live What You Believe: A Life-Related Study of Hebrews*, Bible Commentary for Laymen, 재판(Ventura, CA: Regal Books, 1986), 71.
10. Brown, *The Message of Hebrews*, 112.
11. Guthrie, *Hebrews*, 147.
12. Barclay, *The Letter to the Hebrews*, 66.
13. F. F. Bruce, *The Epistle to the Hebrews*, The New International Commentary on the New Testament(Grand Rapids: Eerdmans, 190), 139–140.(『히브리서: 뉴인터내셔널 주석 17』 생명의말씀사 역간)
14. Brown, *The Message of Hebrews*, 106.
15. 다음 책의 논의를 참조하라. Allen, *Hebrews*, 341–342.

16. 신자를 한 번만 아니라 성부와 성자와 성령의 이름으로 세 번 물속에 담그던 옛 기독교의 관행을 지칭할 수도 있다. 다음 책을 참조하라. Otto Michel, *Der Brief an die Hebräer*, 제8판(Göttingen: Vandenhoeck & Ruprecht, 1984), 239.
17. Martin H. Manser 편집, *The Westminster Collection of Christian Quotations*(Louisville: Westminster John Knox, 2001), 88.
18. Bauer 외, *A Greek-English Lexicon*, 7.
19. Allen, *Hebrews*, 403.
20. 히브리서 저자는 유대교 랍비의 해석법인 미드라시를 기용한 듯 보이는데(Allen, *Hebrews*, 410) 이는 "우화적 해석에 가깝다"(Guthrie, *Hebrews*, 260). 구약 본문의 이런 해석법에 대한 논의는 다음 책을 참조하라. Longenecker, *Biblical Exegesis in the Apostolic Period*, 18-24. 아울러 이 책 130페이지에 따로 설명한 "우화적 해석?"도 참조하라.
21. Bauer 외, *A Greek-English Lexicon*, 158.
22. 이것이 고금을 통틀어 유대교와 기독교와 영지주의 사상가들을 비롯한 일부 주석가의 견해였다. 다양한 관점은 다음 책을 참조하라. Allen, *Hebrews*, 408-410.
23. 다음 책을 참조하라. Guthrie, *Hebrews*, 160.
24. John Adair, "What's the Meaning of This? A History of Interpretation", 출전: *Insight's Bible Handbook: Practical Helps for Bible Study*(Plano, TX: IFL Publishing House, 2007), 60.
25. Roy B. Zuck, *Basic Bible Interpretation*(Wheaton, IL: Victor Books, 1991), 29.
26. 바울이 사용한 우화에 대해서는 다음 두 책을 참조하라. E. Earle Ellis, *Paul's Use of the Old Testament* (Grand Rapids: Baker, 1981). Colin Brown, "Parable, Allegory, Proverb", 출전: *The New International Dictionary of New Testament Theology*(Grand Rapids: Zondervan, 1976), 2:747-748, 754-756.
27. Bruce, *Epistle to the Hebrews*, 163.
28. R. Kent Hughes, *Hebrews*, 191.
29. Allen, *Hebrews*, 417.
30. Bauer 외, *A Greek-English Lexicon*, 629.
31. Allen, *Hebrews*, 428.
32. Barclay, *Letter to the Hebrews*, 97.
33. Allen, *Hebrews*, 428.
34. Charles C. Ryrie, *Dispensationalism*(Chicago: Moody, 1995), 115.
35. Brown, *The Message of Hebrews*, 136.
36. William Smith, *A Smaller Dictionary of Greek and Roman Antiquities*, 제9판(London: John Murray, 1874), "Pontifex" 항목.
37. Minou Schraven, "Founding Rome Anew: Pope Sixtus IV and the Foundation of Ponte Sisto, 1473", 출전: *Foundation, Dedication and Consecration in Early Modern Europe*, Maarten Delbeke & Minou Schraven 편집(Leiden: Brill, 2012), 146.
38. Allen, *Hebrews*, 443.
39. 다음 책을 참조하라. Guthrie, *Hebrews*, 181.

40. Allen, *Hebrews*, 460–461.
41. Guthrie, *Hebrews*, 183.
42. Barclay, *Letter to the Hebrews*, 127.
43. Guthrie, *Hebrews*, 194.
44. Josephus, *Antiquities of the Jews* 3.8.6, 출전: *The New Complete Works of Josephus*, 개정증보판, William Whiston 번역, Paul L. Maier 편집(Grand Rapids: Kregel, 1999), 128.(『유대 고대사』 생명의말씀사 역간)
45. 다음 책을 참조하라. R. Kent Hughes, *Hebrews*, 239.
46. 다음 책을 참조하라. Bauer 외, *A Greek-English Lexicon*, 24.
47. 다음 책을 참조하라. Derek Johnston, *A Brief History of Philosophy: From Socrates to Derrida* (London: Continuum, 2006), 42.(『철학 지도 그리기』 지식나이테 역간)
48. David Gooding, *An Unshakeable Kingdom: The Letter to the Hebrews for Today*, Myrtlefield Expositions(Coleraine, Ireland: Myrtlefield Trust, 2013), 199.
49. Allen, *Hebrews*, 496.
50. Brown, *The Message of Hebrews*, 185.
51. 같은 책.
52. 다음 책을 참조하라. Guthrie, *Hebrews*, 216.
53. Bauer 외, *A Greek-English Lexicon*, 709.
54. 다음 책을 참조하라. Brown, *The Message of Hebrews*, 189–191.
55. Grant Osborne, "A Classical Arminian View", 출전: *Four Views of the Warning Passages in Hebrews*, Herb W. Bateman IV 편집(Grand Rapids: Kregel, 2007), 120.
56. 이 책 112–116페이지에 나오는 히브리서 6장의 경고 본문에 대한 논의를 참조하라.
57. Guthrie, *Hebrews*, 219.
58. Allen, *Hebrews*, 520–521.
59. 다음 여러 구절을 참조하라. 로마서 10:2, 에베소서 1:17, 4:13, 빌립보서 1:9, 골로새서 1:9, 10, 2:2, 3:10, 디모데전서 2:4, 디모데후서 2:25, 3:7, 디도서 1:1, 빌레몬서 1:6, 베드로후서 1:2, 3, 8, 2:20.
60. 헬라어 단어 그노시스(1108)도 진정한 지식을 가리킬 수 있지만, 불충분하거나 의문의 여지가 있거나 심지어 잘못된 '정보'나 '인식'의 의미로 쓰이기도 한다. 다음 여러 구절을 참조하라. 고린도전서 8:1, 7, 10, 11, 13:8, 디모데전서 6:20.
61. Jonathan Edwards, "Sinners in the Hands of an Angry God", 출전: *Sinners in the Hands of an Angry God and Other Puritan Sermons: Jonathan Edwards and Others*, David Dutkanicz 편집, Dover Thrift Editions, Mary Carolyn Waldrep 편집(Mineola, NY: Dover Publications, 2005), 177.(『진노한 하나님의 손에 붙들린 죄인들』 생명의말씀사 역간)

그리스도는 우리 믿음의 경주를 위해 우월하시다

히브리서 11:1-13:25

저자는 1–10장까지 그리스도가 인격과 사역에서 우월하심을 압도적인 성경의 증거와 신학적 논증으로 입증했다. 그중 첫 단락(1:1–4:16)에서는 그리스도가 인격에서 우월하심을 보였고, 두 번째 단락(5:1–10:39)에서는 그리스도가 우리의 대제사장으로서 우월하심을 예시했다. 이제 세 번째이자 마지막 단락(11:1–13:25)에서 저자는 서신의 가장 실천적인 부분으로 넘어가 그리스도가 우리 믿음의 경주를 위해 우월하심을 설명한다.

1–10장에 입증된 깊고도 넓은 교리적 기초를 단단히 딛고 마침내 논증은 절정에 이른다. 즉 그리스도의 탁월하신 인격 앞에 우리는 마땅히 전심을 다해 신실해야 한다는 것이다. 일부러 "신실함"이라는 단어를 쓰는 것은 이 위대한 석 장(11–13장)의 풍요로움을 이끌어내기 위해서다. 우리 반응의 뿌리는 믿음이다. 그런데 이 믿음은 그리스도 안의 성숙이라는 목표를 향해 경주하지 못하는 공허한 믿음이 아니라 충만한 믿음이다. 이 삶의 동기는 그리스도의 탁월한 인격과 사역이고, 능력은 성령으로 말미암으며, 영광은 하늘 아버지께로 돌아간다.

이 석 장은 얼마나 놀라운 말씀인가! 여기서 지난날의 참으로 위대한 믿음의 사람들을 만날 수 있을 뿐 아니라 우리도 힘을 얻어 그들을 본받을 수 있다. 오늘의 우리도 그때의 그들처럼 길으면 된다. 예리하고 용감하게 기록된 이 종결부는 우리에게 믿음으로 일어나 철저히 그리스도인다운 태도와 행동을 보이라고 도전한다. 우리는 이 일을 혼자 하지 않으며 자력으로 이루지도 않는다. 그리스도의 탁월하신 인격이 우리 믿음의 경주에 우월한 길잡이가 된다(11장). 그분이 주시는 이 믿음으로 우리는 각종 시련을 견뎌낼 소망이 있다(12장). 그리고 그리스도 중심의 그 믿음과 소망은 사랑의 생활방식으로 완성된다(13장).

히브리서의 실천편인 이 마지막 단락은 흔들리는 유대인 신자들을 굳건하게 해주려고 기록되었다. 유혹과 시련과 환난에도 불구하고 인내하도록 말이다. 어제나 오늘이나 영원토록 동일하신 예수 그리스도(13:8)는 2천 년 전에 그들과 함께 계셨듯이 지금도 늘 우리 곁에 계신다. 그분은 믿음의 경주에 필요한 힘의 우월한 원천이시다. 우리의 영원하신 대제사장으로서 과거에도 현재에도 미래에도 언제나 인격과 사역에서 우월하시기 때문이다.

핵심 용어

πίστις [*pistis*, 피스티스](*4102*) '믿음', '의지', '신뢰'

헬라어를 쓰던 유대인들과 그리스도인들에게 피스티스는 하나님과 관계를 맺던 수단이었다. 신약의 발전된 의미에서 믿음은 사람이 하나님의 자녀가 되어(엡 2:8-9) 내주하시는 성령을 받는 수단이다(갈 3:14). 그때부터 믿음의 삶이 전개된다. 히브리서에 정의된 믿음은 "바라는 것들의 실상이요 보이지 않는 것들의 증거"다(히 11:1). 이어 믿음이 어떻게 신실한 삶의 기초이며 하나님을 향한 복종과 순종으로 표현되는지 예시된다(히 11장).

παιδεία [*paideia*, 파이데이아](*3809*) '징계', '교육', '지도'

12장 5절에 "징계"로 번역된 뒤 11절까지 설명되는 헬라어 단어 파이데이아는 "책임감 있는 삶과 양육과 훈련과 교육을 위해 지도를 베푸는 행위로서…주로 징계나 책망을 통해 이루어진다"는 뜻이다.[1] 성난 부모의 책망과 처벌이 이런 징계에 항상 수반된다는 개념은 머릿속에서 지워야 한다. 징계는 운동선수의 훈련과 신병의 기초 훈련에도 소용되며, 성화에 힘쓰는 우리의 영적 훈련에도 같은 단어가 쓰인다. 이 모든 용법의 '징계'는 긍정적이다. 그러나 전체 훈련 프로그램에는 부정적 책망과 처벌도 포함되게 마련이다. 어느 경우든 징계는 인간의 평소 성향에 반하며 그래서 늘 싫거나 불편하다.

평범한 사람들의 비범한 믿음(히브리서 11:1-7)

1믿음은 바라는 것들의 실상이요 보이지 않는 것들의 증거니 2선진들이 이로써 증거를 얻었느니라
3믿음으로 모든 세계가 하나님의 말씀으로 지어진 줄을 우리가 아나니 보이는 것은 나타난 것으
로 말미암아 된 것이 아니니라 4믿음으로 아벨은 가인보다 더 나은 제사를 하나님께 드림으로 의로
운 자라 하시는 증거를 얻었으니 하나님이 그 예물에 대하여 증언하심이라 그가 죽었으나 그 믿음으
로써 지금도 말하느니라 5믿음으로 에녹은 죽음을 보지 않고 옮겨졌으니 하나님이 그를 옮기심으로
다시 보이지 아니하였느니라 그는 옮겨지기 전에 하나님을 기쁘시게 하는 자라 하는 증거를 받았느
니라 6믿음이 없이는 하나님을 기쁘시게 하지 못하나니 하나님께 나아가는 자는 반드시 그가 계신 것
과 또한 그가 자기를 찾는 자들에게 상 주시는 이심을 믿어야 할지니라 7믿음으로 노아는 아직 보이
지 않는 일에 경고하심을 받아 경외함으로 방주를 준비하여 그 집을 구원하였으니 이로 말미암아 세
상을 정죄하고 믿음을 따르는 의의 상속자가 되었느니라

오감에 의지하고 감각에 지배당하며 과학으로 해부되는 현대 세상에서 그리스도인의 믿음의 삶은 수수께끼다. A. W. 토저(A. W. Tozer)가 저서 『신앙의 기초를 세워라』에 지적했듯이 참된 그리스도인은 "본 적도 없는 분을 향해 최고의 사랑을 느끼고, 보이지 않는 분과 매일 친밀하게 대화하며…보이지 않는 것을 보고, 들리지 않는 것을 들으며, 지식 너머에 있는 것을 안다."[2] 세상에 회의론과 물질주의가 더해갈수록 믿음의 사람은 더 별나 보일 것이다. 하나님의 말씀과 보이지 않는 것을 믿고 영원에 투자하다니 얼마나 이상해 보이겠는가!

그러다 보니 인내하는 믿음의 삶을 엘리트층의 신앙 영웅들에게 한정된 영예로 생각하기 쉽다. 그들에게는 보이지 않는 것을 분별하고, 믿기지 않는 것을 믿으며, 불가피한 일에 맞서는 초자연적 능력이 있어 보인다. 실제로 교회사에는 출중한 '성인'의 기념비가 즐비하여 베드로, 아우구스티누스, 아퀴나스, 루터, 칼뱅, 웨슬리, 무디, 스코필드 같은 이름으로 장식된 교회와 병원과 대학과 심지어 도시도 많이 있다. 이런 전설적 인물들이 줄지어 있다 보니 믿음의 삶의 귀감이 되고도 주목받지 못한 숨은 신자들을 간과하기 쉽다. 그들의 이야기는 역사서에 수록되지 못했다.

약간 『리더스 다이제스트』처럼 구약의 축약판인 히브리서 11장은 성경 역사를 훑어나가면서 하나님의 구원이라는 대하드라마에 등장했던 잘 알려진 영웅과 덜 알려진 영웅을 쭉 열거한다. 여기 비범한 믿음을 보여준 평범한 사람들이 있다. 그들의 믿음은 주변 사람들을 당혹하게 했으나 위에 계신 하나님께는 기쁨이 되었다.

—11:1-3, 6—

저자는 성경 역사 속에서 신실한 사람들의 여정을 불러오기 전에 믿음을 간단하면서도 풍부하게 정의한다(11:1-2). 믿음은 무지한 맹목적 시도나 긍정적 사고나 교만한 억측이나 잘 속는 고지식함이 아니다. 믿음은 하나님을 신뢰하는 마음이다. 그분의 말씀이 참이며 그분이 약속대로 행하신다는 굳센 확신이다.

저자가 믿음을 정의한 1절에 두 소절이 대구를 이룬다.

믿음은	
바라는 것들의	실상이요
보이지 않는 것들의	증거니

"실상"('확신', NASB)으로 번역된 헬라어 단어는 휘포스타시스(*hypostasis*, 5287)로 대상의 본질이나 실체를 가리키며 직역하면 '아래에 서 있는' 기초나 지지대가 된다.[3] 이 단어와 짝을 이루는 헬라어 단어는 "증거"('보증', NASB)로 번역된 엘렝코스(*elenchos*, 1650)로 일반 헬라어에서 "사물이 진품임을 보여주는 '시험'이나 '실험'"을 뜻했다.[4] 이 둘은 "바라는 것들"과 "보이지 않는 것들"(11:1)-무형의 영적 세계의 진실성, 하나님이 약속하신 미래의 신빙성-을 유효하다고 믿는 근거가 된다. 그래서 이 밀도 높은 정의는 믿는 상태(믿음)만 아니라 믿는 행위(신실함)까지도 아우른다.[5]

이런 믿음은 보이지 않는 현재 일이나 알 수 없는 미래에만 국한되는 것이 아니라(11:1) 관찰할 수 없는 과거사에 대한 하나님의 말씀을 액면 그대로 받아들이는 데도 필요하다. 일례로 하나님이 무에서 만물을 창조하신 일을 생각해보라. 하나님 자신의 창조 기록을 믿는 믿음을 통해서만 우리는 이 불가해한 우주를 그분이 친히 창조하셨음을 알 수 있다(11:3). 제1원인의 존재를 철학적으로 논증하거나 지성적 설계자에 대한 과학적 증거를 제시할 수 있지만, 결국 창세기 1장 1절의 전능하신 창조주를 믿지 않고는 이 근본 진리를 결코 깨달을 수 없다.

나는 성경 본문을 강해할 때 여간해서 몇 구절을 건너뛰는 일이 없는데, 지금은 저자가 정의한 믿음을 마저 다 고찰하기 위해 6절로 넘어가보자. 신실함의 처음 세 모본(아벨, 에녹, 노아)을 기술하던 저자는 중간에 한 줄을 삽입하여 믿음의 삶을 더 정의한다. 이 믿음이 어떻게 작동하는지를 설명한 것이다. 믿음의 삶에는 겸손히 의지하는 태도가 전제되는데 이는 세 가지 모습으로 나타난다.

첫째, 믿음으로 우리는 하나님께 나아간다(11:6). 그분이 존재하는 모든 것과 우리에게 필요한 모든 것의 위대한 근원이심을 인정한다는 뜻이다. 그래서 우리는 두 팔을 벌리고 열린 마음으로 그분께 간다. 그분은 우리를 피하거나 숨지 않으시고 언제나 만나주신다. 우리 쪽에서 믿음으로 그분께 가기면 하면 된다.

둘째, 믿음으로 우리는 그분이 존재하심을 받아들인다(11:6). 인간의 눈으로 보고 손으로 만지려는 욕심을 버린다는 뜻이다. 무조건 증거를 내놓으라는 회의론의 자세를 우리는 개방과 신뢰라는 그리스도인의 자세로 대체한다.

셋째, 믿음으로 우리는 약속을 지키실 그분을 신뢰한다(11:6). 그분의 존재를 받아들이고 믿음으로 나아오는 이들에게 그분은 상을 주시기로 약속하셨다. 하나님의 전지전능하신 속성과 신실하고 진실하신 성품에 근거하여 우리는 그분이 신빙성 있는 분임을 믿음으로 안다. 그래서 온전히 그분을 의지할 수 있다.

그래서 믿음의 사람은 하나님의 말씀을 의심 없이 믿고 군말 없이 그 말씀대로 행동한다. 제2대 유엔 사무총장을 지낸 다그 함마숄드(Dag Hammarskjöld)는 그런 살아 있는 믿음을 보여준 한 신자에 대해 일기장에 이렇게 적었다.

히브리서 11장에 나오는 믿음에 관한 5가지 사실

1. **믿음은 실상과 증거를 구축한다**(1절). 믿음은 과거에 대한 의심, 현재의 불안, 미래에 대한 두려움을 몰아낸다.
2. **믿음은 미래를 담대히 맞이한다**(1절). 믿음은 소망을 굳혀주고 시련의 강풍도 거뜬히 견뎌낸다.
3. **믿음은 보이지 않는 실체에 초점을 맞춘다**(1, 3절). 믿음은 비신자들이 결코 받아들이지 않을 "보이지 않는 것들"을 지각한다.
4. **믿음은 소기의 목적대로 하나님을 기쁘시게 한다**(2, 6절). 믿음은 선행이나 좋은 감정이나 선한 의도 등으로 대체될 수 없다.
5. **믿음은 우리 삶을 온전히 하나님께 집중시킨다**(6절). 믿음은 신실한 사람에게 상을 주신다는 하나님의 약속을 진지하게 받아들인다.

> 그는 아무도 가지 않는 길을 갔는데 이유는 하나였다. 따라오거나 하다못해 이해하는 사람이 있는지를 물어보지 않고도 전진할 용기가 있었기 때문이다. 다른 사람들은 책임을 분산시켜 조롱을 면하려 하지만 그는 그럴 필요가 없었다. 다른 사람의 인정이 필요 없는 믿음을 부여받았기 때문이다.[6]

바로 이런 믿음이 하나님께 인정(증거)을 받는다(11:2). 세상 사람들이 보기에 이런 믿음의 삶은 위험하거나 심지어 무모해 보일 수 있다. 그러나 사실은 전혀 위험하지 않다. 하나님의 성품이 신빙성 있기 때문이다. 하나님의 하나님 되심에 의지하여 우리는 믿음의 발걸음을 내디딜 수 있다. 무작정 첫걸음마를 떼는 아이를 엄마가 잘 보고 있다가 사랑으로 잡아주는 것처럼 하나님도 늘 곁에서 우리를 품어주실 것을 알기 때문이다.

—11:4–5, 7—

믿음의 정의로 11장의 화폭에 테두리를 그린 저자는 이제부터 화려한 색을 입혀 믿음의 삶을 예시한다. 그런데 이 '믿음의 행렬'에 그가 맨 먼저 내세우는 면면은 국조 아브라함이나 구원자 모세나 왕 다윗이나 선지자 엘리야가 아니다. 믿음의 심오한 정의를 실천한 신실한 삶의 사례로서 그는 목자와 설교자와 건축자를 앞세운다. 셋 다 평범한 사람인데 믿음이 비범했다.

4절에 아벨이라는 목자가 소개된다. 이 이름이 언급되는 것과 더불어 우리는 지상 최초의 가정이 살던 태곳적으로 거슬러 올라간다. 창세기 4장에 보면 아벨은 목자였고 그의 형 가인은 농부였다(창 4:2). 본문에 언급되지는 않았어도 암시되어 있듯이 하나님은 진정한 예배에 요구되는 제사의 요건이 피 제사임을 사전에 알려주셨다(창 4:3–7). 아벨은 "선을 행하"여(창 4:7), 즉 순종하여 하나님이 요구하신 동물 제사를 드렸으나 가인은 굳이 자기 방식대로 수고의 소산을 드렸다. 당신도 결과를 알겠지만, 하나님은 아벨이 믿음으로 드린 제물만 받으시고 가인의 제물은 받지 않으셨다(창 4:3–5). 그러자 질투에 휩싸인 가인은 하나님이 보시기에 옳게 행동한 동생을 죽였다. 이 첫 사례에서 보듯이 믿음–하나님의 말씀을 액면 그대로 받아들임–이란 하나님을 신뢰할 뿐 아니라 또한 그대로 행동하는 것이다. 아울러 신실한 순종의 결과가 종종 박해요 때로 죽음이라는 뼈아픈 진리도 여기에 예증된다.

여기서 우리는 자기 기준대로 하나님께 가서 그분이 요구하지도 않으신 제물–선행, 인위적 의식, 진실한 의도 등–을 드리려는 인간의 타락한 본성을 볼 수 있다. 하나님이 구하시는 것은 단순한 신뢰와 순종이다. 이유가 이해되지 않을 때도 그분의 말씀대로 행하는 것이다. 저자는 한편으로 가인이 제멋대로 드린 제사와 모세 율법의 폐기된 동물 제사를 다른 한편으로 아벨의 신실한 제사와 예수 그리스도가 단번에 흘리신 피에 은연중에 대비했을 가능성도 있다(9:11–14).

믿음의 삶의 두 번째 사례는 에녹이다(11:5). 대홍수 이전에 살았던 이 신비의 인물은 "하나님을 기쁘시게 하는" 삶으로 드러난 믿음 덕분에 죽음을 겪지 않았다. 하나님이 그를

"옮기"셨다. 나머지 성경에 기록된 에녹의 전기는 기껏해야 스케치 정도다. 기적처럼 하늘로 휴거된 기사의 원전은 창세기의 네 구절이다. "하나님과 동행하며" 자녀를 낳았다는 말이 두 번 나오고 이어 "하나님이 그를 데려가"셨다고 되어 있다(창 5:21-24). 그 밖에 유다서 1장 14-15절에 따르면 에녹은 장차 임할 하나님의 심판을 예견한 선지자였다.

또 하나 확실한 사실은 에녹이 노아 홍수의 불과 몇 세대 전에 살았다는 것이다. 즉 그는 날로 더 패역과 극악으로 치닫던 세상의 한가운데서 자녀를 기르며 의롭게 살았다. 세상은 그의 믿음의 삶을 보며 비웃었겠지만, 에녹은 그 세대를 본받지 않고 하나님께 보조를 맞추었다. 그의 믿음이 어찌나 하나님을 기쁘시게 했던지 그분은 홍수 심판 이전에 그를 이 땅에서 데려가셨다.

다음으로 히브리서 저자는 훨씬 더 잘 알려진 믿음의 영웅인 노아에게로 스포트라이트를 옮긴다(11:7). 그런데 창세기에는 노아에게 여섯 장이 할애되어 있는데도(창 5-10장) 히브리서 11장은 이 믿음의 거인의 기사를 딱 한 구절로 졸여내, 정죄당한 세상의 한가운데서 신실했던 그의 모습에 초점을 맞춘다. 하나님이 "보이지 않는 일"(히 11:7), 즉 임박한 홍수를 경고하시자 노아는 경외함으로 방주를 지어 주님의 명령에 순종했다.

창세기에 기술된 노아는 의인이요 당대에 흠이 없었으며, 에녹처럼 하나님과 동행했고 그분의 은총을 입었다(창 6:8-9). 당시 세상의 타락과 악이 극에 달했음을 생각하면 이는 더더욱 놀라운 일이다. 동시대인은 전부 죄악에 빠져 마음으로 생각하는 모든 계획이 항상 악했다(창 6:5). 그러니 노아는 얼마나 세상과 부조화했겠는가! 확신컨대 주변 모든 사람이 자기네가 홍수에 다 떠내려갈 때까지 노아 일가족을 조롱했을 것이다. 그런데도 노아는 하나님을 신뢰하고 순종했다(창 6:22, 7:5, 8-9, 16). 여론보다 하나님의 말씀을 믿고 그대로 실천했다.

아벨과 에녹과 노아는 하나같이 믿음의 정의를 삶으로 보여주었다. 보이지 않는 실체에 근거하여 보이지 않는 하나님을 사랑하고 보이지 않는 미래를 내다보며 살았다. 모든 믿음의 사람들처럼 이들 셋도 하나님을 기쁘시게 하는 사람의 상을 받았다. 이것은 행위가 아닌 오직 믿음으로 된 일이다.

적용: 히브리서 11:1–7

믿음의 다양한 적용

아벨과 에녹과 노아는 다 평범한 사람인데 믿음이 비범했다. 믿음으로 아벨은 하나님이 원하시는 방식대로 그분께 나아갔고 그 대가로 목숨을 잃었다. 믿음으로 에녹은 하나님의 말씀을 선포했고 그분은 그를 이 세상에서 구출하셨다. 믿음으로 노아는 하나님의 뜻을 수행하여 자기 일가족만 아니라 지상 모든 인류와 동물의 생명까지 구해냈다. 신실함의 결과가 이처럼 셋 다 판이한 데서 보듯이, 믿음의 삶은 그들 각자에게 달랐던 것처럼 우리 각자에게도 다르게 찾아온다.

당신의 삶은 어떤가? 아벨처럼 당신은 다른 사람들이 순종하지 않을 때도 하나님께 순종하는가? 말이 안 돼 보이거나 자신의 방법으로 '충분해' 보일 때도 순종하는가? 세상 기준과 다름으로 인한 대가를 치르고라도 단순히 하나님을 신뢰하며 순종하는가? 아벨은 순종하다가 목숨이라는 최고의 대가를 치렀다. 분명히 우리도 악한 세상의 한가운데서 믿음으로 주님을 예배하고 섬길 수 있다. 불편이나 조롱이나 박해까지도 감수할 수 있다.

에녹처럼 당신은 하나님과 동행하며, 가정의 정의 자체가 변질되고 있는 이때에 가족을 바르게 이끌고 있는가? 동네에서 신앙이 대화의 주제가 된다면 당신의 가정은 그리스도를 따르는 본보기로 꼽히겠는가? 사람들의 눈에 비치는 당신의 가정은 군계일학인가, 아니면 부화뇌동인가?

노아처럼 당신은 하나님의 일에 시간과 에너지와 재정과 재능을 투자하는가? 하늘에 투자하면 그만한 가치가 있다는 그분의 말씀을 믿는가? 아니면 야망과 우선순위와 추구의 중점을 덧없는 이 세상에 두는가?

당신이 하나님께 제사를 드리든 그분을 대변하여 말하든 그분의 말씀에 순종하든, 하나님이 찾으시는 한 가지는 곧 믿음이다. 기꺼이 신실하게 발을 내딛는 믿음이다. "바라는 것들의 실상이요 보이지 않는 것들의 증거"인 믿음이다(11:1).

따를 만한 신실한 발자취(히브리서 11:8–22)

8믿음으로 아브라함은 부르심을 받았을 때에 순종하여 장래의 유업으로 받을 땅에 나아갈새 갈 바를
알지 못하고 나아갔으며 9믿음으로 그가 이방의 땅에 있는 것 같이 약속의 땅에 거류하여 동일한 약
속을 유업으로 함께 받은 이삭 및 야곱과 더불어 장막에 거하였으니 10이는 그가 하나님이 계획하시
고 지으실 터가 있는 성을 바랐음이라 11믿음으로 사라 자신도 나이가 많아 단산하였으나 잉태할 수
있는 힘을 얻었으니 이는 약속하신 이를 미쁘신 줄 알았음이라 12이러므로 죽은 자와 같은 한 사람으
로 말미암아 하늘의 허다한 별과 또 해변의 무수한 모래와 같이 많은 후손이 생육하였느니라

13이 사람들은 다 믿음을 따라 죽었으며 약속을 받지 못하였으되 그것들을 멀리서 보고 환영하며
또 땅에서는 외국인과 나그네임을 증언하였으니 14그들이 이같이 말하는 것은 자기들이 본향 찾는 자
임을 나타냄이라 15그들이 나온 바 본향을 생각하였더라면 돌아갈 기회가 있었으려니와 16그들이 이
제는 더 나은 본향을 사모하니 곧 하늘에 있는 것이라 이러므로 하나님이 그들의 하나님이라 일컬음
받으심을 부끄러워하지 아니하시고 그들을 위하여 한 성을 예비하셨느니라

17아브라함은 시험을 받을 때에 믿음으로 이삭을 드렸으니 그는 약속들을 받은 자로되 그 외아들
을 드렸느니라 18그에게 이미 말씀하시기를 네 자손이라 칭할 자는 이삭으로 말미암으리라 하셨으니
19그가 하나님이 능히 이삭을 죽은 자 가운데서 다시 살리실 줄로 생각한지라 비유컨대 그를 죽은 자
가운데서 도로 받은 것이니라 20믿음으로 이삭은 장차 있을 일에 대하여 야곱과 에서에게 축복하였으
며 21믿음으로 야곱은 죽을 때에 요셉의 각 아들에게 축복하고 그 지팡이 머리에 의지하여 경배하였으
며 22믿음으로 요셉은 임종시에 이스라엘 자손들이 떠날 것을 말하고 또 자기 뼈를 위하여 명하였으며

오래전 1970년대에 읽었던 뉴스가 기억난다. 산으로 둘러싸인 오지에 근거를 둔 어느 종파에 속한 두 설교자에 대한 기사였는데 그들은 자청해서 믿음을 시험하다가 목숨을 잃었다. 마가복음 16장 18절에 근거하여 뱀을 다루고 독을 마심으로써 회중에게 자기네 믿음이 얼마큼 위력이 있는지를 증명하기로 작정했던 모양이다. 내 기억이 맞다면 그들은 그전에 살모사와 방울뱀에 물리고도 살아난 적이 있었다. 그래서 이번에는 기준을 높여 쥐약을 만드는 성분인 스트리크닌을 마셨다! 말할 것도 없이 믿음의 시험은 실패로 돌아가 두 사람 다 독을 마신 지 몇 시간만에 죽었다.

그들의 믿음과 행동은 성경 본문–마가복음 원작이 아닐 수도 있다[7]–을 잘못 해석한 데서 비롯되었다. 게다가 그들은 믿음과 억측의 경계선을 넘었다. 겉보기에는 대담하고 용감하며 굉장해 보였을 수 있다. 그러나 하나님은 일부러 뱀을 만지거나 자청해서 독을 마시

는 행위를 기뻐하지 않으신다.[8] 그런 행동을 명하신 적도 없고, 그런 식으로 그분을 시험하는 자들을 기적적으로 치유해주겠다고 약속하신 적도 없다(참조. 마 4:5-7).

다른 사람의 이목을 끌려는 미신적 과시로는 결코 하나님을 기쁘시게 할 수 없다. 그렇다면 어떻게 해야 하나님을 기쁘시게 할 수 있을까? 이 중요한 질문의 답이 6절에 나온다. "믿음이 없이는 하나님을 기쁘시게 하지 못하나니." 하나님을 기쁘시게 하려면 믿음이 있어야 한다. 믿음은 하나님이 내가 원하는 일을 내가 원할 때 내가 원하는 방식대로 해주시리라는 맹신이나 희망 사항이 아니다. 믿음은 하나님의 말씀에 겸손히 순종으로 반응하는 것이다. 그분의 말씀은 역사적 사실에 대한 진술일 수도 있고, 공급과 보호의 약속일 수도 있으며, 미래에 대한 예언일 수도 있고, 순종해야 할 명령일 수도 있다. 믿음은 단순한 신뢰며 항상 신실한 삶으로 나타난다.

앞서 1-7절에서 저자는 신실함 곧 '믿음의 행렬'이라는 초상화의 흰색 바탕을 이미 채우기 시작했다. 그동안은 아벨과 에녹과 노아의 믿음을 밑그림으로 칠했다(11:3-7). 이 영광스러운 작품의 다음 단계에서 그는 화폭의 중앙으로 옮겨가 아브라함과 사라의 이야기, 그들의 후손이자 족장들인 이삭과 야곱과 요셉의 이야기를 채워 넣는다(11:8-22). 이들은 모두 저마다의 방식으로 하나님을 기쁘시게 하는 믿음을 보여주었다. 따를 만한 길을 신실하게 걸었다.

—11:8-12—

미련하게 뱀을 건드리고 스트리크닌을 마셔 목숨을 잃은 두 설교자와 달리 아브라함과 사라의 믿음은 다른 사람의 이목을 끌려 하거나 미신적이지 않았다. 세상 사람들이 보기에는 당연히 무모하고 터무니없었지만, 보다시피 아브라함의 믿음의 행보는 "부르심을 받았을 때에" 시작되었다(11:8). 이 믿음의 기초는 하나님의 뜻에 대한 주관적 느낌, 화살 모양으로 넘실대는 구름, 점괘를 노려보는 점쟁이의 모호한 말 따위에 있지 않았다. 성경에 "아브람이 여호와의 말씀을 따라갔고"(창 12:4) "여호와께서 아브람에게 나타나"셨다고 했다(창 12:7). 바로 그것, 즉 하나님의 분명한 계시가 참 믿음의 근거다(롬 10:17).

하나님의 부르심은 객관적이고 구체적이며 귀에 똑똑히 들렸고, 아브람의 응답은 신실한 순종이었다. 8절의 "나아갈새 갈 바를 알지 못하고 나아갔으며"라는 말 속에 이 믿음의 깊이가 드러나 있다. 상상이 되는가? 그는 짐을 꾸려 아내 사라를 이끌고 편안하고 안전한 조국을 떠나 하나님만이 아시는 곳으로 나섰다! 아브라함과 사라가 모험심 넘치는 전도양양한 신혼부부가 아니었음을 생각하면 이 믿음의 행보는 더욱 놀랍다. 그는 75세였고 그동안 쌓인 소유만도 반세기 분량이었다(창 12:5). 이 모든 일을 그가 일가친지와 이웃들에게 어떻게 설명했을지 나로서는 상상이 안 된다!

나와 아내도 주님이 여기저기 새로운 사역지로 인도하실 때마다 여러 번 장거리 이사를 다녔다. 과도기가 쉬웠던 적은 없지만 그래도 우리는 이사할 때마다 새로운 교회와 동네의 환영을 받았고, 새집에 정착하여 대개 몇 달 내로 편안해졌다. 하지만 아브라함은 그렇지 못했다. 9절에 보면 그가 약속의 땅에 "거류", 즉 일시 체류하는 데는 믿음이 필요했다. 그는 이곳저곳 옮겨 다니기 쉽도록 불청객 외국인처럼 천막에 살았다. 이렇게 항상 이사를 다니느라 현재가 불안하고 미래가 불투명한 환경 가운데서 아브라함과 사라는 친자녀인 이삭을 길렀고, 이삭도 그 후에 똑같이 했다(11:9). 그 속에서 아브라함은 보는 대로 행하지 않고 믿음으로 행했다. 하나님을 의지하면서 그분이 하늘에 계획하고 지으신 영원한 도성을 사모했다(11:10). 그의 초점은 인생 여정의 고달픔에 있지 않고 영원한 종착지에서 받을 상에 있었다.

그러면 사라는 어떤가? 이 딱한 아내는 남편의 순진한 믿음의 행보에 질질 끌려 다니면서 그의 즉흥성에 짜증나고, 그의 옹고집에 속상하며, 그의 몽상에 질려버리지 않았을까? 천만의 말이다! 오히려 사도 베드로는 남편의 삶을 향한 하나님의 부르심에 순종하여 신실하게 내조한 사라를 모든 믿음의 여인들이 본받아야 할 모델로 칭송했다(벧전 3:6). 히브리서 저자가 보기에도 사라의 믿음은 따를 만한 발자취였다. "믿음으로" 사라는 장차 친아들을 주시기로 "약속하신" 하나님을 신실하신 줄로 알았다(11:11). 알다시피 사라는 노년에 이르도록 아이를 낳은 적이 없었다. 하나님의 말씀을 믿고 순종하여 함께 조국을 떠날 때 그분이 아브라함에게 주신 몇 가지 약속에 자손이 포함되어 있었는데도 말이다(창 12:1-3, 7, 13:16).

과정이 쉽지 않았다. 하나님이 처음 부르신 지 25년 동안 아브라함 부부에게는 사라가 친아들을 낳으리라는-그게 가능하기라도 하다는-경험적 증거가 전혀 없었다. 기다림의 세월이 끝나갈 무렵 하나님이 일 년 내로 사라가 임신하리라고 말씀하셨을 때 실제로 사라는 자신이 엄마가 된다는 개념에 픽 웃음이 났다(창 18:9-15). 과연 아브라함과 사라가 각각 100세와 90세가 되었을 때 "믿음으로 사라 자신도 나이가 많아 단산하였으나 잉태할 수 있는 힘을 얻었"다(11:11, 창 21:1-2). 처음에 그 개념을 듣고 웃었던 사라도 하나님이 남편에게 주신 분명한 말씀을 단순한 믿음으로 받아들였다(11:12).

—11:13-16—

여기서 저자는 여태 믿음의 모본들을 화폭에 담는 데 썼던 물감의 팔레트를 치운다.[9] 그리고 한 걸음 물러나 지금까지 그린 인물 행렬을 가리켜 보이며 이렇게 일괄하여 말한다. "이 사람들은 다 믿음을 따라 죽었으며 약속을 받지 못하였으되"(11:13).

하지만 아브라함은 약속의 땅에 들어가지 않았던가? 사라는 약속된 자녀 이삭을 받지 않았던가? 물론이다. 그러나 그들이 현세에 경험한 것은 장차 올 일의 그림자요 예고편에 불과했다. 아브라함은 약속을 다 받지 못하고 보증금만 받았다. 약속은 "해변의 무수한 모래와 같이 많은"(11:12) 후손이었는데 아브라함과 사라에게는 달랑 자식 하나뿐이었다. 그가 체류한 땅은 과연 약속의 땅이었지만, 그와 사라와 이삭과 온 집안이 "땅에서는 외국인과 나그네"로 살았다(11:13, 참조. 벧전 2:11).

그럼에도 이 모든 본보기는-17절부터 콜라주에 더해질 인물들까지 포함해서-"믿음을 따라 죽었"다. 즉 믿음을 끊임없이 시험하는 이 세상에서 "그들은 숨을 거두는 순간까지 믿음으로 살아 우수한 성적으로 통과했다."[10] 13절에 "믿음을 따라"로 번역된 헬라어 문구[카타 피스틴(*kata pistin*, 2596+4102)]는 11장 전반에 "믿음으로"로 번역된 단어[전치사 없이 여격으로 쓰인 피스티스(*pistis*, 4102)]와는 다르다. 이는 의미심장한 변화다. 거스리가 주해했듯이 "이 두 단어는…'믿음을 따라'로 직역되며 그들이 믿음의 기준대로 살고 죽었음을 보여준다. 그들은 약속을 받지는 못했지만 어느 정도 경험했다."[11]

이들이 남긴 믿음의 행보에서 히브리서 저자가 중요하게 강조하는 부분이 있다. 그들은 이 세상의 지평 너머로 하나님의 약속이 최종 실현될 때를 고대했다(11:14-15). 아브라함은 약속의 땅에서도 자칭 "나그네요 거류하는 자"였다(창 23:4). 이로 보건대 그는 자신을 진짜 자기 소유인 땅을 향해 여전히 여행하는 중이라 여겼다(11:14). 그는 갈대아 우르를

"본향"으로 생각하지도 않았다. 죽은 가족을 장사지내야 했을 때도 거기로 돌아갈 생각은 한 번도 들지 않았다(15절, 참조. 창 23:4). 그래서 저자는 믿음을 따라 살고 죽은 그들이 "더 나은 본향을 사모하니 곧 하늘에 있는 것"이었다고 결론지었다(11:16). 이 믿음—"바라는 것들의 실상이요 보이지 않는 것들의 증거"—이 있었기에 그들은 하나님께 인정(증거)을 받았다(11:1–2). 이 믿음이 있었기에 하늘의 도성에 그들의 자리가 예비되었다(11:16).

—11:17–19—

저자는 다시 붓을 거머쥐고 아브라함의 믿음의 삶을 그리는데 이번에는 어둡고 짙은 색조를 고른다. 입체 사진처럼 뚜렷한 부조(浮彫)가 화폭에서 튀어나온다. 히브리서의 첫 유대인 독자들은 다음 일곱 단어(헬라어로는 여섯 단어)에 눈이 번쩍 뜨였다. "아브라함은 시험을 받을 때에 믿음으로 이삭을 드렸으니"(11:17). 유대인은 아브라함이 이삭을 묶어 바치는 창세기 22장의 본문을 종교 유산의 이야기에서 중심으로 삼았다. 오늘날에도 유대교에서는 이 본문을 '아케다'(*Akedah*)라는 특별한 히브리어 명칭으로 부르는데, 아카드(*āqad*, H6123)에서 유래한 그 단어는 '이삭의 결박'을 의미한다. 그만큼 성경에서 가장 유명한 본문 중 하나였고, 아브라함의 성숙한 믿음과 순종을 잘 보여준다.

아브라함과 사라가 수십 년간 그 모든 일을 겪고 난 후에 하나님은 그의 믿음을 시험하시려고 아브라함에게는 가장 어려운 일을 주문하셨다. 하나님의 약속이 이루어져 자기 꿈의 구심점이 된 외아들을 그는 단번의 신뢰와 순종의 행위로 바쳐야 했다(창 22:1–2). 이삭을 제물로 바치라는 하나님의 불가해한 명령보다도 어쩌면 더 충격적인 것은 아브라함의 즉각적 순종이었다! 그는 따지거나 주저하거나 흥정하지 않았다. 자기네 부부가 얼마나 오래 기다렸었는지를 하나님께 상기시키지도 않았다. 그저 아침 일찍 일어나 나귀에 안장을 지우고 순종하러 떠났을 뿐이다(11:17, 창 22:3).

때로 단어의 글자 하나만 바뀌어도 의미가 완전히 달라질 수 있다. 창세기 22장 5절에 아브라함은 종들에게 자기가 이삭과 함께 더 가서 예배하고 "돌아오리라"고 말했는데, 이때 히브리어 동사의 단수형 아슈바(*ashuvah*, H7725, '내가 돌아오리라')를 쓰지 않고 복수형 나슈바(*nashuvah*, H7725, '우리가 돌아오리라')를 썼다. '아'(*a*) 대신 쓴 이 '나'(*na*)라는 한 글자는 아브라함이 이삭의 후손으로 큰 민족을 이루시리라는 하나님의 약속을 철석같이 믿었다는 증거다. 이 믿음이 있었기에 그는 다 이해할 수 없는 명령에 거침없이 온전히 순종할 수 있었다. 이삭을 번제로 드리라는 명령과 부자가 함께 산에서 내려오리라는 확신이 어떻게 그에게 공존할 수 있었을까? 히브리서 저자가 답해준다. "그가 하나님이 능히 이삭을 죽은 자 가운데서 다시 살리실 줄로 생각한지라 비유컨대 그를 죽은 자 가운데서 도로 받은 것이니라"(11:19).

솔직히 제삼자가 보기에 아브라함의 행동은 하나님의 사람이 행한 신실한 순종이 아니라 미치광이의 정신 나간 짓으로 보였을 것이다. 오늘날 신의 지시를 빙자하여 악행을 저지르는 악한 사람들이 분명히 있다. 그런 범죄자들과 이 위대한 믿음의 족장은 어떻게 다른가? 아브라함의 끄떡없는 신뢰와 서슴없는 순종은 탄탄한 신학에 기초한 것이었다.

- 아브라함은 하나님이 지극히 선하시기에 결코 악을 명하지 않으심을 알았다.
- 아브라함은 하나님이 전지하시기에 반드시 그분께 계획이 있음을 알았다.
- 아브라함은 하나님이 지극히 정의로우시기에 이삭을 부당하게 대하지 않으실 것을 알았다.
- 아브라함은 하나님이 전능하시기에 약속을 지키실 것을 알았다.

아브라함은 하나님의 명령이 모순으로 보였지만 신뢰하고 순종할 수 있었다. 결과가 어떻게 될지 알아서가 아니라 결과를 아시는 분을 알았기 때문이다. 아브라함이 이 극단적 시험 내내 믿음을 보이자 하나님은 숫양을 공급하셔서 이삭 대신 드리게 하셨다(창 22:11-13). 히브리서 저자는 이 사건을 "모형"(NASB)으로 보았는데 직역하면 "비유"다(11:19). 무엇에 대한 비유일까? 레이먼드 브라운은 "아브라함이 이삭을 구사일생으로 돌려받았으니 이는 인간에게 절실히 필요할 때 하나님이 틀림없이 공급해주신다는 표징이다"고 주해했다.[12]

—11:20-22—

저자는 몇 번의 붓질을 더하여 아브라함이 보인 믿음의 행보를 마저 그린다. 그는 나머지 족장 시대를 쭉 따라가며 집안의 신앙 유산을 추적하는데, 이 족장 시대는 아브라함에게 주신 하나님의 약속으로 시작되었다.

8-19절에서 보았듯이 아브라함과 사라는 험한 지형과 엄청난 장애물과 극한의 도전 속에서도 인내하며 믿음으로 걸었다. 그 똑같은 믿음이 아들 이삭에게 전수되었고 이삭은 다시 이를 다음 세대로 전수했다(20절). 틀림없이 이삭은 아버지에게 들었던 이야기들을 기억했다. "하나님이 계획하시고 지으실 터가 있는 성"(11:10)을 사모하던 아브라함의 마음을 이삭도 물려받았다. 그런 이야기들이 "장차 있을 일"(11:20)-"바라는 것들의 실상"(11:1)-에 대한 동경을 심어주었다. 그리하여 이삭도 "믿음으로" 그것을 야곱과 에서에게 물려주었다(11:20).

믿음의 선봉장은 다음 세대에도 있었다. 아브라함의 손자이자 이삭의 아들인 야곱은 하나님께 "이스라엘"이라는 새 이름을 받고 믿음의 삶을 실천했다(창 32:28). 그의 열두 아들은 이스라엘 열두 지파의 조상이 되었다. 저자는 야곱과 열두 아들의 삶을 훌쩍 건너뛰어 야곱의 생애 끝으로 가서 그의 손자이자 요셉의 아들인 에브라임과 므낫세에게 전수되는 신앙 유산에 초점을 맞춘다(11:21). 야곱의 축복이 멀리 미래로 손자 대에까지 뻗어나갔다는 사실은 그가 약속을 지키시는 하나님의 능력을 그만큼 굳게 믿었다는 증거다.

끝으로 22절에 요셉이 죽기 직전에 베푼 축복이 기록되어 있다. 요셉도 예언적으로 출애굽 사건을 미리 내다보면서 자신의 유해를 약속의 땅으로 가져가 조상들과 함께 묻어달라고 당부했다(창 50:24-25). 비록 족장 시대가 저물 때 이스라엘 백성은 아직 조상 아브라함에게 원래 약속되었던 땅과는 거리가 먼 이집트에 있었지만, 그래도 약속을 믿는 믿음만은 건재했다. 요셉은 하나님이 이스라엘 민족에게 주신 약속을 어떻게 알았을까? 간단하다. 아버지 야곱에게 들었다. 야곱은 다시 아버지 이삭에게 들었고, 이삭은 아버지 아브라함에게 들었다.

아브라함 언약에서 기원하여 살을 입혀나간 이 모든 믿음의 그림은 앞서 13절에 밝혔던 저자의 요지를 더욱 뒷받침해준다. "이 사람들은 다 믿음을 따라 죽었으며 약속을 받지 못하였으되 그것들을 멀리서 보고 환영하며 또 땅에서는 외국인과 나그네임을 증언하였으니." 비록 부족했을지라도 그들의 삶은 그래서 지금도 따를 만한 믿음의 발자취로 남아 있다.

적용: 히브리서 11:8-22

신실한 사람들의 발자취를 따라서

저자가 중점적으로 예시한 아브라함의 일생을 건 믿음에는 오늘날 우리에게 던져주는 몇 가지 실제적 원리가 들어 있다. 그 믿음이 뿌리가 되어 누구나 따를 만한 여러 세대의 믿음의 행보가 이어졌다. 아브라함과 사라의 믿음에 담긴 의미를 묵상함으로써 우리도 그들의 발자취를 따를 수 있다. 저자의 '삽입구'인 13-16절 설명으로 다시 돌아가 세 가지 원리에 초점을 맞추어보자.

첫째, 그들의 믿음의 특징은 **숭고한 비전**이었다. 즉 현재의 제약 너머에 소망을 두었다(11:13). 아브라함과 사라의 소망은 이 세상의 좁은 울타리를 벗어났다. 그들은 영원의 저편에서 자신들을 기다리고 있는 하나님의 약속을 바라보았다. 그 숭고한 비전이 어찌나 매혹적이던지 이 땅의 무엇도 그들의 마음을 빼앗을 수 없었다. 약속의 땅에서마저 천막생활밖에 할 수 없었음에도 그들은 갈대아 우르로 돌아갈 마음이 없었다. 자신들이 가야 할 본향이 하나님의 영원한 도성임을 알았기에 그들은 어디를 가나 "외국인과 나그네"인 것을 인식했다.

당신의 비전은 어떤가? 눈앞에 있는 이 땅의 것들에 집착하는 근시안인가? 덧없는 물질세계가 영원한 영의 세계를 몰아내는가? 천국을 바라보고 영원을 사모하면 세상 모든 것이 그 앞에 무색해진다(빌 3:17-21).

둘째, 그들의 믿음에는 **치열한 추구**가 뒤따랐다. 즉 굳건한 결의로 한시적 차원보다는 영원한 세계를 품었다(11:15-16). 아브라함과 사라는 본향을 사모했고 뻔히 지나가버릴 것들에 시간과 에너지를 쏟을 마음이 없었다. 그래서 하나님과의 관계를 가꾸고 자신들의 참 정체를 그분 안에서 발견했다.

당신은 무엇을 추구해왔는가? 지금까지 당신의 삶과 계획과 야망과 투자와 목표 등의 궤적은 어떤가? 구주와의 친밀한 관계를 치열하게 추구하며 이 세상보다 오래갈 영원한 것들에 시간과 에너지를 쏟고 있는가?

셋째, 그들의 믿음은 **사심 없는 포기**를 보여주었다. 즉 하나님의 뜻에 따르기 위해 이 땅의 모든 것을 기꺼이 버렸다(11:15). 아브라함과 사라는 반세기가 넘도록 살았던 젊은 날의 터전과 작별했다. 일가친지와 익숙한 풍경과 편안한 문화를 떠났다. 과거를 완전히 등지는 포기의 자세를 보여주었다.

당신은 믿음의 걸음을 내디딜 때 소심하게 발가락으로 주변을 톡톡 두드려보는가? 과거의 '안전하고 무사한' 환경을 꼭 붙든 채 눈앞의 땅을 시험해보는가? 아니면 심리적으로 되돌아갈 '다리를 다 불살라' 주님이 어디로 인도하시든 결연한 각오로 개척해나가는가?

이상의 세 가지 원리를 마음에 새기고 신실한 사람들의 발자취를 따를 각오가 되어 있는가? 대가를 지불해야 하겠지만 그만한 가치가 있다. 당신의 재정과 친구 관계와 안락에 영향이 미칠 것이며, 직업과 거주지와 미래 자체가 바뀔 수도 있다. 그러나 이 땅에 축적할 수 있는 그 무엇보다도 무한히 더 큰 보상이 약속되어 있다(마 19:27-30).

이제 당신은 기꺼이 믿음의 첫걸음을 내딛겠는가? 처음이 제일 어렵고 그 뒤로는 걸음마다 점점 더 성숙한 활보에 가까워진다. 그러면 당신도 히브리서 11장 같은 믿음의 살아 있는 모본이 되어 누구나 따를 만한 믿음의 발자취를 남길 수 있다.

신실한 사람들의 승리와 비극(히브리서 11:23-40)

23믿음으로 모세가 났을 때에 그 부모가 아름다운 아이임을 보고 석 달 동안 숨겨 왕의 명령을 무서
워하지 아니하였으며 24믿음으로 모세는 장성하여 바로의 공주의 아들이라 칭함 받기를 거절하고
25도리어 하나님의 백성과 함께 고난 받기를 잠시 죄악의 낙을 누리는 것보다 더 좋아하고 26그리스
도를 위하여 받는 수모를 애굽의 모든 보화보다 더 큰 재물로 여겼으니 이는 상 주심을 바라봄이라
27믿음으로 애굽을 떠나 왕의 노함을 무서워하지 아니하고 곧 보이지 아니하는 자를 보는 것 같이 하
여 참았으며 28믿음으로 유월절과 피 뿌리는 예식을 정하였으니 이는 장자를 멸하는 자로 그들을 건
드리지 않게 하려 한 것이며 29믿음으로 그들은 홍해를 육지 같이 건넜으나 애굽 사람들은 이것을 시
험하다가 빠져 죽었으며

30믿음으로 칠 일 동안 여리고를 도니 성이 무너졌으며 31믿음으로 기생 라합은 정탐꾼을 평안히
영접하였으므로 순종하지 아니한 자와 함께 멸망하지 아니하였도다

32내가 무슨 말을 더 하리요 기드온, 바락, 삼손, 입다, 다윗 및 사무엘과 선지자들의 일을 말하려
면 내게 시간이 부족하리로다 33그들은 믿음으로 나라들을 이기기도 하며 의를 행하기도 하며 약속을
받기도 하며 사자들의 입을 막기도 하며 34불의 세력을 멸하기도 하며 칼날을 피하기도 하며 연약한
가운데서 강하게 되기도 하며 전쟁에 용감하게 되어 이방 사람들의 진을 물리치기도 하며 35여자들은
자기의 죽은 자들을 부활로 받아들이기도 하며 또 어떤 이들은 더 좋은 부활을 얻고자 하여 심한 고

문을 받되 구차히 풀려나기를 원하지 아니하였으며 [36]또 어떤 이들은 조롱과 채찍질뿐 아니라 결박
과 옥에 갇히는 시련도 받았으며 [37]돌로 치는 것과 톱으로 켜는 것과 시험과 칼로 죽임을 당하고 양
과 염소의 가죽을 입고 유리하여 궁핍과 환난과 학대를 받았으니 [38](이런 사람은 세상이 감당하지 못
하느니라) 그들이 광야와 산과 동굴과 토굴에 유리하였느니라
[39]이 사람들은 다 믿음으로 말미암아 증거를 받았으나 약속된 것을 받지 못하였으니 [40]이는 하나
님이 우리를 위하여 더 좋은 것을 예비하셨은즉 우리가 아니면 그들로 온전함을 이루지 못하게 하려
하심이라

히브리서 11장으로 다시 돌아가기 전에 잠시 퀴즈를 풀어보자. '맞다'와 '틀리다' 중에서 하나로 답하면 된다.

- 그리스도인은 결코 의심에 맞서 싸울 일이 없다: 맞다___ 틀리다___
- 그리스도인은 결코 죄에 빠지지 않는다: 맞다___ 틀리다___
- 그리스도인은 결점이 없다: 맞다___ 틀리다___
- 그리스도인은 항상 고생과 고난과 비극을 면한다: 맞다___ 틀리다___
- 그리스도인은 소망 중에 흔들림 없이 하나님의 약속을 붙든다: 맞다___ 틀리다___
- 그리스도인은 결코 실패하거나 패배하지 않고 믿음으로 행한다: 맞다___ 틀리다___

자, 이제 채점할 시간이다. 정말 쉽다. 하나라도 '맞다'고 답했다면 당신은 틀렸다. 위의 문장은 모두 틀렸다.

그런데 이런 식의 잘못된 생각들이 많은 신자를 괴롭힌다. 이렇게 기대가 잘못되어 있으면 다른 신자들과 자신과 하나님께 실망하게 된다. 사실 진정한 신앙생활은 늘 유혹에 맞서는 싸움이다. 비틀비틀 넘어져 흙투성이에다 멍든 채로 다시 일어나는 일의 연속이다. 참된 신자도 집요한 의심 때문에 고민하거나 불쑥 튀어나오는 불신에 깜짝 놀랄 수 있다. 그들은 친구와 가족과 동료 신자를 실망시킨다. 나서야 할 때 물러나고, 담대히 주님을 바라보아야 할 때 소망을 잃는다.

누가 보기에도 신실했던 성숙한 신자들에게 여러 가지 시련과 환난이 닥쳐오는 현실을 보노라면 그리스도인의 삶 앞에 더욱 숙연해진다. 아무리 경건한 신자도 비극을 겪을 수

있고 실제로 그렇다. 그들도 재정난에 부딪히고, 사고와 부상을 당하며, 갖가지 병에 걸리고, 폭력 범죄의 피해자가 되며, 절망의 음침한 골짜기를 걷는다. 그리스도인에게 타락한 세상의 여파나 고생과 죽음을 면하게 해줄 안전 구역은 없다.

나머지 11장에 믿음의 사람들이 누린 승리(11:23-25)와 믿음의 사람들이 당한 비극(11:35-38)이 극명히 대조된다. 모세와 여호수아와 기드온과 다윗처럼 믿음으로 눈부신 승리를 경험한 이들도 있다. 그러나 어려움 없이 항상 이기기만 한 것은 아니다. 본문에 길게 열거된 역사 속의 신자들은 마땅히 그 믿음을 칭송받지만, 사실은 "약속된 것을 받지 못하였"다(11:39). 이들은 모두 승리와 해방도 맛보고 비극과 불행도 겪으면서, 장차 믿음의 사람이라면 누구나 마침내 "온전"해질(11:40) 그날을 고대했다.

—11:23-28—

앞서 저자는 많은 지면을 할애하여 '믿음의 행렬'에 아브라함과 족장들의 삶을 자세히 채워 넣었다(11:8-22). 그때마다 "믿음으로" 이루어진 일이 드러났다. 이제 저자는 팔레트를 바꾸어 족장 시대에서 모세 율법 시대로 넘어간다.

족장들의 삶의 특징이 "바라는 것들의 실상이요 보이지 않는 것들의 증거"(11:1)에 있었다는 사실은 히브리서의 첫 유대인 독자들도 아마 어려움 없이 받아들였을 것이다. 족장들이 살던 시대는 율법이 주어지기 전이었고 가나안 땅을 정복하기 전이었다! 그들은 약속된 것을 받지 못했다. 하지만 모세는 어떤가? 그도 보이지 않는 것을 믿는 믿음으로 살았을까?

사실 저자가 지적했듯이 모세의 삶은 하나의 믿음의 행위로 시작되었다(11:23). 살벌한 방식으로 인구를 통제하려던 바로의 망상증 때문에 히브리 남자 아이들이 이유 없이 살육될 때 모세의 부모는 왕의 명령을 어겼다(출 1:9-22). 믿음으로-그리고 대가를 치를 각오로-그들은 하나님께 순종했고, 신으로 자처하던 인간에게 복종하지 않았다. 바로의 군대 몰래 아기를 숨겨 나일강에 띄워 보내면서 그들은 하나님만이 아기를 돌보아주실 것을 신뢰했다. 이 하나의 믿음의 행위가 일련의 사건으로 이어져 결국 이스라엘 민족은 이집트에서 해방되고 율법을 통해 나라의 기틀을 잡았다. 이 모두가 믿음에서 시작되었다.

저자는 24-28절에서 율법을 받은 모세 자신도 이전의 족장들과 자기 부모처럼 믿음의 삶의 화신이었음을 예시한다. 비천한 시작으로부터 출애굽의 혁혁한 승리에 이르기까지 모세는 모든 일을 "믿음으로" 이루었다. 모세의 이런 신실함을 잘 보여주는 세 가지 중요한 결단이 있다.

첫째, 믿음으로 모세는 죄 많은 사회의 시류에 편승하기를 거부했다(11:24-26). 모세가 부르심을 받기 이전에 누렸던 배경을 잊지 말라. 바로의 딸이 그를 아기 때에 나일강에서 건져내 이집트 최고의 것들로 양육했다. F. B. 마이어(F. B. Meyer)는 이집트 상류 사회에서 모세가 차지했던 위상을 이렇게 묘사했다. "그가 마차를 타고 거리로 나가면 왕자의 행차 앞에 '무릎을 꿇으라'는 호령이 퍼져나갔을 것이고, 나일강으로 가면 황금으로 꾸며진 의전용 배에 향락적인 풍악이 울려나왔을 것이다. 무엇이든 그가 원하기만 하면 이집트의 재화와 보물을 거의 무제한으로 손에 넣을 수 있었다."[13]

마음속은 히브리인이지만 이집트 왕가의 온갖 장식물로 호화롭게 꾸며진 모세를 상상해보라. 그는 이집트인의 가면을 쓰고 정작 자기 것도 아닌 삶을 영위하는 쪽과 하나님의 백성인 히브리인으로서 자신의 참 정체를 받아들이는 쪽 사이에서 긴장하고 씨름했다. 소외층인 히브리인의 유산에 충실하겠다는 특단의 결단에만도 믿음이 필요했다. 이집트의 물질적 부요와 육체적 쾌락을 등지고 노예 계층에 속해야 했기 때문이다(11:24-25). 이집트 왕실에서 풍요롭게 자란 모세는 격리된 고센에 거주하던 이스라엘 백성의 삶을 전혀 몰랐을 것이다(출 8:22). 이런 믿음의 태도는 의지의 행위로 나타났다. 그는 하나님의 백성과 동화하여 고난받는 쪽을 택했고(히 11:25), 하늘에서 하나님께 받을 상을 이집트의 막대한 재물보다 더 크게 여겼다(11:26). 이는 그저 감정의 물결에 떠밀린 젊은 날의 치기가 아니라 하나님의 성품과 약속을 깊이 신뢰하는 데서 비롯된 신실한 행위였다.

둘째, 믿음으로 모세는 익숙한 세계를 떠나 과감히 낯선 세계로 들어갔다(11:27). 이집트는 그가 지구상의 어디보다도 더 잘 알던 곳이었다. 이집트의 건물과 골목과 오벨리스크와 신전과 모든 풍경과 소리와 냄새가 그에게는 '집'이었다. 그런 그가 행동으로 "애굽을 떠"났다. 이는 이집트인을 죽인 후 국외로 도피한 일(출 2:14-15)이나 백성을 이끌고 나온 출애굽 사건(출 12장) 중 하나를 가리킬 것이다. 모세가 익숙한 세계에서 낯선 세계로 옮겨가는 충격적인 변화를 견뎌낼 수 있었던 이유는 "보이지 아니하는"(히 11:27) 유일하신 참 하나님을 늘 바라보았기 때문이다. 그는 바로의 진노를 의식하여 물러나기는커녕 하나님을 신뢰하며 꿋꿋이 버텨냈다.

셋째, 믿음으로 모세는 기꺼이 자존심을 삼키고 비상식적인 일을 했다(11:28). 엄청난 표적과 기사의 연속 끝에 마침내 이집트의 속박에서 탈출하기 전날 밤 하나님은 모세와 이스라엘 백성에게 비상식적인 일을 명하셨다. 그들은 흠 없는 숫양이나 숫염소를 잡아 피를 문설주에 바르고 고기를 급히 먹어야 했다. "유월절" 의식이 여기서 유래했다. 그날 밤 하나님은 이집트 땅을 두루 다니시며 문에 핏자국이 없는 이집트 모든 집의 장자를 죽이셨다(출 12:5-13). 적잖은 이스라엘 사람이 모세를 꼬나보거나 넘겨다보며 "이 피로 무엇을 하라고요?"라고 말했을 장면이 그려진다.

하지만 모세는 이 희한한 명령에도 순종했다. 과연 하나님의 심판이 임하여 순종한 이들의 집은 그냥 넘어갔으나 이집트의 모든 장자는 이집트를 친 그 마지막 재앙에 죽었다(11:28). 모세가 황당해 보이는 일에 순종한 결과로 바로는 이스라엘 백성을 고센 땅에서 내보냈다. 터무니없는 듯한 요구로 우리 믿음을 시험하시는 하나님은 얼마나 그분다우신가! 하늘에 구름 한 점 없는데 배를 짓는 일이든, 백 세를 바라보는 나이에 아기를 주신다는 약속을 믿는 일이든, 가족의 목숨을 구하려고 문에 피를 바르는 일이든, 하나님은 믿음을 비상식적인 일과 짝지으시는 것 같다.

이상의 결단 중 어느 하나에라도 모세가 믿음으로 반응하지 못했다면 그 이후의 '믿음의 행렬'은 전부 불가능했을 것이다.

—11:29-31—

하나님은 모세의 믿음과 신실한 구출 사역을 통해 표적과 기사와 기적을 많이 행하셨다. 그가 개인적으로 내린 결단의 결과로 당대에만 아니라 이후 여러 세대에 압도적 승리와 웅장한 기적이 줄을 이었다.

그중 첫 번째는 이스라엘이 홍해를 건넌 전대미문의 기적이다(11:29). 물론 바닷물이 갈라져 이스라엘 백성이 그 사이로 지날 수 있었던 것은 능하신 하나님의 기적적인 역사였다(출 14장). 하지만 물이 양옆에 넘실대는데 남녀노소가 다 해안 이쪽에서 저쪽까지 걸음을 옮겨야 했으니 얼마나 믿음이 필요했겠는가! 보다시피 성경에 기록된 최대의 기적 중 하나인 그 속에서도 하나님을 신뢰하려면 믿음이 필요했다. 믿음이 없던 이집트인들은 똑같은 조건에서 똑같이 건너려다 물이 무너져내려 바닷속에 수장되었다(11:29).

두 번째 기적은 여리고 전투였다(30절). 홍해의 기적이 있은 지 40년이 지나 마침내 이스라엘 백성은 요단강을 건너 약속의 땅에 들어갔는데 이번에는 모세 대신 여호수아가 백성의 지도자였다. 요단 서편 땅은 아브라함 때로부터 하나님의 백성에게 약속되어 있었지만, 그래도 그들은 가나안 땅을 악의 소굴로 만든 부족들에게서 그곳을 해방시켜야 했다. 어느덧 그날이 와 그들은 중무장한 여리고 성 앞에서 선택의 기로에 섰다. 성을 무너뜨리기 위한 하나님의 말도 안 되는 지시에 따를 것인가(참조. 수 6:1-5), 아니면 요단강 저편의 광야로 후퇴할 것인가? 불가능한 상황 앞에서 이스라엘 백성은 믿음으로 하나님의 명령을 받아들여 그분의 방식대로 성을 점령했다.

끝으로, 저자는 믿음의 영웅들을 담아내던 화폭에 기생 라합이라는 뜻밖의 인물을 칠해 넣는다. 여호수아 2장과 6장에 소개된 라합은 히브리 정탐꾼들에게 협조하며 도움을 약속한 유일한 인물인데, 나중에 마태복음 1장 5절과 본문 31절에 각각 예수님의 족보의 일원과 믿음의 영웅으로 다시 등장한다. 라합이 다윗의 조상이 되었다는 사실로 미루어 그녀는 하나님이 여리고를 심판하실 때 기적적으로 구출된 후 개종하여 이스라엘의 유일하신 참 하나님을 믿었다. 믿음으로 그녀는 자신의 목숨을 건지고 지혜롭게 하나님의 백성이 되는 길을 택했다.

—11:32-38—

저자는 구약의 유산을 남긴 주역들을 장황한 이야기로 더 이어갈 수도 있었지만, 나머지 믿음의 거장들의 초상화는 아주 간단한 필치의 작은 콜라주로 마무리하기로 했다. 그가 그저 표본으로 언급한 이름들도 유대인 독자들의 머릿속에 생생한 잔상을 불러일으켰을 것이다. 사사로는 기드온과 바락과 삼손과 입다, 왕으로는 다윗, 선지자 계열로는 사무엘이 각각 거명된다(11:32).

저자가 정리한 '믿음의 행렬'을 우리가 이어받는다면 위의 명단에 마리아, 베드로, 바울, 야고보, 요한 같은 신약의 믿음의 영웅을 더할 수 있다. 교회사로 더 나아가면 서머나의 폴리갑, 순교자 유스티누스, 알렉산드리아의 아타나시우스도 있다. 초기에 개혁을 시도했던 페트뤼스 발데스, 존 위클리프, 얀 후스 같은 중세의 영웅도 빼놓을 수 없다. 또 루터, 츠빙글리, 에드워즈, 웨슬리, 짐 엘리엇, 코리 텐 붐 같은 믿음의 거목들의 공헌을 감히 누가 잊을 수 있겠는가? 마땅히 믿음의 삶을 인정받아야 할 사람을 히브리서 저자가 전부 거명할 수 있었더라면 오늘날 우리 앞에 얼마나 많은 영웅이 늘어서 있을지 생각해보라!

이렇게 줄줄이 신실한 인물들을 제시한 저자가 이번에는 다채로운 실사화에 사건들을 담아내 믿음의 위대한 업적을 예시한다(11:33-38). 그런데 이 믿음의 메들리는 35절 중간에 장조에서 단조로, 신실한 사람들의 승리에서 신실한 사람들의 비극으로 바뀐다. 전자의 부류가 위풍당당하게 하늘로 솟은 장엄한 산맥인데 반해 후자의 부류는 패배인 양 캄캄한 계곡으로 내리닫는 가파른 벼랑 같다. 신실한 사람들이 맞이한 판이한 두 결과를 병치하여 얼마나 극적인 대조를 이루는지 보자.

신실한 사람들이 거둔 승리(히 11:33-35)	신실한 사람들이 당한 비극(히 11:35-38)
• 나라들을 이겼다.	• 심한 고문을 받았다.
• 의를 행했다.	• 조롱과 채찍질을 당했다.
• 약속을 받았다.	• 결박과 옥에 갇히는 시련을 받았다.
• 사자들의 입을 막았다.	• 돌로 치는 것과 톱으로 켜는 것을 당했다.
• 불의 세력을 멸했다.	• 시험받았다.
• 칼날을 피했다.	• 칼로 죽임을 당했다.
• 연약한 가운데서 강하게 되었다.	• 양과 염소의 가죽을 입고 유리했다.
• 전쟁에 용감하게 되었다.	• 궁핍과 환난과 학대를 받았다.
• 이방 사람들의 진을 물리쳤다.	• 광야와 산과 동굴과 토굴에 유리했다.
• 자기의 죽은 자들을 부활로 돌려받았다.	

—11:39-40—

해가 악인과 선인을 비추고 비가 의로운 자와 불의한 자에게 내리듯이(마 5:45) 삶의 풍랑도 신실한 사람과 믿음 없는 사람을 가리지 않고 밀려온다. 이 타락한 세상에서는 누구나 승리와 비극을 겸하여 겪는다. 그러나 놀라운 승리도 맥 빠지는 패배도 이야기의 끝은 아니다. 믿음은 현세에서 보거나 느끼거나 겪거나 성취하는 것에 그 관건이 없음을 잊지 말라. 믿음은 "바라는 것들의 실상이요 보이지 않는 것들의 증거"다(11:1).

그래서 이번 본문은 전체의 균형을 잡아준다. 저자는 마지막 두 구절인 39-40절에서 승리와 비극의 다양한 경험을 간단히 정리한다. 이로써 파노라마처럼 전개되던 믿음의 사람들과 장면들의 초상화는 마무리된다. 완성된 미술품 위에 그는 이렇게 요약된 해설을 써넣는다. "이 사람들은 다 믿음으로 말미암아 증거를 받았으나 약속된 것을 받지 못하였으니 이는 하나님이 우리를 위하여 더 좋은 것을 예비하셨은즉 우리가 아니면 그들로 온전함을 이루지 못하게 하려 하심이라."

그들이 인정(증거)을 받은 것은 자신의 공로나 혈통이나 온전함 때문이 아니라 믿음 때문이다. 승리와 비극의 삶 속에서 그들은 보이지 않는 세계와 미래를 어렴풋이나마 간절히 보고자 했다. 그리하여 우리 믿음의 경주를 위해 우월하신 주 예수 그리스도를 믿음의 눈으로 보았다. 그들은 믿음으로 살면서 마침내 그분의 약속대로 온전함을 이루게 될 먼 미래를 내다보았다.

이 믿음의 초상화에 담긴 옛 성도들은 우리의 영적 조상이다. 하지만 과거의 유물만은 아니다. 그들은 늘 살아서 현존하며 우리에게도 뒤를 따르라고 의욕을 북돋운다. 믿음으로 미래를 내다보며 현재를 신실하게 살아내라고 말이다.

적용: 히브리서 11:23-40

모세가 남긴 믿음의 발자취를 본받아

살아 계신 하나님 앞에 신실하게 살고자 힘써본 사람은 누구나 알듯이 이 여정은 매일 우리의 믿음을 시험하는 결단의 연속이다. 우리의 좁은 눈으로 보면 믿음의 발걸음을 내딛는 일은 무섭고 무모하게 느껴질 수 있다. 다른 사람에게도 어리석다 못해 위험해 보인다. 승리와 비극 속에서 이 여정을 견디려면 믿음이 감정을 지배해야 한다. 그러면 계속 오르막길에 남아 더욱 강건하고 성숙해질 수 있다.

이 여정에 도움을 받고자 잠시 한 걸음 물러나 11장 후반부의 중심인물인 모세를 다시 보자. 앞서 보았듯이 그가 내린 세 가지 근본적 결단은 본인의 인생 노정에만 아니라 하나님의 백성이 걸어간 역사의 흐름에까지 영향을 미쳤다. 물론 그의 신앙 여정에도 장애물이 없지 않았다. 누구의 신앙생활도 항상 승리뿐인 삶은 없다. 그리스도의 나라가 완성되기 전까지는 그렇다. 그때까지 우리도 모세의 일생과 유산을 달라지게 했던 세 가지 결단을 본받자.

첫째, 죄 많은 사회의 시류에 편승하기를 거부해야 한다(11:24-26). 오늘날 세상의 무너져가는 도덕적 가치관에 맞닥뜨리는 사람은 누구나 두 길 사이에서 선택해야 한다. 하나는 이집트로 더 깊이 빠져드는 길이고, 또 하나는 약속의 땅으로 향하는 길이다. 이런 결단의 기로는 평생 한두 번이 아니라 번번이 계속 우리 앞에 닥쳐온다. 모세처럼 우리도 몸과 마음과 생각의 즉각적인 쾌락에서 눈을 들어 하나님의 영원한 약속을 바라보아야 한다. 그동안 당신은 하나님의 말씀 위에 견고히 서지 못하고 주변 문화의 시류에 떠내려갔는가? 이 기회에 방향을 되돌려 역류하기로 결단하라.

둘째, 믿음으로 익숙한 세계를 떠나 과감히 낯선 세계로 들어가야 한다(11:27). 모세의 경우 이집트에서 미디안을 거쳐 고센으로 간 물리적 이동뿐 아니라 이집트의 거짓 종교에서 이스라엘 백성의 참 신앙으로 옮겨간 영적 여정까지도 이에 해당한다. 그래서 그는 온갖 재화를 마다하고 가난을 받아들였다. 익숙한 문화와 언어를 버리고 낯선 문화와 언어를 수용했다. 잘 아는 세계를 등지고 전혀 모르는 세계에 마음을 열었다. 모세의 경험이 우리에게 가르쳐주듯이 믿음의 삶이란 대개 자신이 알고 사랑하던 것들 쪽에서 자신이 피하고 싶은 새로운 경험과 환경과 사람과 장소 쪽으로 나아가는 순례다. 지금 하나님이 당신을 불러 편안한 환경을 떠나 과감히 낯설고 생소한 세계로 들어가라 하시는가? 당신은 그 부르심에 믿음으로 응답하겠는가?

셋째, 믿음으로 자존심을 삼키고 기꺼이 비상식적인 일을 해야 한다(28절). 우리는 무언가를 결정할 때 깔끔하게 장단점을 정리하지만 하나님은 늘 그런 식으로 하지는 않으신다. 예측 가능한 삶의 '논리적 다음 단계'로만 인도하지도 않으신다. 때로 믿음의 삶은 합리적인 체스 시합보다는 별세계를 탐험하는 모험에 더 가깝다. 하나님은 당신을 뜻밖의 비상식적인 길과 심지어 달갑지 않은 길로 인도하실 수 있다. 모든 사람의 예상에 어긋나는 일을 주문하실 수도 있다. 그분이 비상식적인 일을 명하시더라도 당신은 자존심을 삼키고 믿음의 걸음을 내디딜지 여부를 결단해야 한다.

인내와 징계(히브리서 12:1–13)

1이러므로 우리에게 구름 같이 둘러싼 허다한 증인들이 있으니 모든 무거운 것과 얽매이기 쉬운 죄를
벗어 버리고 인내로써 우리 앞에 당한 경주를 하며 2믿음의 주요 또 온전하게 하시는 이인 예수를 바
라보자 그는 그 앞에 있는 기쁨을 위하여 십자가를 참으사 부끄러움을 개의치 아니하시더니 하나님
보좌 우편에 앉으셨느니라

3너희가 피곤하여 낙심하지 않기 위하여 죄인들이 이같이 자기에게 거역한 일을 참으신 이를 생
각하라

4너희가 죄와 싸우되 아직 피흘리기까지는 대항하지 아니하고 5또 아들들에게 권하는 것 같이 너
희에게 권면하신 말씀도 잊었도다 일렀으되

내 아들아 주의 징계하심을 경히 여기지 말며
그에게 꾸지람을 받을 때에 낙심하지 말라
6주께서 그 사랑하시는 자를 징계하시고
그가 받아들이시는 아들마다 채찍질하심이라
하였으니

7너희가 참음은 징계를 받기 위함이라 하나님이 아들과 같이 너희를 대우하시나니 어찌 아버지가 징
계하지 않는 아들이 있으리요 8징계는 다 받는 것이거늘 너희에게 없으면 사생자요 친아들이 아니니
라 9또 우리 육신의 아버지가 우리를 징계하여도 공경하였거든 하물며 모든 영의 아버지께 더욱 복종
하며 살려 하지 않겠느냐 10그들은 잠시 자기의 뜻대로 우리를 징계하였거니와 오직 하나님은 우리의
유익을 위하여 그의 거룩하심에 참여하게 하시느니라 11무릇 징계가 당시에는 즐거워 보이지 않고 슬
퍼 보이나 후에 그로 말미암아 연단 받은 자들은 의와 평강의 열매를 맺느니라

12그러므로 피곤한 손과 연약한 무릎을 일으켜 세우고 13너희 발을 위하여 곧은 길을 만들어 저는
다리로 하여금 어그러지지 않고 고침을 받게 하라

이전 어느 때보다도 더 상기해야 할 사실이 있는데, 그것은 믿음으로 그리스도인의 삶을 시작할 때 우리가 들어서는 곳은 놀이터가 아니라 싸움터라는 것이다. 히브리서 전체를 관통하는 이 기본 원리가 특히 12장에 명백히 표현된다. 그리스도와 관계를 맺어 그분의 몸 된 교회에 소속되는 순간 우리는 영적 전쟁터에 내던져진다. 물론 그리스도의 피를 통한 용서, 아버지의 뜻으로 영원히 보장된 안전, 성령으로 말미암아 새롭게 살아갈 능력 등이 늘 우리를 무장시키고 보호해준다. 아무도 우리에게서 이런 것들을 빼앗을 수 없다. 그러나 이는 싸우라고 주시는 보급품이지 싸움을 면하는 수단이 아니다.

히브리서의 수신자들은 한창 육신과 세상과 마귀에 맞서 싸우던 중이었다. 대다수가 두려워 떠는 가운데 일부는 이미 참호로 후퇴했고 겁에 질려 달아나려는 이들도 많았다. 이미 독자에게 전투를 벌이다 탈주할 경우 따르는 대가를 경고한 바 있는 저자는 계속 그들에게 소망으로 인내하는 삶을 독려한다. 그 삶은 사랑으로 징계하시는 하나님의 손에 긍정적으로 성숙하게 반응하는 삶이다. 저자는 그들이 믿음의 경주를 위해 우월하신 그리스도를 의지하기를 바랐다. 용두사미의 그리스도인이 되지 않기를 바랐다.

용두사미인 사람은 시작만 거창하고 요란할 뿐 금방 암전되어 무대에서 사라진다. 소위 인재 중에도 그런 사람이 너무나 흔하다. 시작은 신속하고 열정이 넘치고 거창한 발상이 많고 목소리가 크고 감정이 뜨겁다. 그러나 일이 힘들어지면 바닥으로 추락한다. 버티는 힘이 없다. 인내의 덕목이 없고 징계를 못 견뎌 무너진다.

그리스도인의 진정한 신앙생활은 소망으로 인내하는 삶이어야 한다. 그런 소망이 있어야 타락한 세상의 고생을 견디고, 불경한 세상의 박해를 받고도 인내할 수 있다. 더 중요하게 소망이 있어야 불완전한 세상을 지나는 여정에서 자애로운 아버지이신 하나님의 징계에 긍정적으로 반응할 수 있다. 앞서 11장에는 고생을 견디고, 박해 중에 인내하며, 하나님의 징계에 잘 반응한 진정한 신앙의 사람들이 찬란한 그림으로 채색되었다. 이번 12장은 우리에게 주의를 돌려 "그래서 이제 어찌할 것인가?"라는 물음에 답한다. 이 믿음의 영웅들의 모본에 비추어 우리는 어떻게 살아가야 하는가?

이번 1-13절에서 저자는 박수갈채나 눈에 보이는 상이 없고 압박감에서 벗어날 길이 막막할 때조차도 어떻게 우리가 신실하게 인내하며 살아갈 수 있는지를 설명한다. 고생과 적의에 부딪히고 시련과 유혹이 상존하는 현실 속에서도 우리는 소망을 품고 하나님과 더 가까워지면서 피곤하지 않을 수 있다. 저자는 이처럼 소망을 독려하는 과정에서 하나님의 징계라는 껄끄러운 실체를 다룬다. 징계를 계기로 우리는 더 큰 믿음과 소망과 사랑을 향해 나아가며, 현세에 고통과 고난을 허용하시는 하나님의 목적을 조금이나마 깨달을 수 있다.

—12:1-3—

11장에는 타락한 세상에서 믿음으로 영적 전투에 임했던 위대한 믿음의 사람들의 명단이 소개되었다. 모두가 승전 훈장을 받은 것은 아니고 다수는 고난당하다 전사했다. 게다가 아무도 전쟁의 종말을, 즉 죄와 사망과 마귀가 파멸되고 그리스도의 영원한 나라가 완성되는 때를 보지 못했다. 그러나 그들 모두가 영원히 증언해주는 사실이 있으니 곧 믿음의 삶에는 반드시 보상이 따른다는 것이다. 그들이 믿음에 이끌려 소망으로 인내했기에 우리도 똑같이 할 수 있다.

11장의 실질적 요지는 이 모든 옛 성도가 부족하게 태어나 자랐고, 은혜로 구원받은 죄인으로서 살았으며, 믿음과 소망으로 고생 중에 인내했다는 것이다. 그들도 필멸의 인간인지라 당신과 나보다 나을 것이 없었다. 그러므로 우리도 소망으로 인내하며 참호에서 기어 나와 대장이신 주님의 음성을 듣고 끝까지 싸울 수 있다.

우리 대부분은 전쟁터라는 은유에 공감하지 못한다. 나처럼 군복무를 한 많은 사람도 꼭 전투 장면을 목격한 것은 아니다. 그러나 육상, 마라톤, 야구, 농구 등 모종의 스포츠에 참여해본 경험은 거의 누구나 있다. 12장으로 넘어오면서 저자는 경주라는 스포츠 행사의 멋진 은유로 독자들을 격려하여 믿음의 여정을 마치기까지 매진하게 한다. 11장에 소개된 영적 경주자들이 12장에서는 경기장에서 퇴장하여 특별 관람석으로 안내된다. 저자에 따르면 거기서 그들은 마라톤에 출전한 우리를 응원한다.

1절의 "이러므로"는 이번 본문을 이전의 논의와 인과 관계로 연결한다. 따라서 우리를 "구름같이 둘러싼…증인들"은 11장에 나오는 믿음의 융단에 공들여 짜 넣은 인물들을 가리킨다. 다시 말해 노아, 아브라함, 사라, 모세, 라합, 기드온 같은 사람들의 신실한 증언에 비추어 우리도 "모든 무거운 것과 얽매이기 쉬운 죄를 벗어버리고 인내로써 우리 앞에 당한 경주를 하"자는 것이다(12:1).

모든 신자는 믿음의 경주에 이미 출장해 있다. 저자는 1-3절에서 코치 역할을 맡아 우리에게 경주를 준비하는 법과 지속하는 법을 가르쳐준다. 맨 먼저 그는 두 가지를 버리라고 지시하는데 바로 "모든 무거운 것"과 "얽매이기 쉬운 죄"다(12:1).

"경주"로 번역된 헬라어 단어[아곤(*agōn*), 73]는 '힘씀', '싸움'의 의미로도 쓰일 수 있다(참조. 빌 1:30, 골 2:1, 딤전 6:12).[14] 그리스도인의 삶은 돌 차기 놀이나 단거리 육상이 아니라 진이 빠지도록 힘든 마라톤이다. 완주하려면 우선 거추장스럽거나 몸을 무겁게 하는 것부터 다 떼어내야 한다. "무거운 것"으로 번역된 단어[옹코스(*onkos*), 3591]는 '무언가를 하지 못하게 막는 것'으로 직역된다.[15] 본문의 정황에서 바지와 재킷 차림에 부피가 큰 신발을 신고 장신구까지 매단 주자를 상상해보라. 앨런은 "AD 1세기의 경주자들은 운동장에서 사실상 알몸으로 달렸다. 입장할 때는 길게 흘러내리는 색색의 가운을 걸쳤지만, 경주가 시작되면 모두 벗었다"고 주해했다.[16]

영적 경주에서도 무엇이든 인내를 어렵게 하는 것, 즉 남아돌거나 불필요하거나 무익한 것은 다 버려야 한다. 켄트 휴즈가 잘 주해했듯이 이런 "무거운 것"은 주자마다 다를 수 있다. "당신을 방해하는 것이 다른 사람에게는 전혀 그렇지 않을 수도 있다. 그 자체로는 좋은 것이지만, 당신을 영적으로 무겁게 짓누른다면 방해 거리다. 예컨대 우정, 단체, 행사, 장소, 습관, 쾌락, 오락, 명예 등이다. 이처럼 좋은 것이라도 당신을 힘 빠지게 한다면 버려야 한다."[17] 신자가 믿음의 경주에서 인내하려면 우선 자신을 가로막거나 느려지게 하는 불필요한 짐과 무익한 방해물부터 버려야 한다.

우리를 무겁게 짓누르거나 주의를 산만하게 하는 것들은 도덕적으로 중립적일 수 있으나 영적 인내의 두 번째 방해 거리인 "얽매이기 쉬운 죄"(12:1)는 그렇지 않다. 아주 사소한 '선의의 거짓말'이든 노골적 배교든 죄는 무엇이든 우리를 실족시킬 수 있다. 미리 대비하여 정정당당하게 달려야 한다. 우리를 비틀거리다 넘어지게 할 수 있는 끝없는 유혹을 피하고 습관적 죄를 버려야 한다.

전후 문맥상 저자는 불신이라는 죄를 특정해서 생각했을 수 있다. 원문의 "죄"(12:1)는 단수이며 앞에 정관사가 붙어 있다.[18] 믿음 없는 죄에도 규모의 차이가 있다. 머리 주위를 윙윙거리는 흡혈 파리처럼 자꾸 귀찮게 구는 끈질긴 의심일 수도 있고, 주인의 발꿈치를 연신 무는 개처럼 하나님의 성품이나 신실하심에 대한 고질적인 불신일 수도 있다. 경우에 따라 길을 막고 쓰러져 있는 거목일 수도 있는데, 이 정도면 믿음의 경주를 포기하고 싶어질 정도로 큰 난관이다.

어느 경우든 우리는 쓸데없는 방해물과 기운 빠지게 하는 죄를 버리고 "인내로써 우리 앞에 당한 경주를 하"여야 한다(12:1). 옛 성도들도 했으니(11장) 이제 우리도 그들이 잘 닦아 놓은 신실한 인내의 길을 뒤따라야 한다. 길은 우리 앞에 있다. 이 길이 어디로 이어질지, 얼마나 오래 걸릴지, 오르막일지 내리막일지, 평탄할지 험할지, 젖어 있을지 말라 있을지 우리는 모른다. 그러나 믿음이란 아무도 도달한 적 없는 구간을 지날 때도 하나님을 신뢰하는 것이다. 그분이 우리 앞에 두신 길이 영적 성숙을 향해 자라가는 우리에게 가장 유익하다는 것을 알기 때문이다.

이 길을 달리는 동안 뒤에서는 믿음이 우리를 밀어주고 앞에서는 소망이 끌어주어야 한다. 그것이 2–3절의 요지다. 발밑을 내려다보거나 환경을 둘러보거나 자신의 성취나 실패를 뒤돌아볼 것이 아니라 "예수를 바라보"아야 한다(12:2). "바라보자"로 번역된 동사 아포라오(*aphoraō*, 872)는 '한눈팔지 않고 주목하다'는 뜻이다.[19] 우리는 오직 예수 그리스도만을 주목해야 한다. 왜 그런가? 그분이 이 믿음의 마라톤을 앞서 달리셨기 때문이다. 그분은 믿음의 삶의 근원이시자 우리를 끝까지 완주하게 해주실 분이다. 완전한 모본이신 그분은 십자가의 고난과 수치 너머를 보시며 장차 영광 중에 아버지의 오른편에 앉아 누리실 기쁨에 소망을 두셨다. 소망이 그분을 앞과 위로 끌어주었고 거역하는 죄인들을 참으시는 데 필요한 인내를 주었다(12:3). 마찬가지로 우리도 그분을 바라보고 그분을 "생각하"면 "피곤하여 낙심하지 않"게 된다(12:2–3). 예수 그리스도는 우리 믿음의 경주를 위해 우월하시다.

—12:4–6—

예수님은 죄인들의 악랄하고 불의한 박해를 견디셨지만(12:2–3), 그런 경험도 아버지의 계획과 목적 바깥에 있지는 않았다(행 2:23). 히브리서 5장 8절이 일깨워주듯이 "그가 아들이시면서도 받으신 고난으로 순종함을 배"우셨다. 잘 보면 그분이 하나님께 '징계'를 받으셨다는 말은 없다. 징계는 걸핏하면 빗나가는 이들의 몫이다. 그러나 예수님도 시련을 통해 인간의 진정한 성장을 겪으셨다. 하나님의 완전한 아들이신 예수님도 아버지께 순종하여 고난을 견뎌내셨다면(빌 2:8) 하물며 우리가 성장하는 과정에서 믿음의 난관을 경험하는 것은 얼마나 더 당연한 일이겠는가? 죄가 없으신 예수님도 무고한 고난을 통해 인간으로서 성장하셨다면 죄인인 우리는 자애로우신 아버지께 쓰라린 징계를 받는 것이 얼마나 더 당연하겠는가?

저자가 본문에 언급하는 하나님의 징계는 다른 무엇보다도 우리 믿음을 시험할 때가 많다. 알다시피 죄와 싸우며 의를 추구하는 우리에게 하나님은 섭리 가운데 고통스러운 경험과 사건과 환경과 사람을 허용하신다. 우리를 벌하시기 위해서가 아니라 깨끗하게 하시기 위해서다.

4절에 보면 서신을 읽는 유대인 신자들이 여태 믿음 때문에 당했던 고난은 구주와는 달리 아직 피를 흘린 정도는 아니었다. 즉 주님은 순교하셨으나 그들은 아직 믿음 때문에 순교한 적은 없었다(12:2-3). 그래도 그간 겪어온 고난이 그들의 믿음을 시험하고 있었다. 그들은 하나님이 자신들을 버리셨거나 어쩌면 아예 관심조차 없으시다는 거짓말에 귀가 솔깃해졌다. 하나님이 그들을 기뻐하신다면 왜 이런 고난이 닥쳤겠는가 말이다.

저자는 하나님의 사람들에게 왜 나쁜 일이 일어나는가라는 물음에 답하고자 그들이 잊고 있던 잠언(3:11-12)의 중요한 진리를 상기시킨다.

> 내 아들아 주의 징계하심을 경히 여기지 말며
> 그에게 꾸지람을 받을 때에 낙심하지 말라
> 주께서 그 사랑하시는 자를 징계하시고
> 그가 받아들이시는 아들마다 채찍질하심이라(12:5-6).

저자는 유대인 신자들에게 옛 지혜의 샘으로 사랑받던 솔로몬 왕의 글을 인용하여 하나님의 징계에 합당하지 못한 양극단의 반응을 지적한다(12:5). 첫째는 징계를 "경히 여기"고 묵살하는 것이다. 즉 우리를 훈련하실 목적으로 하나님이 삶 속에 허락하시는 어려운 환경과 시련과 환난을 그냥 무시한다. 둘째 반응은 그분이 바로잡아주실 때 "낙심하"는 것이다. 즉 무너지거나 과잉반응하거나 뒤로 미루거나 반항한다. 전자는 징계하시는 하나님의 손에 무감각한 반면 후자는 그 손을 탁 쳐낸다!

이런 양극단을 피하려면 힘든 일과 시련과 유혹을 하나님이 우리를 키우려고 쓰시는 도구로 보아야 한다. 우리의 반항 기질 때문에 때로는 이런 시련의 고통이 아니고는 우리에게 통하지 않는다. C. S. 루이스가 잘 요약했듯이 "하나님은 우리가 기쁠 때는 속삭이시고 우리의 양심에 조용히 말씀하시지만, 우리가 고통 가운데 있을 때는 고함을 치신다. 고통은 귀먹은 세상을 깨우기 위한 하나님의 메가폰이다."[20]

그래서 반드시 믿음이 있어야만 삶의 시련을 견딜 수 있다. 믿음으로 우리는 하나님이 우리를 사랑하시고 속속들이 아시며 전능하신 분임을 신뢰한다. 즉 과정은 다 모를지라도 그분이 합력하여 우리를 위해 선을 이루신다는 사실만은 신뢰한다(롬 8:28). 인용된 솔로몬의 잠언에서 두 번째 구절의 의미도 우리는 믿음으로 이해한다. 즉 하나님은 분노나 미움이 아닌 사랑으로 우리를 징계하시며, 벌하실 때도 자녀를 바로잡아주시는 자애로운 아버지로서 하신다(12:6).

요컨대 믿음 덕분에 우리는 하나님의 징계에 냉담해지거나 절망하지 않고 소망으로 반응할 수 있다.

—12:7-11—

저자는 독자에게 "너희가 참음은 징계를 받기 위함이라"(12:7)고 확언한다. 자녀를 길러본 사람은 누구나 알겠지만 교훈과 격려를 통한 긍정적 강화만으로는 부족하다. 우리는 타락한 죄인인지라 늘 교훈을 거부하며 성장을 위한 징계에 저항한다. 그래서 긍정적 훈육만 아니라 그 이면도 필요하다. 진척이 없으면 부정적 결과를 당하고, 반항적으로 규율을 어기면 따끔한 벌을 받아야 한다.

저자는 이번 본문에 하나님의 징계에 대한 위의 잠언을 네 가지 원리로 풀어내 불편하고 괴로운 신자들에게 도움을 베푼다. **첫째, 하나님의 징계는 우리가 그분의 자녀임을 확증해준다**(12:7-8). 하늘의 완전한 아버지이신 하나님은 긍정적 교훈과 부정적 책망을 다 써서 자녀를 징계하신다(12:7). 영적으로 성숙하게 자라가는 과정에 하나님이 적극 개입하신다는 사실은 우리가 그분의 영적 자녀라는 증거다. 우리가 사생자라면 하나님이 굳이 신경 쓰지 않으실 것이다(12:8). 그러므로 그분의 참 자녀로서 우리는 힘써 징계를 견뎌내 그분의 성품을 본받아야 한다.

둘째, 하나님의 징계는 우리의 영적 삶을 심화하고 향상시켜준다(12:9). 저자가 작은 것에서 큰 것으로 나아가는 논법으로 일깨우듯이 육신의 아버지가 징계할 때도 우리는 공경하며 교훈의 말과 교정의 손에 복종했다. 하물며 하늘 아버지께는 얼마나 더 기꺼이-심지어 즐거이-복종해야 하겠는가! 복종의 결과는 풍성한 삶이다(12:9). 우리가 완전하여 고통과 고난이 없는 삶을 사는 것은 불가능하지만, 그래도 신실하게 순종의 길을 고수하면 삶이 향상되고 풍요로워진다(잠 6:23, 10:16-17, 29:15). 예방할 수 있는 고생을 면하고 죄와 불순종에서 비롯되는 많은 고통도 방지할 수 있다. 또 고난 속에서도 평안과 기쁨을 누릴 수 있다.

셋째, 하나님의 징계는 우리의 유익을 위하여 지속된다(12:10). 저자는 육신의 아버지와 하늘 아버지를 계속 비교하면서 누구나 아는 사실을 지적한다. 육신의 아버지는 우리처럼 타락하여 연약하고 부족한 인간이다. 그래서 가끔 불공평하고 때로 독단적이며 종종 일관성이 없다. 지혜롭고 올바르게 하려고 애쓸 때조차도 실패할 때가 많다. 심지어 육신의 아버지는 부모로서 해서는 안 되는 일만 골라서 하는 경우도 있다.

기껏해야 "자기의 뜻대로" 징계하는 육신의 아버지와는 대조적으로 하늘 아버지는 완전하고 무오하며 일관되고 공평하시다. 늘 알맞은 징계 수단으로 우리 삶에 뜻하신 바를 이루신다. 또 징계할 기회가 "잠시"밖에 없는 육신의 아버지와는 달리 하늘 아버지는 우리 평생에 징계를 지속하여 "그의 거룩하심에 참여하게 하"신다(12:10).

넷째, 하나님의 징계는 아프지만 결국 그만한 가치가 있다(12:11). 저자는 뻔한 사실을 강조한다. 즉 긍정적 교훈이든 부정적 책망이든 징계를 당하는 동안에는 모든 징계가 못마땅하고 부담스러우며 심지어 슬픈 일처럼 보인다. 건반의 음계 연습을 계속 반복하든, 코치가 호각을 불 때까지 운동장을 돌든, 하나님이 시련을 거두실 때까지 비극 속에서 믿음으로 경주하든, 모든 징계에는 고통이 따른다. 육의 세계나 영의 세계나 마찬가지다. 그러나 최종 결과는 그만한 가치가 있다. 영의 세계에서 하나님의 징계를 기꺼이 견디면 "의와 평강의 열매"가 맺힌다(12:11).

—12:12-13—

아버지로서 징계하시는 하나님의 자애로운 손은 우리가 그분의 자녀임을 입증하고 확신하게 한다(12:7-8). 우리의 영적 삶을 심화하고 향상시켜 성숙을 낳는다(12:9). 평생 우리를 계속 그분께로 더 가까이 이끌어 하나님의 성품을 닮아가게 한다(12:10). 우리를 가지치기해서 영적 열매를 맺게 하여 거룩함을 이룬다(12:11).

징계의 이런 원리에 비추어 우리는 어떻게 반응해야 할까? 저자는 12-13절에서 이런 진리에 대한 실제적 반응을 촉구한다. 신자는 믿음과 소망이 강해져야 한다(참조. 12:12). 풍성한 열매라는 목표를 향해 계속 곧은길로 가야 한다(12:13). 저자는 흔한 몸의 은유로 중요한 영적 진리를 전달한다. 몸 상태가 나빠진 사람이 마라톤에 대비하여 몸을 단련하려면 오랜 기간 고통을 통과해야 한다. 무릎과 발과 관절이 욱신거린다. 그러나 주도면밀한 코치의 지시대로 계속 훈련에 집중하면 아프던 사지가 결국 멀쩡해진다. 그 결과 이전보다 강해진다.

그래서 우리는 하나님의 징계를 물리치거나 피해서는 안 된다. 오히려 준비된 마음으로 징계를 예상하고 심지어 반겨야 한다! 고통이 즐거워서가 아니라 징계의 고난을 통해 더 큰 목표에 가까워지기 때문이다. 즉 영적으로 치유되고 힘을 얻어 믿음과 소망으로 우리 앞에 당한 경주를 할 수 있다. 신실한 옛 성도들도 그랬고(12:1), 우리 믿음의 주요 또 온전하게 하시는 이인 예수님도 그러셨다(12:2-3).

적용: 히브리서 12:1-13
포기는 금물

이번 본문에 확실히 보았듯이 믿음이란 좋아하는 찬송가를 듣거나 좋아하는 복음성가를 부를 때 와락 밀려드는 한순간의 감정이 아니다. 신실함도 삶이 순탄하고 일이 잘 풀릴 때만 즐거워하는 '온실 속의 화초' 같은 태도가 아니다. 믿음은 일이 틀어져 인내심을 시험하는 듯할 때도 하나님의 선하심과 능력과 섭리를 온전히 받아들이는 것이다. 또 신실함은 하나님이 우리 앞에 두신 마라톤을 완주하겠다는 각오와 결의다. 사지가 욱신거리거나, 하늘의 코치가 고되게 훈련시키시거나, 인생길에 위험한 장애물이 나오거나, 지평선 위로 시련과 유혹의 먹구름이 피어올라도 상관없이 말이다.

신앙생활의 이런 실체에 비추어 우리를 계속 안쪽 주로로 달리게 해줄 두 가지 실제적 적용을 제안하려 한다.

첫째, 경주를 마치기까지 인내의 은혜를 구하라. 역경의 맞바람이 불고 의심으로 다리가 후들거리며 세상의 군중이 걸음마다 야유를 퍼부을 때면 하나님께 부르짖어 인내할 은혜를 구하라. 그분이 이 기도에 응답하실 때 불편한 훈련이나 고통스러운 징계가 수반될 수도 있으나 당신은 하나님의 손안에서 안전하니 안심해도 된다. 이사야 40장 29-31절은 하나님의 은혜에 의지하여 인내하려는 이들에게 주시는 놀라운 약속의 말씀이다. 아직 암송하지 않았다면 시간을 내서 외우라. 평생 힘을 공급하시는 하나님을 확실히 일깨워줄 것이다.

> 피곤한 자에게는 능력을 주시며
> 무능한 자에게는 힘을 더하시나니
> 소년이라도 피곤하며 곤비하며
> 장정이라도 넘어지며 쓰러지되
> 오직 여호와를 앙망하는 자는
> 새 힘을 얻으리니
> 독수리가 날개 치며 올라감 같을 것이요
> 달음박질하여도 곤비하지 아니하겠고
> 걸어가도 피곤하지 아니하리로다(사 40:29-31).

둘째, 결코 혼자만의 경주가 아님을 잊지 말라. 혼자라는 느낌만큼 영적 마라톤에서 사기를 떨어뜨리고 걸음을 주춤하게 하는 것은 없다. 당신은 혼자가 아니다! 스코틀랜드의 설교자 존 베일리(John Baillie)의 명언을 생각해보라. 그의 기도를 당신의 것으로 삼으라. "제가 걷는 그리스도인의 길이 아무도 가본 적 없는 미답의 길이 아니라 많은 성도와 사도와 선지자와 순교자의 발자국으로 잘 다져진 길이니 주님께 감사드립니다."[21] 수많은 신실한 남녀가 당신과 똑같은 길을 달렸다. 주 예수께서 친히 십자가의 고난으로 그 길을 표시하셨고 부활과 승천으로 종착지에 불을 밝히셨다.

소망을 품고 그분을 바라보면 그리고 앞서 달린 수많은 성도의 모본을 명심하면 걸음마다 새 힘이 날 것이다. 하나님은 좌절한 코치로서가 아니라 자애로운 아버지로서 여정 내내 우리를 징계하여 성공으로 이끄신다. 그 사실 또한 기억하면 걸음마다 더욱 담대한 확신이 차오를 것이다.

세속에 물들지 않게 조심하라!(히브리서 12:14-29)

---

[14]모든 사람과 더불어 화평함과 거룩함을 따르라 이것이 없이는 아무도 주를 보지 못하리라 [15]너희는
하나님의 은혜에 이르지 못하는 자가 없도록 하고 또 쓴 뿌리가 나서 괴롭게 하여 많은 사람이 이로

말미암아 더럽게 되지 않게 하며 16음행하는 자와 혹 한 그릇 음식을 위하여 장자의 명분을 판 에서와
같이 망령된 자가 없도록 살피라 17너희가 아는 바와 같이 그가 그 후에 축복을 이어받으려고 눈물을
흘리며 구하되 버린 바가 되어 회개할 기회를 얻지 못하였느니라

18너희는 만질 수 있고 불이 붙는 산과 침침함과 흑암과 폭풍과 19나팔 소리와 말하는 소리가 있
는 곳에 이른 것이 아니라 그 소리를 듣는 자들은 더 말씀하지 아니하시기를 구하였으니 20이는 짐승
이라도 그 산에 들어가면 돌로 침을 당하리라 하신 명령을 그들이 견디지 못함이라 21그 보이는 바가
이렇듯 무섭기로 모세도 이르되 내가 심히 두렵고 떨린다 하였느니라 22그러나 너희가 이른 곳은 시
온 산과 살아 계신 하나님의 도성인 하늘의 예루살렘과 천만 천사와 23하늘에 기록된 장자들의 모임
과 교회와 만민의 심판자이신 하나님과 및 온전하게 된 의인의 영들과 24새 언약의 중보자이신 예수
와 및 아벨의 피보다 더 나은 것을 말하는 뿌린 피니라

25너희는 삼가 말씀하신 이를 거역하지 말라 땅에서 경고하신 이를 거역한 그들이 피하지 못하였
거든 하물며 하늘로부터 경고하신 이를 배반하는 우리일까보냐 26그 때에는 그 소리가 땅을 진동하였
거니와 이제는 약속하여 이르시되 내가 또 한 번 땅만 아니라 하늘도 진동하리라 하셨느니라 27이 또
한 번이라 하심은 진동하지 아니하는 것을 영존하게 하기 위하여 진동할 것들 곧 만드신 것들이 변동
될 것을 나타내심이라 28그러므로 우리가 흔들리지 않는 나라를 받았은즉 은혜를 받자 이로 말미암아
경건함과 두려움으로 하나님을 기쁘시게 섬길지니 29우리 하나님은 소멸하는 불이심이라

12장은 인내의 경주라는 생생한 은유로 시작되었다(1절). 우리는 시선을 예수님께 두고 모든 무거운 것을 버린다(1-3절). 4-11절의 초점은 격렬하고 종종 고통스러운 훈련 프로그램인데, 이를 통해 하나님은 마라톤 내내 우리를 강건하게 하신다. 이어 12-13절에 저자는 우리에게 건강을 지켜 우리 앞에 펼쳐진 경주에 인내할 것을 촉구한다. 그래야 지독한 난관에 부딪혀도 망가지지 않고 오히려 고침을 받을 수 있다. 즉 그분 안에서 회복과 쇄신과 새 힘을 받는다. 나머지 12장에는 치유되고 성화된 그 삶이 어떤 모습인지가 묘사된다. 그리스도 안에서 우리가 받은 구원과 그분의 나라에서 우리에게 주어진 새로운 지위가 성경 전체를 통틀어 가장 생생하고 영광스럽게 표현된 본문 중 하나다.

이 단원의 메시지는 단순하다. 믿음의 경주를 하면서 우리는 세속에 물들지 않게 조심해야 한다. 그런데 세속성은 단지 죄의 행위로 육신의 정욕에 빠지는 것만이 아니다. 그것은 한 방식일 뿐이다. 세속성은 그리스도의 것들보다 세상 것들을 앞세우는 태도이기도 하다. 18-24절에 그리스도 중심의 새 언약에 따른 하늘의 유산과 옛 언약인 율법의 계율이

대비되는데, 이는 히브리서의 첫 독자들에게 어려운 선택의 기로를 제시한다. 오직 예수님만을 주님으로 인정할 것인가, 아니면 이미 폐기된 제도로 회귀함으로써 그리스도가 주님이심을 부인하고 무시할 것인가?

이렇듯 율법주의도 영적 성숙으로 가장한 세속성의 한 형태일 수 있다!

—12:14-17—

믿음의 마라톤에서 세속성이 우리를 망쳐놓을 수 있다. 그것에 지면 머잖아 속도가 느려지고 힘이 빠져 낙오하게 된다. 세속성을 물리치지 않고 지금 여기에 애착하면 결국 너무 뒤쳐져 경주에 복귀할 기회를 잃는다. 이런 섬뜩한 메시지가 14-17절에서부터 시작된다. 이번 본문은 두 가지 긍정적 명령(12:14), 세 가지 부정적 경고(12:15-16) 그리고 세속성의 유혹을 극복하지 못할 때 찾아오는 심각한 결과(12:17)로 이루어져 있다.

긍정적 측면에서 저자는 첫째로 독자에게 모든 사람과 더불어 화평함을 따를 것을 촉구한다(12:14). 세상이 끊임없는 충돌과 소송과 이혼과 시위와 인종차별과 테러와 편견 그리고 때로는 전쟁으로 요동하다 보니 평화를 추구한다는 것은 불가능한 일처럼 보인다. 이런 각박한 세상에서는 가정이나 교회나 학교나 직장의 대인관계에서도 평화롭고 조화로운 관계를 유지하기가 힘들다. 세속성은 "네가 죽이지 않으면 죽임을 당한다"고 말하지만, 하나님의 이치는 "할 수 있거든 너희로서는 모든 사람과 더불어 화목하라"(롬 12:18)고 말한다. 얼마나 대조적인가!

두 번째 긍정적 명령은 거룩함을 추구하라는 것이다(12:14). 세속의 이치는 우리를 꾀어 세상의 기준과 우선순위-사치, 방종, 부의 축적, 개인적 만족, 쾌락-를 닮게 한다. 그러나 하나님의 이치는 "이 세대를 본받지 말고 오직 마음을 새롭게 함으로 변화를 받"으라고 말하다(롬 12:2). 히브리서 저자가 쓴 "거룩함"이란 단어는 세상에서 분리되어 세속적 우선순위와 세속적 추구와는 확연히 다르다는 개념이다. 주변의 세속성과 도덕적으로 구별될 때 우리는 영의 눈으로 똑똑히 "주를 보"게 된다. 예수님도 "마음이 청결한 자는 복이 있나니 그들이 하나님을 볼 것임이요"(마 5:8)라고 친히 말씀하셨다.

저자는 첫 독자에게 이렇게 긍정적으로 추구해야 할 것에 이어 세 가지 부정적 경고를 알리면서 의의 길에는 삼가야 할 위험이 널려 있음을 오늘날의 우리에게까지 일깨워준다. 첫 번째 경고는 은혜에 이르지 못하는 사람이 없게 하라는 것이다(12:15). 율법주의를 경직되게 적용하고 업보를 영적 원리로 받아들이는 세상의 사고방식과는 반대로 그리스도인은 은혜의 세계에서 살아간다. 은혜의 본을 보이고, 은혜를 장려하며, 은혜를 믿고, 은혜로 살며, 다른 사람에게 은혜를 베푼다. 그러지 못하면 완전히 실패하여 세속성으로 되돌아가게 된다.

두 번째 경고는 쓴 뿌리가 나지 못하게 하라는 것이다(12:15). 저자는 신명기 29장 18절의 은유를 빌려왔는데, 거기 보면 이스라엘 백성은 "남자나 여자나 가족이나 지파나 오늘 그 마음이 우리 하나님 여호와를 떠나서…독초와 쑥의 뿌리가 너희 중에 생"기지 않게 하라는 경고를 받았다. 이 세상의 흙 속에 뿌리 내린 어떤 식물이 오염된 땅의 독소를 빨아들여 먹지 못할 오염된 열매를 맺는 경우를 떠올려보면 된다. 내 생각에 교회라는 몸에 이 쓴 뿌리보다 더 잠행성이면서 잘 전염되는 영적 질병은 없다. 이 하나의 고약한 태도가 험담과 중상과 비방을 열매로 맺으면서 온 교회로 퍼져나가 교회를 망쳐놓을 수 있다(15절).

세 번째 경고는 에서 신드롬을 용납하지 말라는 것이다(12:16). 저자는 에서를 세속성의 전형적 화신으로 꼽았다. 에서는 안개처럼 사라질 덧없는 육신의 정욕을 영원한 영적 복인 하나님의 언약보다 중시했다. 그는 믿음이 아닌 눈에 보이는 것을 따라 살았고, 영원과 내세가 아닌 오늘과 현세를 위해 살았다. 그 비참한 이야기를 당신도 기억할 것이다. 어느 날 집에 돌아온 그는 너무 허기져서 이삭의 장자라는 생득권의 복을 죽 한 그릇과 바꾸었다(창 25:27-34)! 이 사건이 우리에게 주는 메시지는 분명하다. 값으로 따질 수 없는 영적 유산을 이 세상의 하찮은 물건과 바꾸지 말라는 것이다.

지금까지 두 가지 명령(12:14)과 세 가지 경고(12:15-16)를 살펴보았다. 이제 저자는 심각한 결과를 기술하면서, 영적인 것을 세속적인 것과 바꾼 뒤 에서에게 닥친 무서운 운명으로 이를 예시한다. 미련한 에서는 배가 부르자 비로소 제정신이 들어 자신의 소행을 깨달았다. 한순간의 식욕에 놀아나 장자권을 동생 야곱에게 넘기기로 맹세하고 성급히 음식을 후루룩 넘겼던 것이다. 상황을 되돌리려 해보았으나 엎질러진 물이었고 돌이킬 수 없는 지경까지 선을 넘은 후였다. 그는 눈물로 애원했지만 "버린 바가 되어 회개할 기회를 얻지 못하였"다(12:17). 이처럼 에서는 세속성을 따른 대가로 훨씬 중한 것을 잃었다. 전부를 내주고 아무것도 얻지 못했다. 자신이 버린 것의 가치를 깨달았을 때는 이미 너무 늦었다.

묵상의 서재

세속성이란 무엇인가?(히브리서 12:14-17)

과거에 내가 경험한 종교적 체험을 돌아보고 여러 목사와 지도자와 친구들이 선의로 해준 조언을 생각해보면 그들 중 다수가 '세속성'을 정의하던 방식에 저절로 고개가 저어지고 한숨이 나온다. 안타깝게도 많은 그리스도인이 지금도 그런 많은 '세속적인' 것들을 육욕의 확실한 증거로 여긴다. 이것만 삼가면 '영적인' 사람이라는 식이다.

예컨대 내가 젊었을 때는 카드놀이가 세속적인 일로 간주되었다. 적어도 일부 카드는 그랬다. '우노'나 '더치블리츠' 정도는 괜찮았고, '고피쉬'나 '솔리테어'도 무난했을 것이다. 그러나 '브리지'나 '포커'는 어느 경우에도 금물이었다. 아무 가치 없는 플라스틱 칩이라도 그것을 사용해서는 안 되었다. 실제로 그때는 풀 당구만 쳐도 세속적인 사람이었다. 긴 막대기로 당구공을 쳐서 구멍에 넣는 게 왠지 영적 성장에 위험하다고 여겨졌다.

영화 관람도 금기였다. 내가 어렸을 때는 "쇼를 보러 간다"라고들 표현했는데 쇼를 보는 사람이 영적일 수는 없었다. 그런데 비디오가 나오면서 상황이 복잡해졌다. 쇼를 배격하던 부류는 여전히 극장에 가지 못했다. 무슨 영화를 보는지 다른 사람들이 다 알고 감시할 수 있었기 때문이다. 그런데 안방에서는 아무거나 비디오로 빌려다 보아도 감시받을 일이 없었다. 어딘지 앞뒤가 맞지 않아 보였다.

일요일에는 또 그날만의 규정이 있었다. 일요일에 외식하면 세속적인 사람이었다. 그러려면 사람들이 일요일에 일해야 하는데 다들 알다시피 일요일은 '안식일'이었기 때문이다. 만화를 일요일 정오 이전에 보는 사람도 세속적이었다. 오후에는 괜찮았던 것 같다. 또 일요일의 해변 나들이는 시점을 불문하고 세속적이었다. 다만 해변으로 간주하기 어려울 만큼 물가에서 멀찍이 떨어져 있기만 하면 피크닉이 허용되었다.

그뿐 아니라 여자에게만 해당되는 세속성의 기준도 있었다. 화장하는–또는 화장이 너무 진한–여자는 세속적이었다. 그런 진영일수록 긴 치마나 드레스 대신 바지나 청바지나 반바지를 입어도 세속적인 여자로 간주되었다. 수수한 장신구는 차도 되었지만 '수수함'의 기준이 무엇인지 정확히 상술한 사람은 없었다. 그냥 보고 알았던 것 같다. 게다가 여자는 절대로 머리를 짧게 자르지 않았다.

목마를 때 음료를 어디서 사는지도 조심해야 했다. 주류 판매점에서는 아무것도, 심지어 콜라도 사서는 안 되었다. 콜라를 살 때도 캔이 아니라 꼭 병을 샀는데 캔은 맥주처럼 보였기 때문이다. 당연히 술은 맥주, 포도주, 증류주 등 종류 여하를 막론하고 완전히 세속적인 사람들만의 소비품이었다.

커피 탁자도 그 위에 무엇이 놓이느냐에 따라 영적이거나 세속적인 것으로 간주될 수 있었다. 〈라이프〉지나 〈타임〉지나 〈모터트렌드〉지를 거기 두고 즐겨 읽는 사람은 세속적이었다. 오래되어 낡아진 큼직한 성경책이나 〈계간 주일학교〉나 〈월간 무디〉가 놓여 있으면 영적인 사람이었다.

그때는 삶이 얼마나 단순했던가! '영적인' 사람이 되기가 얼마나 쉬웠던가! 하라는 일을 하고 하지 말라는 일만 하지 않으면 자신이 세상에 속한 사람이 아님을 모든 사람에게 보일 수 있었다. 물론 지난 세월 나는 세속성이 단지 외적인 요소가 아님을 배웠다. 세속성은 취향이나 전통이나 감정에 근거한 것이 아니며 상황과 환경에 따라 기준이 늘 변하지도 않는다. 세속성이란 그리스도의 것들보다 세상 것들을 앞세우고 더 사랑하는 사고방식이다. "육신의 정욕과 안목의 정욕과 이생의 자랑"(요일 2:16) 속에 세속성이 있다.

히브리서의 첫 독자에게나 오늘날의 우리에게나 여기에 함축된 의미는 분명하다. 화평하고 순전하게 매진하지 못하고(12:14) 세속에 물들면(12:15-16) 결국 우리도 에서처럼 돌이킬 수 없는 지경에 이를 수 있다(12:17). 그래서 저자는 이제부터 세속성의 추구와 거룩함의 추구를 최종 대비한 뒤(12:18-24) 마지막 엄중한 경고로 마무리한다(12:25-29).

—12:18-24—

신실한 영적 마라톤은 멀고 험하여 진이 빠질 듯 고통스럽다. 그 길에 늘어선 많은 시련과 도전이 여정 내내 우리를 키우고 강건하게 한다(12:1-13). 다행히 우리를 훈련시키시는 코치는 친구만이 아니라 하늘에 계신 우리 아버지시다(12:5-11). 그분은 우리가 가장 잘되기를 바라신다. 그런데 몸의 경주와 마찬가지로 영의 경주에도 출전자에게 적용되는 규정과 경고가 있다(12:14-16). 이런 규정 덕분에 우리는 에서처럼 세속에 물들어 회개할 수조차 없는 지경에 이르지 않는다(12:17).

이번 본문에 저자가 우리를 데려가는 길은 두 산을 지나간다. 바로 시내산과 시온산이다. 둘 다 지리적이고 역사적인 실존 장소지만 저자는 이를 통해 상충되는 두 제도를 예시한다. 하나는 한시적이어서 이미 폐기된 이 땅의 제도고("시내"), 또 하나는 영원하고 절대적인 하늘의 제도다("시온"). 전자는 영적 삶에 대한 세상적 접근, 즉 율법과 규정과 감각적 예배를 상징하고, 후자는 영적 삶에 대한 하늘의 접근, 즉 은혜와 믿음과 소망과 사랑을 상징한다. 저자는 수신자들에게 옛 언약의 전형을 보여주어 새 언약과 뚜렷이 대비시킨다. 그리하여 하나님 앞에서 자신들이 어디에 있는지 보게 한다.

시내산은 율법과 그 속의 모든 엄격한 요건을 대변한다. 율법이 주어질 때 심장이 멎을 듯한 두려움도 딸려왔는데, 저자는 이를 나팔과 폭풍과 불과 침침함과 흑암과 죽음 같은 무서운 소리와 그림으로 제시한다(12:18-21). 출애굽기 19장과 신명기 5장 같은 본문에 자세히 기술된 내용이다. 옛 언약에는 두려움과 떨림과 충격과 공포가 수반되었다. 그 경험이 어찌나 무서웠던지 모세조차도 "내가 심히 두렵고 떨린다"(12:21)고 부르짖었다. 저자는 이런 감정을 소환함으로써 마라톤 주자들에게 그 폐기된 옛 산으로 돌아가려는 위험을 경고한다. 이처럼 육신적, 현세적, 세상적으로 의에 접근하면 결과는 두려움과 떨림뿐이다. 반대로 그들은 지금까지 경주하던 길에 그대로 남아 다른 영광스러운 산을 향해야 한다.

그래서 저자는 독자의 마음눈을 무서운 시내산으로부터 돌려 천상의 아름다운 시온산과 하나님의 도성 예루살렘을 묘사한다. 이 산은 살아 계신 하나님의 인격적이고 자비로운 임재를 대변한다. 그분의 도성인 "하늘의 예루살렘"이 곧 우리의 도성이다(12:22)! 거기서 우리는 천사들과 어울리고, 성도들과 교제하며, 예수님과 직접 대화한다(12:22-24). 불과 연기를 피해 움츠리는 것이 아니라 "만민의 심판자이신 하나님"(12:23)을 직접 대면한다. 그것도 무릎이 후들거리고 이가 떨리는 것이 아니라 담대히 선다. 이미 "새 언약의 중보자"(12:24)이신 예수님의 피를 뿌려 깨끗해졌기 때문이다.

시내산과 시온산의 이런 극적인 대조로 저자는 히브리서의 기본 주제 중 하나를 요약한다. 새 언약이 옛 언약보다 무한히 우월하다는 것이다. 그러니 영광스러운 시온산 정상을 향해 등반하던 사람이 중간에 돌아서서 시내산의 울퉁불퉁한 벼랑 쪽으로 간다면 얼마나 어리석겠는가! 은혜의 여정을 버리고 율법의 험난하고 불가능한 명령을 다 지키려 한다면 얼마나 미련하겠는가! 은혜의 여정은 믿음의 능력과 소망의 감화로 가능하지만 율법으로는 의롭다 하심을 얻을 육체가 없다(롬 3:20)!

—12:25–29—

12장은 히브리서의 다섯 번째이자 마지막 경고의 본문으로 절정에 달한다. 이전의 네 가지를 얼른 복습해보자. 첫째로 2장 1–4절은 우리에게 "유념하여 흘러 떠내려가지 않게 하라!"고 경고했고, 두 번째 본문은 "삼가 마음을 완고하게 하지 말라!"고 조언했다(3:7–4:13). 까다롭기로 악명 높은 5장 11절–6장 20절의 가르침은 "영적 성장의 길에서 벗어나지 말라!"고 경고했고, 네 번째 본문은 "믿음 안에 굳게 서서 하나님의 심판을 면하라!"고 촉구했다(10:19–39). 이제 다섯 번째 본문에서 저자는 "그분을 배반하지 말라!"고 말한다(12:25–29).

이번 경고는 시온산을 향한 길에서 이미 벗어나기 시작한 이들에게 울리는 마지막 경종이다. 실제로는 저자의 메가폰에서 두 가지 경고가 퍼져 나오는데, 하나는 부정적인 말이고 하나는 긍정적인 말이다. 우선 부정적으로 저자는 "너희는 삼가 말씀하신 이를 거역하지 말라"(12:25)고 선포한다. 그가 작은 것에서 큰 것으로 나아가는 논법으로 독자에게 일깨우듯이 땅에서 맺어진 열등한 옛 언약 아래서 하나님의 음성을 듣기를 거부했던 이들은 심판을 "피하지 못하였"다(12:25). 이는 이스라엘 백성이 출애굽 이후에 반역하다가 광야에서 한 세대가 전부 죽었던 일을 연상시킨다(참조. 3:17). 지금의 우리에게는 하나님이 직접 성자 하나님 곧 성육신하신 예수 그리스도의 입으로 하신 말씀도 있고 사도들이 성령 하나님께 직접 받아서 전달한 메시지도 있다. 이 마지막 경고 본문은 2장 1–4절에 나오는 맨 첫 경고를 떠올리게 한다.[22] 다음과 같다.

> 그러므로 우리는 들은 것에 더욱 유념함으로 우리가 흘러 떠내려가지 않도록 함이 마땅하니라 천사들을 통하여 하신 말씀이 견고하게 되어 모든 범죄함과 순종하지 아니한 자들이 공정한 보응을 받았거든 우리가 이같이 큰 구원을 등한히 여기면 어찌 그 보응을 피하리요 이 구원은 처음에 주로 말씀하신 바요 들은 자들이 우리에게 확증한 바니 하나님도 표적들과 기사들과 여러 가지 능력과 및 자기의 뜻을 따라 성령

이 나누어주신 것으로써 그들과 함께 증언하셨느니라.

예수님이 말씀하셨고 사도들이 확증한 구원을 등한히 여기는 것이 얼마나 심각한 일인지를 저자는 장차 임할 심판을 언급하여 강조했다. 이는 우리의 소망을 세속성에 두는 것이 절대적으로 헛되다는 경고다. 이번에도 그는 장차 하나님이 "땅만 아니라 하늘도 진동하"실 그때를 학개 2장 6절을 인용하여 예고하는데, 이는 창조세계 전체에 임할 실로 가공할 만한 최후의 심판이다(12:26-27). "만드신 것들"은 이 심판 때 진동하여 없어지지만 결코 흔들리지 않는 것들이 있다. 바로 거기에 우리의 믿음과 소망을 두어야 한다.

경고의 긍정적 측면은 28절에 나오는 "감사하자"이다(개역개정의 난하주와 저자가 사용하는 NASB의 표현-역주). 이는 "말씀하신 이"(12:25)를 거역하는 것과 반대된다. 값없는 선물인 구원을 등한히 여기기는커녕 우리는 은혜를 지향하며 경건함과 두려움으로 하나님을 기쁘게 예배하고 섬긴다(12:28). "우리 하나님은 소멸하는 불이심"(12:29)을 결코 잊지 않으면서 말이다. 이런 올바른 반응의 근거는 우리가 "흔들리지 않는 나라"(12:28)를 받았다는 사실에 있다.

적용: 히브리서 12:14-29
세속적 사고방식을 물리치라

세속성은 그리스도가 주님이심을 부인하고 무시한다. 내적인 요소를 외적인 요소와 바꾼다. 취향을 원칙보다 중시한다. 세상 것들을 사랑하고 하늘의 것들을 배척한다. 어둡고 침침한 시내산을 기어오르면서 횃불이 밝혀진 시온산은 피한다. 하나님의 경고를 외면하고 불신으로 되돌아간다. 이 멸망할 세상에 시간과 에너지를 투자하고 소망의 닻을 흔들리지 않는 나라에 내리지 않는다.

이번 본문에 세속성의 추구와 거룩함의 추구가 극과 극의 대조로 밝혀진다. 그렇다면 이제 어찌할 것인가? 세속성을 이론의 영역에서 끄집어내 실천의 영역으로 가져가보자. 어떻게 하면 세속적 사고방식을 물리칠 수 있을까? 세 가지를 제안하고자 한다.

첫째, 경주를 시작한 후에는 속도를 조절하라. 이 마라톤은 시간 속에 시작되어 영원 속에 끝난다. 평생 날마다 험지로 뻗어나간다. 매일 새로운 도전이 다가온다. 혼자 달리거나 서로 경쟁하는 것이 아님을 알아야 한다. 당신은 이 믿음의 경주를 팀으로 한다. 이 길을 앞서 달린 사람들, 당신의 여정을 뒤이을 사람들, 주위에서 응원하고 격려하는 사람들과 함께 간다. 속도를 늦추어 옛 성도들에게 교훈을 배우라. 그들도 당신과 똑같은 종류의 도전에 부딪혔기에 그런 교훈이 당신의 삶을 바꾸어놓을 수 있다. 동료 주자를 당신이 어떻게 격려해주고, 넘어진 동반자를 어떻게 일으켜 세워주며, 실족한 사람이 입은 부상을 어떻게 치료해줄 수 있을지 생각해보라. 화평을 추구하고 쓴 뿌리를 뽑아내라. 그러면 당신도 미래의 경주자들에게 인내의 모본이 될 것이다. 믿음의 경주에서 다른 사람을 앞세우면 세속적 경쟁과 육신적 야망에 빠지지 않을 수 있다.

둘째, 그만두고 싶거든 미리 대가를 계산해보라. 다시 말하지만 이 경주는 100미터 단거리가 아니라 마라톤이다. 오르막길과 평평하지 못한 땅이 대부분이다. 출발선에서 전력 질주하다가 두 번째 바퀴부터 느려진다든지 경치가 으스스하거나 따분해지면 한눈을 파는 것이 세상 풍조다. 그러나 전진하는 오르막길에서 옆으로 빠지면 심각한 결과가 따른다. 세속성의 앞잡이들이 언제나 기다렸다는 듯 우리를 꾀어 경주를 그만두고 호화 호텔에 투숙하여 두 발 뻗고 편히 쉬게 하려 한다. 거기에 넘어가면 예수님을 놓친다. 성화에 진전을 이루지 못한다. 하나님을 보는 눈이 흐려진다. 그분이 더는 전능자와 소멸하는 불로 보이지 않고 아득한 지평에서 비추는 따스한 빛으로 보인다. 그분의 음성에 더는 경건함으로 반응하지 않고 시의성이 없다며 말씀을 거부한다. 그렇게 되면 그분의 징계라는 대가를 치러야 하며, 에서처럼 돌이킬 수 없는 지경으로까지 이탈할 수도 있다(12:17)!

셋째, 선물로 주신 은혜를 굳게 붙들라. 그리스도인의 삶이 비록 힘들고 고된 마라톤이지만, 그 원동력은 율법이 아니라 은혜고, 행위가 아니라 믿음이며, 이기적 야망이 아니라 사랑이다. 자업자득밖에 모르는 세상에 살다 보니 하나님의 은혜에 이르지 못하기가 얼마나 쉬운가(12:15). 하나님의 은혜를 놓쳐 감사 대신 경멸로 반응하기가 얼마나 쉬운가(12:25, 28). 저 멀리 하늘의 예루살렘에서 맞이할 영광을 망각한 채 세속적 바빌론의 쾌락에 놀아나기가 얼마나 쉬운가. 방향을 잘못 틀어 불이 붙는 시내산을 오르느라 아름다운 시온산을 놓친다면 얼마나 비참하겠는가! 친구여, 하나님의 은혜에 이르지 못해서는 안 된다. 예수 그리스도 안에 있는 하나님의 은혜를 경시하면 세속성을 받아들여 파멸에 떨어진다.

헌신과 자족(히브리서 13:1-7)

1형제 사랑하기를 계속하고 2손님 대접하기를 잊지 말라 이로써 부지중에 천사들을 대접한 이들이 있
었느니라 3너희도 함께 갇힌 것 같이 갇힌 자를 생각하고 너희도 몸을 가졌은즉 학대 받는 자를 생각
하라 4모든 사람은 결혼을 귀히 여기고 침소를 더럽히지 않게 하라 음행하는 자들과 간음하는 자들을
하나님이 심판하시리라 5돈을 사랑하지 말고 있는 바를 족한 줄로 알라 그가 친히 말씀하시기를 내가
결코 너희를 버리지 아니하고 너희를 떠나지 아니하리라 하셨느니라 6그러므로 우리가 담대히 말하되

주는 나를 돕는 이시니
내가 무서워하지 아니하겠노라
사람이 내게 어찌하리요

하노라

7하나님의 말씀을 너희에게 일러 주고 너희를 인도하던 자들을 생각하며 그들의 행실의 결말을
주의하여 보고 그들의 믿음을 본받으라

매번 드는 생각이지만 히브리서의 셋째 단락(11-13장)은 역사적으로 '신학의 3대 덕목'이라 불려온 믿음과 소망과 사랑으로 깔끔히 개괄된다. 11장에는 본받을 만한 믿음의 사람들이 줄지어 제시된다. 12장에 나오는 경고와 필수 조언은 신자들을 소망 가운데 견고히 서서 그리스도인의 삶이라는 마라톤에 인내하게 한다. 이번 13장에서 저자는 하나님과 사람들을 사랑하는 그리스도인의 삶을 고찰한다.

이 웅대한 서신을 맺을 때가 가까워지면서 저자는 점점 더 사적으로 격려하며 실천으로 연결한다. 앞서 그가 전달한 주제의 중심축은 그리스도가 인격과 사역에서 우월하시다는 것이었다. 이어 11-12장에는 특별히 그리스도인이 믿음의 경주를 하는 데 예수님이 우월하시다는 주제를 피력했다. 그런데 편지를 마무리하기 전에 꼭 짚어두어야 할 몇 가지 잡다한 주제가 있다. 그중 어느 것도 몇 장에 걸쳐 논증을 전개하거나 구약의 핵심 본문들을 심층 분석할 필요까지는 없다. 천사보다 뛰어

히브리서 13장의 간략한 개괄

- 다른 신자와의 관계(1절)
- 낯선 손님과의 관계(2절)
- 옥에 갇힌 사람과의 관계(3절)
- 배우자와의 관계(4절)
- 돈과의 관계(5-6절)
- 지도자와의 관계(7절)
- 그리스도와의 관계(8-14절)
- 하나님과의 관계(15-17절)
- 기도와의 관계(18-21절)
- 모든 성도와의 관계(22-25절)

나신 그리스도의 탁월성, 우리의 영적 안식, 멜기세덱의 반차를 따른 그리스도의 제사장직 등의 경우와는 다르다. 그렇더라도 이 잡다한 주제 중에 한낱 사소한 것은 하나도 없다. 말하지 않고 그냥 두기에는 모두 너무 중요하다.

13장을 대충 훑어만 보아도 알겠지만, 폭넓고 다양한 관심사에 대한 개인의 실천적 반응이 촉구된다. 이번 첫 단원(1-7절)에서 살펴볼 일련의 실제적 권면은 우리의 수평적 삶, 즉 그리스도의 몸 된 교회에서 서로를 어떻게 대할 것인가와 관계된다. 일곱 구절이면 이 주석에서 한 단원 전체를 할애하기에 미흡한 분량처럼 보일 수 있다. 그러나 장담컨대 속사포같이 이어지는 실천을 일깨우는 호소는 우리의 긴장을 늦출 수 없게 한다. 그 과정에서 마땅히 우리에게 드는 의문이 있다. "나는 이 문제에 충분한 시간과 관심을 쏟고 있는가?"

—13:1-3—

첫 세 구절은 이번 '사랑' 장 전체의 기조를 이룬다. 마치 권투 선수가 공이 울리자마자 연타로 날리는 잽과도 같아서, 실제적 원리들과의 한판 승부가 시작되었다는 사실을 우리에게 알린다. 각 명령마다 타격의 효과가 극대치에 달해 무방비 상태인 우리에게 각자의 반응을 요구한다.

1절에 이번 장의 전체 주제가 제시된다. "형제 사랑하기를 계속하고." "형제 사랑하기를"이라는 문구가 헬라어 원문에는 필라델피아(*philadelphia*, 5360)라는 한 단어로 표현된다. 이는 두 단어의 합성어인데 먼저 필로스(*philos*, 5384)는 '친절한 마음씨의 헌신적인' 성향을 가리킨다.[23] 친한 친구간의 사랑이라 할 수 있다. 다른 단어 아델포스(*adelphos*, 80)는 '형제'를 뜻한다. 둘을 합하면 가족간의 끈끈하고 친밀한 사랑이라는 개념이 나온다. 친밀한 사랑의 공동체에서 다른 사람들과 더불어 살아가는 법에 대한 일련의 명령을 이 말로 시작하다니 얼마나 멋진가. 이런 사람들은 혈연관계는 아니지만 공통분모에 기초하여 교제를 나눈다.

그리스도인에게 그 연합의 공통분모는 곧 예수 그리스도시다. 성령으로 말미암아 맺어진 예수님과의 관계가 우리 모두를 아버지의 자녀가 되게 하며, 그래서 우리는 영적인 '형제자매'다. 이런 사랑은 우리 각자에게 무언가를 요구한다. 우리는 그저 같은 시간대에 신앙 집회에 참석하는 정도가 아니라 한 몸을 이루는 지체다. 필라델피아를 계속하라는 권고에는 영적으로 영원한 한 가족이라는 우리의 정체를 진지하게 받아들여야 한다는 의미가 강하게 함축되어 있다.

그러나 가족 같은 교회 분위기가 교회 안에만 머물러 있어서는 안 된다. 저자가 즉시 제기했듯이 친밀한 교회 공동체는 배타적으로 안으로만 파고들어 끼리끼리 어울리는 오류를 너무 자주 범한다. 그래서 저자는 일부러 앞부분은 똑같은데 뒷부분만 다른 두 단어를 병치한다. 즉 우리는 필라델피아만 아니라 필로제니아(*philoxenia*, 5381)도 계속해야 한다. 제노포비아(*xenophobia*)라는 말을 들어보았을 것이다. 이는 '낯선 사람'[제노스(*xenos*), 3581], 외부인, 이방인 등 우리와는 다른 사람을 혐오한다는 뜻이다. 반대로 우리는 형제를 사랑할 뿐 아니라(필라델피아) 낯선 손님에게도 사랑을 베풀어야 한다(필로제니아).

낯선 손님을 잘 대접하라는 권면의 역사적 정황을 도널드 거스리는 이렇게 짚어냈다.

> 초대 교회가 처한 환경에서 이는 매우 중요했다. 여행자용 숙박 시설이 그리스도인라면 차마 묵지 못할 곳이었기 때문이다. 길손을 위한 여인숙이 그나마 있다면 그런 데는 다 부도덕하기로 악명을 떨쳤다. 더욱이 손님을 대접한다는 신약의 개념은 이보다 훨씬 폭넓게 적용된다. 중동에서 손님 대접은 우정의 방편이다. 식사 초대는 곧 상대를 교제에 끼워준다는 뜻이다.[24]

생각해보라. 당신은 흙길을 걸어 먼 목적지로 가는 나그네다. 지치고 기운이 빠져 좀 쉬어야겠고 배도 고프다. 그런데 이 도시의 여관에서 묵어가려면 밤새 뜬눈으로 뒤척이는 수밖에 없다. 그렇지 않으면 사방에서 당신을 유혹하여 부도덕에 빠뜨리려 할 것이다. 이제 어찌할 것인가?

문득 어떤 부부가 자기 집에 묵으라며 당신을 따뜻하게 초대한다. 상냥하게 웃으며 친절히 격려해주는 그들의 집에는 더운밥과 따뜻한 잠자리가 있고 문단속도 잘 돼 있다. 식사 중에 당신은 생전 못 보던 광경을 목격한다. 진심으로 서로를 사랑하고 존중하는 가정의 모습이다. 그들의 친구들까지 들러 당신의 노정에 필요한 먹거리를 나누어준다. 그들은 '예수'라는 이름으로 서로 문안한다. 당신을 위해 기도해주고 소망의 이야기도 들려준다. 죄를 용서받고 죽음에서 부활하며 은혜의 값없는 선물로 영생을 받는다는 내용이다. 부근의 수상쩍은 여인숙 대신 얼마나 반가운 대안인가! 이튿날 아침에 떠날 때는 당신의 몸과 머릿속뿐 아니라 영과 혼까지 새 힘이 난다. 그다음 도시에서도 당신은 이 '교회'라 불리는 사람들의 모임을 찾고 싶을 것이다.

손님 대접에 담긴 더 깊은 뜻이 보이는가? 신앙 공동체 안의 사랑과 외부인을 향한 사랑은 둘 다 사람들을 구주요 주님이신 예수 그리스도와의 관계로 은근히 초대하는 역할을 했다. 그런데 2절에 보면 저자의 격려 속에 손님 대접의 또 다른 차원이 살짝 끼워져 있다. 어떤 이들은 낯선 손님을 대접하다가 실제로 "천사들"을 대접했다는 것이다.

본래 헬라어 단어 앙겔로스(*angelos*, 32)는 그냥 "사자"인 인간을 가리킬 수도 있다(참조. 눅 7:27). 하지만 이번 문맥에는 그 의미가 맞지 않아 보인다. 그들은 복음의 사자가 아니라 낯선 "손님"이었다. 즉 그들이 그리스도 안의 형제자매라는 교제권 밖에 있었다는 뜻이다. 필시 저자는 하나님의 사람들이 부지중에 말 그대로 천사를 대접했던 구약의 여러 일화를 암시했을 것이다(창 18:1-22).[25]

사랑하는 관계의 세 번째 범위는 필라델피아의 편안한 내부 집단을 한 걸음 더 벗어나 "[옥에] 갇힌 자"에게까지 이른다(13:3). 십중팔구 이는 신앙 때문에 박해받아 투옥된 형제자매를 가리키는 말이다. 하지만 누구든지 사회에서 소외되거나 버림받은 사람에게도 적용된다.

2절에는 낯선 손님에게 집을 개방하라고 했는데, 3절은 잊히기 쉬운 사회의 소외층에게 마음을 열고 손을 펴 실제로 찾아가라고 명한다(마 25:34-40). 우리는 그들이 처한 상황에 공감하고 사랑을 베풀어 힘닿는 대로 소외의 정도를 완화해야 한다. 교도소선교회를 설립한 찰스 콜슨(Charles Colson)의 말마따나 "사형수 감방, 빈민가, 옆집 등 사람이 사는 곳이면 어디에든 복음을 들고 가는 것이 최전방의 전도다. 최전방의 사랑이다."[26]

—13:4—

히브리서가 기록되던 당시에 결혼을 낮추보는 사람이 많았다. 유대인의 에세네파 같은 금욕주의에서는 결혼을 거룩하지 못한 육욕의 탐닉이라 경멸하며 독신 생활을 강조했다. 반면에 서신의 첫 히브리 독자들을 에워싸고 있던 부도덕한 사회에서는 많은 사람이 결혼을 무의미한 헌신이라 여기며, 결혼과 가정을 해치는 음행과 온갖 일탈 행위를 선호했을 것이다.[27] 비교적 안정된 가정에 속한 부류조차도 부부관계를 헌신보다는 인습으로, 애정보다는 실용으로 간주할 때가 많았다.

그런데 저자는 결혼을 어떤 식으로든 낮추보는 관점에 직격탄을 날린다. "귀히 여기고"에 해당하는 원문의 형용사를 그는 강조의 위치인 문두에 두었다.[28] 금욕주의와 부도덕과 무관심이라는 삼총사와는 대조적으로 그리스도인은 결혼을 귀히 여기고, 부부관계의 가장 친밀하고 인격적인 영역인 침소를 "더럽히지 않게" 해야 한다(13:4). 부부관계가 간음으로 깨지거나 음행으로 더럽혀져서는 결코 안 된다. 간음과 음행은 둘 다 하나님의 심판을 면할 수 없다. 부부관계를 귀히 여기지 않고 존중하지 않는 성적인 죄에 해당하는 원어를 앨런은 이렇게 풀어냈다.

> "음행"으로 번역된 헬라어 단어 포르노(*pornos*, 4205)는 성적으로 부도덕한 사람을 총칭한다. 따라서 동성애든 이성애든 혼외에서 저지르는 성적인 죄 전반을 가리킬 수 있다. 그러나 모이코스(*moichos*, 3432), 즉 "간음하는 자"와 나란히 쓰인 본문에서는 포르노를 더 협의의 "음행"으로 번역하는 게 최선일 것이다. 즉 기혼자와 성관계를 맺어 상대의 부부관계를 침해하는 모든 사람에게 해당한다.[29]

타락한 세상에 사는 우리 그리스도인이 '현대' 사회의 특징인 온갖 해로운 개념과 풍조를 뒤집을 수는 없을 것이다. 이 사회는 성문란과 성도착에 문이 활짝 열려 있다. 그래도 우리가 각자의 결혼생활을 잘 가꾸어 순결과 거룩함과 신실함의 모본을 보일 수는 있다. 그렇게 우리는 성령의 능력으로 부부관계를 귀히 여기며 성숙을 향해 경주한다.

—13:5-6—

1-4절에 살펴본 여러 원리를 그리스도인의 한 핵심 가치로 요약할 수 있다면 바로 헌신이다. 그다음의 여러 예는 그리스도인의 삶의 또 다른 우선순위인 자족에 초점을 맞춘다. 자족이란 자신에게 있는 것으로 만족하고 삶 속에서 자신의 위치로 만족한다는 뜻이다. 항상

더 많이 또 더 많이 긁어모으려 하지 않고 하나님이 주신 만큼으로 만족한다. 쉬지 않고 악착같이 꼭대기로 기어올라 주변 모두보다 높아지려 하지 않고 자신에게 허락된 영향권 안에서 신실하게 살아간다.

이번 5-6절에는 우선 재물에 자족하는 문제가 다루어진다. 돈과 재물을 대하는 신자의 바른 태도는 신약의 많은 곳에 언급되는데, 그때마다 논의에 똑같이 등장하는 주제가 바로 자족이다. 바울은 빌립보서 4장 11-12절에 "어떠한 형편에든지 나는 자족하기를 배웠노니 나는 비천에 처할 줄도 알고 풍부에 처할 줄도 알아 모든 일 곧 배부름과 배고픔과 풍부와 궁핍에도 처할 줄 아는 일체의 비결을 배웠노라"고 썼다. 사역의 후학인 디모데에게도 그는 비슷하게 "우리가 세상에 아무것도 가지고 온 것이 없으매 또한 아무것도 가지고 가지 못하리니 우리가 먹을 것과 입을 것이 있은즉 족한 줄로 알 것이니라"(딤전 6:7-8)고 가르쳤다.

우리에게 "돈을 사랑"할 우려가 상존함을 히브리서 저자도 알았다(13:5). 물욕에 대한 그의 비판적 시각은 "돈을 사랑함이 일만 악의 뿌리가 되나니 이것을 탐내는 자들은 미혹을 받아 믿음에서 떠나 많은 근심으로써 자기를 찔렀도다"(딤전 6:10)라고 쓴 사도 바울과 똑같았다. 앞서 저자는 독자에게 믿음에서 흘러 떠내려가 이탈하고 떨어져나갈 위험을 누누이 경고했다. 그는 이제 돈 욕심에 대한 따끔한 훈계로 자족을 촉구할 뿐만 아니라(13:5) 물욕의 뿌리까지 들추어낸다. 그 뿌리는 바로 공급자요 보호자이신 하나님에 대한 의심이다(13:5-6). 그는 독자에게 예방 주사를 놓아 의심 병 때문에 불만에 빠지지 않게 해주려고 여호수아 1장 5절과 시편 118편 6절을 인용한다. 바울이 빌립보서 4장 19절에 "나의 하나님이 그리스도 예수 안에서 영광 가운데 그 풍성한 대로 너희 모든 쓸 것을 채우시리라"고 했듯이, 그도 이 두 본문으로 똑같이 하나님의 신실하심을 떠받친다.

돈과 물질적 소유는 우리의 믿음과 소망과 사랑을 바칠 만한 대상이 못 된다. 재산에 대한 집착과 만족할 줄 모르고 더 많이 가지려는 욕심은 하나님이 주신 만큼으로 자족하지 못한다는 증거다. 그 중심에 공급자이신 하나님에 대한 불신이 있다. 혼란과 기복과 등락이 심한 재계의 주식 시장은 우리 주 하나님의 힘과 안정성에 감히 상대가 못 된다. 잠언 18장 10-11절에 선포된 바와 같다.

여호와의 이름은 견고한 망대라

의인은 그리로 달려가서 안전함을 얻느니라
부자의 재물은 그의 견고한 성이라
그가 높은 성벽같이 여기느니라(착각하느니라, NASB).

—13:7—

저자는 7절에 그리스도의 몸 된 교회 안에서 하나님이 각자에게 주신 위치에 자족하는 문제를 다룬다. 하나님은 "하나님의 말씀을…일러주"는 지도자들을 교회에 세워 교인들을 돌보게 하신다(13:7). 평소에 행실이 칭송받을 만했다면 그 지도자들을 마땅히 본보기로 삼아야 한다.

그리스도의 몸의 지체들은 자신의 위치를 잊을 때가 너무 많다. 자신들을 이끌도록 세워진 지도자를 생각하지(기억하지, NASB) 않을 뿐 아니라(13:7) 종종 지도자의 지시를 무시하거나 반항한다. 좋아하는 인물을 중심으로 파당과 분파를 만들고(고전 1:11-12), 그리스도가 친히 자신의 몸 된 교회에 성령의 능력으로 지도자를 세워 교회를 성숙하게 양육하고 기르게 하셨음을 망각한다(엡 4:11-13). 지도자를 무시하거나 반항하는 것은 곧 우리를 영적으로 양육하도록 하나님이 공급하신 꼭 필요한 통로를 팽개치는 처사다.

지도자의 수하에 놓인 신자로서 우리가 겸손히 자신의 위치에 자족하면 그때부터 지도자를 "생각하며" 그 행실을 "주의하여 보고" 그 믿음을 "본받"을 수 있다(13:7). 즉 지도자의 어떤 면이 내 신앙생활에 영향을 미쳤고 지금도 미치고 있는지를 돌아보고, 지도자가 어떻게 믿음과 소망으로 고난을 견디고 끝까지 인내하는지를 숙고하며, 지도자를 역할 모델로 삼아 그 모본을 따른다.

그리스도의 몸 된 교회 안에서 자신의 위치에 자족하려면 겸손해야 한다. 지도자에게 복종하기란 쉽지 않다(17절에도 이 문제가 언급된다). 특히 우리와 똑같이 지도자도 은혜로 구원받은 죄인임을 생각하면 그렇다. 그러나 자족을 실천할 때 우리는 그저 우리를 실망시킬 부족한 인간을 신뢰하는 것이 아니라 교회의 탁월한 주인이신 예수 그리스도를 신뢰하는 것이다.

적용: 히브리서 13:1–7
헌신과 자족의 기로에 서서

이렇게 연이은 실천의 권면에서 당신의 마음이 무언가에 찔렸을 가능성이 매우 높다. 당신이 막지만 않는다면 이제라도 찔릴 것이다. 본문의 예리한 원리 중 몇 가지가 아마 당신의 주목을 끌었을 것이다.

지금 당신이 할 수 있는 최악의 일은 저자가 논한 헌신과 자족을 다시 돌아보지 않고 그냥 책장을 넘기는 것이다. 자신의 달라져야 할 태도나 새로 시작하거나 끊어야 할 행동을 구체적으로 찾아내지 않는 것이다. 잠시 이들 각 영역으로 다시 돌아가 냉정하게 자문해보라. 나와 이 주제와의 관계는 바람직한가? 이 부분에서 나의 생각과 마음과 행동은 어떤 상태인가? 주님이 원하시는 상태로 가려면 구체적으로 어떻게 해야 할까? 혹시 이런 것은 아닐까?

- 형제애를 표현한다.
- 외부인을 대접한다.
- 소외층을 섬긴다.
- 결혼생활을 충실히 한다.
- 내게 있는 만큼으로 자족한다.
- 교회에서 지도자의 수하인 내 위치를 받아들인다.

헌신이란 사회의 변하는 기준이 하나님의 말씀에 어긋날 때 문화와 타협하지 않는다는 뜻이다. 자족이란 궁극의 공급자이신 그분이 당신에게 가장 좋은 것이 무엇인지 아시며 결코 당신을 버리거나 떠나지 않으심을 신뢰한다는 뜻이다. 1–7절에 저자가 제시한 원리들을 지금 이론에서 실천으로 옮기라. 그러면 그리스도인으로서 당신의 믿음과 소망과 사랑의 삶이 한 차원 격상될 것이다.

늘 변하는 세상 속의 불변하는 진리(히브리서 13:8-17)

8예수 그리스도는 어제나 오늘이나 영원토록 동일하시니라 9여러 가지 다른 교훈에 끌리지 말라 마음
은 은혜로써 굳게 함이 아름답고 음식으로써 할 것이 아니니 음식으로 말미암아 행한 자는 유익을 얻
지 못하였느니라 10우리에게 제단이 있는데 장막에서 섬기는 자들은 그 제단에서 먹을 권한이 없나니
11이는 죄를 위한 짐승의 피는 대제사장이 가지고 성소에 들어가고 그 육체는 영문 밖에서 불사름이
라 12그러므로 예수도 자기 피로써 백성을 거룩하게 하려고 성문 밖에서 고난을 받으셨느니라 13그런
즉 우리도 그의 치욕을 짊어지고 영문 밖으로 그에게 나아가자 14우리가 여기에는 영구한 도성이 없
으므로 장차 올 것을 찾나니

15그러므로 우리는 예수로 말미암아 항상 찬송의 제사를 하나님께 드리자 이는 그 이름을 증언하
는 입술의 열매니라 16오직 선을 행함과 서로 나누어 주기를 잊지 말라 하나님은 이같은 제사를 기뻐
하시느니라

17너희를 인도하는 자들에게 순종하고 복종하라 그들은 너희 영혼을 위하여 경성하기를 자신들이
청산할 자인 것 같이 하느니라 그들로 하여금 즐거움으로 이것을 하게 하고 근심으로 하게 하지 말라
그렇지 않으면 너희에게 유익이 없느니라

고대 그리스의 철학자 헤라클레이토스(BC 540-480)는 "변화 외에는 아무것도 영원하지 않다"고 말했다.[30] 실재의 불변성을 믿었던 당대의 다른 철학자들과는 달리 그는 모든 것이 끊임없이 변한다고 주장했다. 순전히 인간적인 관점에서 보면 그 말이 맞아 보인다. 사행천의 미미한 흐름부터 노호하는 바다 물결까지, 아원자 입자의 쉴 새 없는 움직임부터 우주의 팽창까지 모든 것이 변하고 있다.

물리적 우주만 늘 변하는 것이 아니라 사회와 문화와 정치와 도덕과 철학과 종교에도 끝없는 유행과 풍조가 있다. 어떤 변화는 느려서 거의 지각되지 않는다. 봄이 서서히 여름으로 바뀌거나 묘목이 결실수로 자라나는 것이 그런 경우다. 어떤 변화는 예고 없이 불쑥 찾아온다. 갑자기 실직하거나 취직하거나 사랑하는 사람을 잃거나 새 친구를 만나는 경우를 떠올릴 수 있다. 이처럼 도도히 흐르는 현실의 강은 우리가 유한하고 가변적이며 결국은 죽어야 할 존재임을 일깨워준다. 우주처럼 우리도 시작점이 있고, 중간을 지나는 중이며, 끝을 향해 가고 있다.

그러나 변하는 세상의 격한 급류에 올라탄 우리는 현실을 육안으로만 아니라 믿음의

눈으로 보아야 한다. 그러면 해당 사안에 대한 하나님의 시각이 보인다. 또 현실의 강은 피조물이라 늘 변하지만, 그 강 한복판에 삼위일체 하나님-그분의 속성과 성품과 계획과 목적과 약속-이 부동의 바위처럼 서 계시는 것도 배운다. 자신이 창조하신 피조물과는 반대로 하나님은 변하지 않으신다. 부동의 반석이시다. 그분께는 일진이 나쁜 날도 없고, 몰랐던 것을 새로 배우실 일도 없으며, 변덕이나 심통도 없고, 약속의 파기도 없으며, 시작만 해놓고 끝내지 못하거나 흐지부지하시는 경우도 없다.

이번 본문은 늘 변하는 세상으로부터 우리의 시선을 돌려 여러 불변의 진리를 보게 한다. 즉 예수 그리스도 자신이 불변하시고 하나님의 계획과 목적도 마찬가지다. 여기에 함축된 실제적 의미는 분명하다. 세상은 항시 변하여 믿을 수 없지만 예수님은 늘 동일하시다. 그분만이 우리 믿음의 대상이자 소망의 근원이시며, 우리는 그분에게만 사랑을 배울 수 있다.

—13:8-9—

한 신학자는 하나님의 불변성을 "하나님은 자신의 신성이나 성품을 변경하실 수 없으며 유한한 환경이나 사건으로 달라지실 수도 없다"고 정의했다.[31] 다른 신학자는 "하나님이 불변하신다는 말은 결코 자가당착이 없으시다는 뜻이다"고 썼다.[32] 하나님에 대한 이 교리는 말라기 3장 6절로 뒷받침된다. "나 여호와는 변하지 아니하나니." 야고보도 하나님은 "변함도 없으시고 회전하는 그림자도 없으시니라"(약 1:17)고 말했다. 그러므로 "예수 그리스도는 어제나 오늘이나 영원토록 동일하시니라"(13:8)는 히브리서 저자의 말에서 우리는 그분의 우월한 성품과 사역의 또 다른 일면을 엿볼 수 있다. 그분은 온전히 하나님이시기에 모든 신성이 그분께도 있으며, 당연히 거기에 불변성도 포함된다.

그러면 여기서 그리스도의 인성에 대한 중요한 의문이 생겨난다. 그리스도가 온전히 인간이시라는 교리는 성자 하나님이 이제 어떤 의미에서 변하셨으며, 따라서 변하실 수 있다는 뜻이 아닐까? 신학자 스콧 호렐(Scott Horrell)은 이렇게 설명했다. "하나님이 불변하신다면 성육신은 어떻게 보아야 할까? 영원한 성자 하나님이 어떻게 인성을 입으실 수 있는가? 답은 이렇다. 비록 유한한 인성과 연합하셨어도 성자의 신성은 변함없이 그대로다…

그분의 속성과 완전하심과 목적과 약속은 결코 변하지 않는다."[33] 이처럼 변하지 않으시기에 예수 그리스도는 늘 변하는 세상에서 우리의 안정된 믿음의 경주를 위해 우월하시다.

그리스도를 믿는 신자는 그분의 성품과 속성과 목적과 계획과 약속이 불변하기에(참조. 13:8) 9절에 언급된 "여러 가지 다른 교훈"의 급류에 휩쓸리지 않을 수 있다. "여러 가지"로 번역된 헬라어 단어 포이킬로스(*poikilos*, 4164)는 다양하거나 종류가 많거나 다채로운 것을 묘사할 때 쓰인다.[34] 다시 말해 거짓 교리가 가지가지인 이유는 그리스도의 불변하는 인격과 사역에서 기원한 것이 아니라 인간의 늘 변하는 상상에서 비롯되었기 때문이다.

당연히 1세기의 그런 거짓 가르침은 기본 원리인 은혜를 공략했다(13:9). 하나님은 예수 그리스도를 통해 성령의 능력으로 구원과 영적 힘을 선물로 주셨다. 그런데 거짓 교사들은 믿음으로 말미암아 은혜로 구원받은 신자들을 이미 폐기된 제도인 음식 규정으로 속박하려 했다. 유대인 신자들을 꾀어 율법으로 돌아가게 하려던 부류처럼 말이다. 음식 규정은 본래 마음을 굳게 해주려는 용도가 아니었다. 유대주의의 똑같은 이단이 다른 곳에도 지적되어 있다(갈 3:1-5, 골 2:16, 20-23, 딤전 4:3). 레이먼드 브라운은 이 본문을 이렇게 주해했다. "신자의 마음을 굳게 해주는 것은 은혜지 규정에 동의하여 금지된 음식을 삼간다고 될 일이 아니다. 이제 물리적 제물, 동물 제사, 거룩한 음식, 신성한 제단은 들어설 자리가 없다. 모두 종식되어 사라졌다."[35]

—13:10-17—

저자는 제단과 제사와 거룩한 음식에 집착하는 유대주의자들에게 맞서 그리스도의 인격과 사역의 우월성을 거듭 강조한다. 앞서 보았듯이 이 주제는 히브리서 전체에 심층적으로 전개되었는데, 여기서 저자는 유대주의의 폐기된 관행에 마지막 강타를 날린다. 이번에는 대비가 더 실제적이어서 한쪽에는 그리스도가 우리 믿음의 경주를 위해 우월하심을 아는 이들이 있고, 반대쪽에는 굳이 공허한 종교로 되돌아가는 이들이 있다.

이번 본문에 신자에게 있는 것 다섯 가지가 구체적으로 나오는데, 이로써 우리는 늘 변하는 세상의 불확실한 신념과 관행을 버리고 주 예수님의 불변하는 은혜를 굳게 붙든다. 그 다섯 가지는 나아가야 할 제단(13:10), 짊어져야 할 치욕(13:11-13), 찾아야 할 도성(13:14),

드려야 할 제사(13:15-16), 따라야 할 지도자들(13:17)이다.

첫째, 우리에게는 나아가야 할 제단이 있다(13:10). 옛 성막 제도는 영원한 영적인 일을 하나도 이루어내지 못하며, 우리의 구원이나 성화에 일조하지도 못한다. 한 번도 영구적으로 그런 역할을 한 적이 없다. 그리스도인에게 있는 제단은 성막의 동물 제사 제도와 완전히 다르다. 본문의 "제단"은 그리스도가 십자가에서 드리신 완전한 제사를 가리키는 은유로 쓰였다.[36] 그리스도의 십자가가 이루신 충분한 속죄를 동물 제사의 한시적 정결 의식과 바꾸는 이들은 메시아를 우롱하는 것이다. 그들에게는 십자가에 못 박히신 그리스도가 아무런 의미도 없지만 우리에게는 그분이 전부다. 생각이나 말이나 행동으로 죄를 지었을 때 우리는 동물을 끌고 제사장에게 달려가지 않고 오직 그리스도께로 나아간다. 그분의 피가 과거로부터 미래까지 우리 모든 죗값을 치렀다.

둘째, 우리에게는 짊어져야 할 치욕이 있다(13:11-13). 저자의 말대로 성막의 동물 제사와 그리스도가 십자가에서 드리신 제사 사이에는 유사점도 있고 차이점도 있다. 제물로 드려진 동물의 육체가 마치 죄를 추방하듯 "영문 밖에서" 불살라진 것처럼(13:11, 참조. 레 16:26-28) 예수 그리스도도 마치 죄인이신 양 예루살렘 "성문 밖에서" 십자가에 달리셨다(13:12).[37] 양쪽 다 피 흘려 죽었다는 사실도 비슷하다. 그러나 유사점은 거기서 끝난다. 그리스도의 피가 "백성을 거룩하게 하려고" 드려진 데 반해 성소에서 드려진 동물의 피는 능히 죄를 없이하지 못했기 때문이다(10:4).

이어 저자는 그리스도가 성문 밖에서 죽으신 일이 치욕의 표였다는 사실에 특별히 주의를 환기한다. 그분은 죄가 하나도 없으신데도 "범죄자 중 하나로 헤아림을 받"으셨고(사 53:12), 누구보다도 복되신 분인데도 저주받은 자의 죽음을 당하셨으며(갈 3:13), 마땅히 예배와 찬송을 받으실 분인데도 십자가에 달려 조롱과 비웃음을 당하셨다(마 27:38-44). 마찬가지로 그리스도를 믿는 신자도 그리스도의 죽음과 부활이라는 불변하는 복음의 진리 위에 견고히 서려면 늘 변하는 세상으로부터 비슷하게 경멸당할 각오를 해야 한다.

그리스도를 믿던 1세기 유대인 신자들도 십자가에 달리신 메시아께 헌신한 대가로 경멸당하고 있었으니 얼마나 도망가고 싶었겠는가! 사실 우리가 신앙의 불변하는 진리 편에 설수록 그리스도가 당하신 고난도 더 우리 것이 된다. 그분과 함께 우리도 다른 사람들의 학대와 오해와 박해를 통해 치욕의 십자가를 진다(빌 1:29, 딤후 3:12, 벧전 4:12-19). 급변하는 세상은 시류에 편승하기를 거부하는 소신파를 견디지 못한다. 그들은 최신의 진보적 동향에 맞추지도 않고 산들바람처럼 기분 좋은 철학에 도덕을 굽히지도 않는다.

셋째, 우리에게는 찾아야 할 도성이 있다(13:14). 이 세상 어디에서 얼마나 오래 살든 우리는 여전히 임시 거류자다. 한 나라에서 태어나 다른 나라에서 유학하고 몇 번의 이사 끝에 대학을 졸업한 뒤 직장 때문에 타지방이나 타국에 살았을 수도 있다. 그래도 상관없다. 나라와 왕국과 제국은 덧없이 스러진다(사 40:6-8, 15-17). 지도상의 국경선과 지명도 바뀌고, 위도와 경도가 만나는 우리의 좌표도 수시로 바뀐다. "여기에는 영구한 도성이 없"다(13:14). 그래서 우리가 사모하는 것이 하나님께 근거한 불변의 실재, 즉 "장차 올 것"(13:14)임을 결코 잊어서는 안 된다.

넷째, 우리에게는 드려야 할 제사가 있다(13:15-16). 이 땅의 물리적 제단, 피를 흘리는 동물 제사, 세상의 칭송을 살 만한 지위, 지상의 영구한 시민권 등은 우리에게 없다. 그렇다면 우리 예배에는 하나님께 드릴 것이 하나도 없다는 뜻인가? 천만의 말이다! 15절에 저자가 말했듯이 우리는 끊임없이 하나님께 "찬송의 제사"를 드린다. 그는 이를 하나님께 감사하는(저자가 사용하는 NASB의 표현이며, 개역개정에는 "증언하는"으로 되어 있다-역주) 행위라고 설명했다. 이것은 "감사하자(개역개정 난하주와 저자가 사용하는 NASB의 표현-역주) 이로 말미암아 경건함과 두려움으로 하나님을 기쁘시게 섬길지니"(12:28)라고 우리에게 가르친 바로 앞 장의 정서와 비슷하다.

늘 그렇듯이 하나님은 의무감으로 행하는 한낱 외적인 의식보다는 진정한 언행으로 표현되는 마음가짐에 더 관심을 두신다. 하나님께 드리는 찬송과 감사 외에도 본문에는 진정한 영적 예배의 일환으로 "선을 행함"과 "서로 나누어주기"가 추가된다. 요컨대 하나님은 우리의 전부를 원하신다. 그래서 바울도 "너희 몸을 하나님이 기뻐하시는 거룩한 산 제물로 드리라 이는 너희가 드릴 영적 예배니라"(롬 12:1)고 말했다. 그럴 때 우리는 늘 변하는 이 세대를 본받는 것이 아니라 불변하시는 아들의 형상을 닮아간다(롬 12:2).

끝으로, 우리에게는 따라야 할 지도자들이 있다(13:17). 지도자들은 거짓 가르침 쪽에도 있다. 실제로 예수님은 제자들에게 "거짓 선지자들을 삼가라 양의 옷을 입고 너희에게 나아오나 속에는 노략질하는 이리라"(마 7:15)고 경고하셨다. 비슷하게 사도 베드로도 "너희 중에도 거짓 선생들이 있으리라 그들은 멸망하게 할 이단을 가만히 끌어들여 자기들을 사신 주를 부인하고"(벧후 2:1)라며 주의를 주었다. 제자 요한도 "영을 다 믿지 말고 오직 영들이 하나님께 속하였나 분별하라 많은 거짓 선지자가 세상에 나왔음이라"(요일 4:1)고 썼다.

거짓 교사들이 주장하는 "여러 가지 다른 교훈"(13:9)은 각기 다르지만 목표는 모두 똑같다. "성도에게 단번에 주신 믿음의 도"(유 1:3)를 변질시키는 것이다. 예수님은 성도들이 이런 거짓 교사들과 맞서 싸우며 건전한 교리를 배우고 올바른 삶을 도전받도록 교회에 은사를 받은 지도자들-사도, 선지자, 복음 전하는 자, 목사, 교사-을 주셨다. 이들은 교회를 온전하게 세우고 성도들이 그리스도의 형상으로 자라가도록 돕는다. 더는 어린아이처럼 "사람의 속임수와 간사한 유혹에 빠져 온갖 교훈의 풍조에 밀려 요동하지 않게 하려 함"이다(엡 4:11-14).

바로 교회의 이런 검증된 목사들과 교사들을 가리켜 저자는 수신자들에게 "너희를 인도하는 자들에게 순종하고 복종하라 그들은 너희 영혼을 위하여 경성하기를 자신들이 청산할 자인 것같이 하느니라"(13:17)고 명했다. 지도자들에게 불순종하고 반항하여 그들로 하여금 하나님께 맡은 바 건전한 교리를 가르치고 설교하는 일에 근심하게 하면 교회에 "유익이 없"다. 왜 그럴까? 그리스도가 친히 자신의 몸에 지도자를 세워 성장과 성숙을 돕게 하셨기 때문이다. 지도자들이 없으면 교회의 성장이 멎어 지체들이 쉽게 거짓 가르침에 휘둘리게 된다(엡 4:11-17).

적용: 히브리서 13:8-17
늘 변하는 세상 속에 견고히 서라

이 시대는 고향에 머무는 가정 못지않게 전국에 흩어져 사는 가정도 많을 것이고, 대학에서 교육받은 직종이 사회에 더는 존재하지 않을 수 있으며, 자녀가 경험하는 유년기가 우리가 누렸던 것과는 전혀 딴판인 시대다. 이럴 때일수록 영영 변치 않는 영적 진리가 있음을 알면 좋다. 늘 변하는 세상 속에 견고히 서도록 돕고자 여기 우리가 의지할 수 있는 세 가지 실제적 원리를 제안한다.

첫째, 변화하는 세상은 우리에게 불변하는 말씀의 필요성을 일깨워준다. 하나님의 말씀이신 예수 그리스도는 변하지 않으신다(13:8). 하나님이 우리에게 계시해주신 말씀도 영원하다

(사 40:8). 망망대해를 운항 중인 항해사가 항로를 이탈하지 않으려면 부동의 기준점이 있어야 하듯이 우리에게도 인생행로를 안내해줄 불변의 기준이 필요하다. 혼란이나 잘못된 지식이나 기만에 빠져 방향 감각을 잃은 채 무엇을 믿어야 하고 어떻게 살아야 할지 모르는 사람들과 마주칠 때, 우리는 준비되어 있다가 그들에게 불변하시는 구주와 영원한 소망의 메시지를 가리켜 보여주어야 한다.

둘째, 불변하시는 그리스도가 다른 교훈을 몰아내신다. 구약 제도의 한시적 의식과 절차는 그리스도의 우월한 인격과 사역을 가리켜 보였다. 율법 아래 끝없이 되풀이되던 제사는 그리스도가 우리 죄를 위해 단번의 제사를 드리실 것을 예고했다. 그분의 인격과 사역이 최종적으로 영원히 확고부동함을 떠올리면 "여러 가지 다른 교훈"(13:9)에 아무런 감흥도 일지 않게 된다. 그런 교훈은 그분을 믿어 은혜로 받는 구원을 배척한다. 불변하시는 그리스도께 가까이 갈수록 위험한 교리로부터 더 안전해진다. 은혜를 전하는 설교자들의 믿을 만한 가르침에 지혜롭게 복종하면 그만큼 더 거짓 교사들로부터 보호받는다.

셋째, 구원의 효력이 불변하기에 우리에게 보장된 영생에 대한 소망도 든든하다. 하나님의 도성에 갈 수 있는 근거가 행위에 있다면 누구도 자신이 끝내 거기에 도달할지 확실히 알 수 없다. 바른 방향으로 가고 있는지조차도 모른다. 그러나 구원의 근거가 은혜에 있고, 또 예수 그리스도의 불변하는 인격과 사역을 믿는 믿음에 있기에 우리는 자신이 천국을 향해 가고 있으며, 마침내 그곳에 도달할 것을 확신할 수 있다. 구원을 잃을까 봐 염려할 필요가 없다. 그것은 구원의 근거가 우리의 변하는 생각이나 감정이나 행동에 있지 않고 그분의 불변하는 성품과 뜻에 있기 때문이다.

"너희를 온전하게 하사 자기 뜻을 행하게 하시고"(히브리서 13:18-25)

18우리를 위하여 기도하라 우리가 모든 일에 선하게 행하려 하므로 우리에게 선한 양심이 있는 줄을
확신하노니 19내가 더 속히 너희에게 돌아가기 위하여 너희가 기도하기를 더욱 원하노라
20양들의 큰 목자이신 우리 주 예수를 영원한 언약의 피로 죽은 자 가운데서 이끌어 내신 평강의
하나님이 21모든 선한 일에 너희를 온전하게 하사 자기 뜻을 행하게 하시고 그 앞에 즐거운 것을 예수
그리스도로 말미암아 우리 가운데서 이루시기를 원하노라 영광이 그에게 세세무궁토록 있을지어다
아멘

22형제들아 내가 너희를 권하노니 권면의 말을 용납하라 내가 간단히 너희에게 썼느니라 23우리
형제 디모데가 놓인 것을 너희가 알라 그가 속히 오면 내가 그와 함께 가서 너희를 보리라 24너희를
인도하는 자들과 및 모든 성도들에게 문안하라 이달리야에서 온 자들도 너희에게 문안하느니라
25은혜가 너희 모든 사람에게 있을지어다

히브리서 전반에 걸쳐 저자의 어조는 비교적 딱딱하고 사무적이기까지 했다. 이 서신은 신학 논문처럼 읽힐 때도 있고 그리스도를 믿는 어느 신자 모임에나 전해도 될 설교처럼 읽힐 때도 있다. 그런데 마지막 대목에서 그와 수신자들의 사적인 관계가 엿보인다. 그는 그저 몇 다리 건너의 지인이 아니었다. 고전하는 히브리 성도들의 소식을 어쩌다 전해 듣고 사견을 보태기로 한 것이 아니었다. 21세기의 우리는 저자가 누구인지 모르지만 첫 수신자들은 그를 잘 알았다.

이번 본문에 저자는 자신의 기도 제목을 나누면서 사랑하는 수신자들을 다시 보게 해달라는 기도까지 부탁한다(13:18–19). 이어 그들을 위해 기도하는데 곧 그들이 온전하게 되어 그리스도의 뜻을 행하게 해달라는 기도다(13:20–21). 끝으로 그는 자신이 쓴 말에 주의를 기울여달라고 그들에게 한 번 더 권한 뒤(13:22) 마지막 몇 마디 말과 안부를 건넨다(13:23–25). 전체적으로 이 무명의 저자의 심장 박동과 수신자들을 향한 애틋한 사랑이 느껴지는 대목이다.

—13:18–19—

종종 우리가 그리스도인의 삶에 지나치게 개인주의적으로 접근하다 보니 누가 기도를 부탁해오면 정말 심각한 문제가 있나 보다고 넘겨짚을 수 있다. 마음 한구석에 "왜 그냥 본인이 기도하지 않을까?"라는 생각이 들 수 있다. 그러나 신앙이 자라고 성숙할수록 깨닫듯이 서로를 위한 기도는 그리스도의 몸 된 교회가 존재하는 중요한 이유다. 야고보서 5장 16절에 보면 "서로 기도하라"고 했고, 바울도 부끄럼 없이 데살로니가 교인들에게 "우리를 위하여 기도하라"(살전 5:25, 살후 3:1)고 말했다. 그들은 신실한 그리스도인들의 기도에 힘입어 그리스도인이 풍성한 삶을 살고 열매 맺는 사역을 할 수 있다는 사실을 알았다.

그래서 이번 18-19절에 저자는 수신자들에게 기도로 지원해줄 것을 부탁한다. 그는 자신과 자신의 사역 팀이 "선한 양심"(13:18)으로 행하고 있음을 알았지만, 앞서 타락에 관하여 수신자들에게 준 경고가 모든 신자에게 동일하게 적용되는 것도 알았다. 동료 신자들이 서로 기도로 지원하지 않는다면 저자 자신도 믿음의 경주 중에 그리스도와 그분의 우월성을 놓치고 한눈을 팔 가능성이 있었다. 그렇기 때문에 그는 계속 깨끗한 양심을 지키며 "모든 일에 선하게" 행하고 싶었다(13:18).

그는 또 수신자들에게 더 구체적이고 사적인 성격의 기도 제목도 나누었다. "내가 더 속히 너희에게 돌아가기 위하여"(13:19) 기도하라는 당부였다. 정확히 어떤 상황 때문에 그의 발이 묶여 있었는지는 모른다. 그냥 사역이 바빴을 수도 있고, 박해나 고난 때문에 재방문이 지연되었을 수도 있으며, 옥에 갇혀 있었을 수도 있다. 어느 경우든 그는 기도의 능력을 절대적으로 확신했다. 특히 하나님의 보좌 앞에 함께 모이는 교회의 위력을 믿었다.

—13:20-21—

저자는 그리스도 안의 유대인 형제자매들에게 간략히 맺음말을 쓰면서 눈길을 하늘로 돌려 축도를 기록하고 송영으로 맺는다. 첫 독자들을 위해 하나님께 올린 이 지극히 사적인 기도는 하나님을 찬송하는 말로 절정에 달한다. 이 찬송은 자신의 기도가 응답될 거라는 확신에서 비롯되었다.

축도를 읽으면서 명심해야 할 것은 이 서신의 수신자가 특정한 유대인 그리스도인들이었다는 점이다. 예수님을 메시아로 따르기로 결단한 그들은 거기에 수반된 여파를 아주 절절히 느끼고 있었다. 이전의 신앙 공동체인 회당과의 연이 끊겼고, 아마 가족에게도 의절당했을 것이다. 그리스도인으로서 장성하기까지 옛 의식과 절차에서 누렸던 예측 가능성과 정서적 위안이 그리웠을 것이다. 게다가 박해까지 당했으니 이 모든 소동에 정말 그만한 가치가 있는지 의문이 들었다.

그래서 저자가 "평강의 하나님"(13:20)을 부르며 축도할 때 첫 독자들은 산들바람처럼 감미롭고 상쾌한 히브리어 단어 샬롬(H7965)을 떠올렸을 것이다. 한 작가는 유대인의 샬롬 개념에 대해 "완성, 온전함, 조화, 충족에 가까운 의미다. 대인관계가 손상되지 않고 자신의 일을 다 이루어냈다는 개념도 샬롬에 암시되어 있다"고 말했다.[38] 지칠 대로 지친 히브리서 수신자들에게 정신적, 정서적, 영적, 사회적 치유가 필요했는데 이런 온전함을 주실 수 있는 분은 하나님뿐이다.

나머지 20절은 다시 초점을 서신의 중심 주제인 예수 그리스도의 우월한 인격과 사역으로 돌린다. 우선 하나님이자 인간이신 그리스도의 우월한 인격을 보면 "우리 주 예수"는 "양들의 큰 목자"시다. 그리스도의 이런 이미지는 시편 23편에서 왔다. 거기 보면 주 하나님이 목자로서 양에게 공급하시고(시 23:1), 양을 기르시고 새 힘을 주시며(시 23:2-3), 적에게서 양을 보호하신다(시 23:5, 참조. 요 10:11-15). "우리 주" 예수님을 "큰 목자"와 결부한 데서 그리스도의 신성이 더없이 강하게 확증된다.

저자는 그리스도의 우월한 사역으로 넘어가서 "영원한 언약의 피로"(13:20) 말미암은 구원의 복음에 담긴 핵심 교의를 되짚는다. 그분의 피로 충분히 죗값이 치러졌고 결코 없어지지 않을 새 언약이 도래했다. 그뿐 아니라 그분이 죽은 자 가운데서 부활하셨다는 사실은 보좌 앞에 늘 살아 계셔서 우리에게 평강과 힘을 공급하여 그분의 뜻을 행하게 하신다는 뜻이다(13:21). 이 언약을 통해 우리 마음속에 부어지신 성령이 "그 앞에 즐거운 것을… 우리 가운데서 이루"신다. 이는 빌립보서 2장 13절에 나오는 바울의 생각과 비슷하다. "너희 안에서 행하시는 이는 하나님이시니 자기의 기쁘신 뜻을 위하여 너희에게 소원을 두고 행하게 하시나니."

21절에 "온전하게 하사"로 번역된 헬라어 단어 카타르티조(*katartizō*, 2675)는 '어떤 목적을 위해 준비하다', '만들다', '창조하다', '채비하다'는 뜻이다.[39] 레온 모리스(Leon Morris)의 주해에 따르면 이 동사는 "흔히 깨지고 찢어진 것을 고친다고 말할 때 쓰였다. 그래서 독자들의 신앙생활에서 잘못된 부분을 바로잡는다는 의미로 보는 이들도 있다. 그렇게 하나님께 문제를 고쳐달라고 기도했다는 해석도 무리는 아니다. 그러나 이 문맥에서는 아마 '그리스도인으로 살아가는 데 필요한 것을 너희에게 공급하시고'라는 의미일 것이다."[40] 어쩌면 저자는 양쪽 개념을 다 생각했을 것이다. 히브리 신자들 중에 타락하여 이전과 같지 않은 이들이 있다면 저자는 그들이 본래 위치로 되돌아가도록 기도한 것이고, 무언가 부족하여 하나님의 뜻을 더 효과적으로 제대로 수행하지 못하는 이들이 있다면 하나님께 부족한 부분을 채워달라고 기도한 것이다.

—13:22-25—

기도 제목을 나누고 축복과 찬송으로 축도한 저자(13:18-21)는 그리스도의 우월성을 증언한 이 역작을 마지막 세 가지 명령으로 마무리한다. 여기에 저자의 마음이 드러난다. 그는 수신자들이 잘되기를 간절히 바랐고, 동역자들을 아꼈으며, 그리스도의 몸 된 교회를 진정으로 사랑했다. 우리도 여기서 이 위대한 미지의 저자와 '작별'하는데, 성령의 감화를 받은 그의 감동적인 글을 통해 그를 꽤 잘 알게 된 것은 역설이다.

첫 번째 고별 명령에서는 독자에게 하나님의 진리를 용납하라고 권면한다(13:22). 이는 삿대질하거나 무섭게 인상을 쓰면서 혼내는 말이 아니다. 오히려 저자는 수신자를 "형제들"이라 부르며 따뜻이 품었고, 이제 그들에게 "권면의 말", 즉 히브리서를 "용납하"기를 권한다. "권하노니"로 번역된 원어 파라칼레오(*parakaleō*, 3870)는 부드러운 격려를 뜻하는 단어다. 레온 모리스는 "서신 전체에 책망과 엄한 경고가 적지 않았던 만큼 이제 저자는 이 당부로 충격을 약간 누그러뜨린다"고 주해했다.[41]

저자는 그리스도 안의 동료 형제자매들이 히브리서를 그냥 덮으며 '1년 성경 일독' 표에 체크하고 마는 일이 없기를 간절히 바랐다. 이 신리들을 마음 깊이 새기기를, 즉 가르침을 "용납하"기를 바랐다. 여기 "용납하라"를 표현하기 위해 헬라어 단어 아네코마이(*anechomai*, 430)를 사용한 것은 흥미로운 선택이다. '견디다', '용납하다', '참다'[42]는 뜻의 이 단어는 무언가 불편하거나 답답하거나 짜증나는 것을 감수한다는 개념에 가깝다(참조. 마 17:17, 고후 11:1, 골 3:13). 저자는 이 서신의 따끔한 경고들과 성경과 신학과 논리를 정교하게 직조한 논증들이 쉽게 읽히지 않음을 알았다. 그럼에도 그는 수신자들이 이를 받아들이되 읽지만 않고 주의를 기울여 그대로 적용하리라는 확신이 있었다. 서신에 다루어진 주제들에 대해 얼마든지 더 길게 쓸 수도 있었다는 말까지 덧붙였다. "간단히"(13:22) 쓴 정도가 이 열세 장짜리 논문이라는 것이다.

두 번째 고별 명령에서는 수신자들에게 하나님의 사람들을 알라고 명한다(13:23). 구체적으로 저자는 바울의 "믿음 안에서…아들"(딤전 1:2)이자 가까운 친구이며 동역자였던 디모데를 언급했다. 그는 디모데가 출옥한 사실을 알았다.[43] 그래서 디모데가 자기에게 합류하여 둘이 함께 히브리 신자들을 직접 보러 갈 수 있기를 바랐다. "알라"는 명령은 "주목하

라"(NASB)로 번역될 수도 있다.[44]

여기에 함축된 의미는 저자가 친구이자 동역자인 디모데의 행방과 근황을 살폈듯이 수신자들도 똑같이 하라는 권유였다. 즉 그들은 동역자들과 선교사들은 물론이고 교제권 바깥에 있는 이들의 상황과 형편도 살펴야 했다. 이 명령의 취지는 히브리 신자들의 관심을 자기네 공동체와 고민의 좁은 반경으로부터 주변 세상에 있는 그리스도인들의 승리와 비극 쪽으로 돌려 의식을 넓히는 데 있었다.

끝으로 세 번째 고별 명령에서는 문안을 주고받으라고 교회에 명한다(13:24-25). 24절은 "너희를 인도하는 자들과 및 모든 성도들에게 문안하라"는 명령문으로 시작되어 "이달리야에서 온 자들도 너희에게 문안하느니라"는 서술문으로 끝난다. 양쪽에 똑같이 쓰인 아스파조마이(*aspazomai*, 782)라는 헬라어 동사는 '다른 사람을 따뜻하게 알아주다'는 뜻이

히브리서는 초대 기독교의 설교였을까?(히브리서 13:22)

히브리서 저자는 자신의 글을 "권면의 말"이라 칭했다(13:22). 사도행전 13장 15절에도 동일한 표현이 나오는데 그때는 회당 예배에서 성경을 강해하던 정황이었다. "율법과 선지자의 글을 읽은 후에 회당장들이 사람을 보내어 물어 이르되 형제들아 만일 백성을 권할 말[권면의 말]이 있거든 말하라 하니." 그래서 일부 학자는 히브리서가 초대 유대인 기독교에 맞는 설교로 작성되었고, 안식일에 유대인들이 회당에서 으레 듣던 것과 비슷했다고 결론지었다.[45] 만일 그렇다면 이 '설교'를 보통 속도로 회중에게 낭독하는 데 한 시간이 좀 덜 걸렸을 것이다.[46]

사도행전에 요약판으로 나오는 설교들(행 2:14-36, 3:12-26, 13:16-41) 외에 1세기 말이나 2세기 초에 기록된 소위 바나바서와 2세기 중엽의 클레멘트이서라는 저작도 초대 기독교의 설교에 포함될 수 있다. 흥미롭게도 훗날 두 글에 각각 바나바와 클레멘트의 이름이 붙기는 했지만, 정작 저자는 그들이 아니다. 이런 익명성의 경향은 저자 미상인 히브리서 또한 설교라는 개념에 힘을 실어줄 수 있다. 편지에는 발신자가 사적인 안부를 넣는 것이 표준 관행이었지만, 설교는 그런 인습을 따르지 않았던 듯 보인다. 다만 설교를 듣는 이들은 저자나 화자의 정체를 알았다.

평생 설교자로 살아온 나는 설교로서의 히브리서가 광범위하면서도 심층적인 데 절로 감탄하게 된다. 왜 저자가 장황한 글을 "용납하라"고 권할 필요성을 느꼈고, 왜 지면상 많은 내용을 생략해야 했는지도 이해할 만하다(13:22). 히브리서가 유대인 기독교의 설교일 가능성을 생각할 때 한 가지 눈에 띄는 것이 있다. 세월이 흘러 설교의 장이 회당에서 교회로 옮겨지면서 강해 방식도 바뀌었으나 지금도 설교에 변하지 않은 것이 하나 있다. 설교는 권면의 말로서 관찰과 해석과 적용의 원리에 따라 성경에 입각하여 예수 그리스도를 가리켜 보인다. 설교는 듣고 믿어야 할 뿐 아니라 삶으로 실천해야 한다.

다.[47] 이 구절에 초대 그리스도인들이 나눈 교제의 성격이 잘 예시되어 있다. 그들의 교제는 지역 교회라는 '핵가족'(지도자들과 성도들)을 벗어나 세상 도처에 퍼져 있던 다른 회중이라는 '대가족'까지 품었다. 그들은 지역과 전 세계를 아울러 서로를 그리스도 안의 형제자매로 받아들여 격려하고 지원하며 서로를 위해 기도했다.

흥미롭게 기억할 점은 서로 문안한 이 두 집단이 동일한 교단 조직에 속해 있거나 무슨 세계적 교회 기구의 위계 아래에 있지 않았다는 것이다. 그런 식의 강요된 제도적 관계는 두 세기가 지나서야 지배적이 된다. 반면에 하나님의 가족이 멀리 떨어져서도 서로 나눈 이런 친밀한 문안은 꾸밈없이 순수했고, 그 어떤 인위적 단체에서 강요할 수 있는 수준보다도 더 진실했다.

이 마지막 세 가지 명령에 이어 저자는 25절의 짤막한 작별의 말로 글을 맺는다. 이 맺는말은 부정적 어조가 아니다. "삼가 마음을 완고하게 하지 말라!"와 같은 따끔한 경고를 되풀이하거나 "멜기세덱을 잊지 말라!"와 같은 난해한 가르침을 상기시키지 않는다. 오히려 단순하면서도 위력적인 기도로 은혜를 구하며 마친다. "은혜가 너희 모든 사람에게 있을지어다."

적용: 히브리서 13:18-25

히브리서 복습: 몇 가지 실제적 결론

히브리서는 구약 성경의 해석과 신학을 정교하게 직조한 작품으로서 예수 그리스도의 인격과 사역이 그 무엇이나 그 누구보다도 우월함을 설파한다. 그 안의 여러 논증을 분석하고 각 교리를 깊이 파고 신비를 탐색하려면 수십 년 아니라 수 세기라도 걸릴 것이다. 그러나 이 책을 공부하면서 결코 잊지 말아야 할 것이 있다. 이 책이 기록된 목적이 교육과 정보만이 아니라 또한 건덕과 변화에 있다는 것이다. 이 웅대한 책과 작별하기에 앞서 히브리서의 주제와 메시지와 목표를 돌아보면서 마지막으로 세 가지 적용을 생각해보자.

주제: 그리스도의 우월성. 저자가 계속 강조했듯이 그리스도는 모든 영역과 모든 면에서 우월하시다. 인격에서 우월하심은 그분이 단지 선한 인간이 아니라 하나님이자 인간이시기 때문이다. 그분은 이전이나 이후의 다른 어떤 인간보다도 위대하시다(1:1-4:16). 또 그

분은 우리의 대제사장으로서 사역에서도 우월하시다. 자신을 완전한 속죄제물로 드리시고 죽은 자 가운데서 부활하여 은혜의 보좌 앞에서 우리를 위해 중보하신다(5:1–10:39). 나아가 그분이 자신의 우월한 사역을 통해 능력과 의욕을 주시기에 우리는 믿음과 소망과 사랑으로 경주에 힘쓸 수 있다(11:1–13:25).

히브리서를 통해 변화되려면 그리스도의 우월성이 우리를 사로잡아야 한다. 우리는 하나님이자 인간이신 그분을 신뢰하고, 그분을 우리의 유일한 제사로 받아들이며, 대제사장이신 그분께 가까이 가야 한다. 가족 관계와 친구 사이에는 물론이고 교회 바깥에 있는 이들을 대할 때도 그분의 은혜와 자비의 본을 보여야 한다. 우리 자신이 흘러 떠내려가려 할 때는 오직 그리스도께로 다시 초점을 돌려야 한다. 당신의 삶에서 그리스도가 최고의 자리를 점하고 계시다고 솔직히 고백할 수 있는가? 그렇지 못하다면 다시 그분께 가까이 가라. 마가복음과 요한복음을 한 번도 읽어보지 않았던 역본으로 천천히 통독하라. 그분의 생애와 말씀과 모본에서 다시 감화를 얻어 변화를 이루라.

메시지: 기독교의 실제성. 히브리서는 풍성한 신학적 진리를 깊이 파헤치며 여러 성경 본문을 폭넓게 논증한다. 하지만 메시지의 구성에만 감탄한 채 실제로 그 메시지를 귀담아듣지 않는다면 저자의 취지를 완전히 놓칠 것이다. 히브리서는 매일 매순간 주 예수 그리스도를 신뢰하고 순종하는 삶으로 우리를 부른다. 이생이 다할 때까지 말이다. 한 걸음 내디딜 때마다 우리는 그분을 바라본다. 비틀거리다 넘어지면 그분께 용서를 구한다. 흔들릴 때는 그분께 힘을 구한다.

지극히 실제적인 차원에서 믿음과 소망과 사랑의 삶은 우리의 기도 생활에 영향을 미쳐야 한다. 즉 우리는 모든 일을 그분께 가져가야 한다. 그런 삶은 우리의 태도에도 영향을 미쳐야 한다. 그래서 염려와 두려움과 분노와 쓴 뿌리에서 벗어나 그리스도의 영원한 나라가 비추는 찬란한 빛으로 지금 여기의 어두운 나날을 밝혀야 한다. 우리의 관계도 사랑으로 말미암아 변화되어야 한다. 이 따뜻하고 다정한 사랑은 한 아버지를 둔 영적 가족에게 드러나야 할 당연한 모습이다. 서로를 위해 기도하라. 필요한 것을 채워주라. 서로 격려하고 바로잡아주라. 대인관계를 피하고는 사랑하며 살아갈 수 없다.

목표: 그리스도인의 성숙. 하나님의 은혜로 자유를 경험해보지 못한 비신자와 마찬가지로 미성숙한 신자들도 온갖 경직된 규율을 내세우는 율법주의적 종교의 포로가 될 수 있

다. 영적 초등교사인 율법 쪽으로 어느새 다시 기어갈 수 있다. 하지만 본래 율법의 취지는 우리에게 그리스도의 인격과 사역을 가리켜 보이는 것뿐이었다. 그들은 그림자를 실체로 혼동하여 어느새 은혜의 자유를 버릴 수 있는데, 이 자유야말로 그리스도 안에서 성숙한 신자의 특징이다.

당신이 하나님의 자녀로 입양되어 두려움의 굴레에서 해방되었음을 결코 잊지 말라(롬 8:15). 하나님의 집에서 우리는 종이 아니라 그리스도와 함께한 상속자로서(롬 8:17) 자유의 성령을 받았다(고후 3:17). "그리스도께서 우리를 자유롭게 하려고 자유를 주셨으니"(갈 5:1). 새로 얻은 이 자유를 우리는 날마다 예수 그리스도의 주권 앞에 다시 내어드려야 한다. 그래야 (하나님의 은혜를 빙자하여 죄에 빠지는) 방종의 오류와 (사랑과 감사의 참마음으로 하나님을 섬기기보다는 경직된 규율을 따르는) 율법주의의 오류를 피할 수 있다. 히브리서가 우리 마음속에 뚫고 들어와 삶을 변화시키려면 우리가 경직되지 않고 자유를 누리는 하나님의 사람이 되어야 한다. 낡은 제사 제도의 의식과 절차에서 벗어나 우리의 영원한 대제사장이신 예수 그리스도를 점점 더 닮아가야 한다.

주

1. Bauer 외, *A Greek-English Lexicon*, 748.
2. A. W. Tozer, *The Root of the Righteous*(Chicago: Moody, 2015), 189.(『신앙의 기초를 세워라』 생명의말씀사 역간)
3. Bauer 외, *A Greek-English Lexicon*, 1040.
4. Allen, *Hebrews*, 543.
5. Guthrie, *Hebrews*, 228.
6. Dag Hammarskjöld, *Markings*, Lief Sjöberg & W. H. Auden 번역(New York: Knopf, 1964; New York: Ballantine, 1983), 93.(『우리를 위한 나의 시간을 찾아서』 하늘땅 역간)
7. 마가복음의 길어진 결말부에 대한 설명은 다음 책을 참조하라. Charles R. Swindoll, *Swindoll's Living Insights New Testament Commentary*, 제2권(Carol Stream, IL: Tyndale House, 2016), 402-406.(『찰스 스윈돌의 신약 인사이트: 마가복음』 디모데 역간)
8. 한 사도가 뱀에게 물리고도 기적적으로 살아남은 유일한 예가 사도행전 28장 3-6절에 나온다. 이 경우 바울은 뱀을 일부러 만진 것이 아니라 우연히 물렸다. 어느 사도든 독을 마신 예는 성경에 나오지 않는다. 다만 전승에 따르면 비신자들이 제자 유스도 바사바(행 1:23, 15:22)에게 억지로 독을 마시게 했는데 그는 목숨을 건졌다(Papias, *Fragments*, 6).

9. 앨런은 이렇게 설명했다. “저자는 13절부터 16절까지인 새 단락에 앞서 예시했던 믿음의 특징을 주해한다”(*Hebrews*, 553). 그 주해 부분을 들어내면 12절이 17절로 매끄럽게 연결된다.
10. R. Kent Hughes, *Hebrews*, 328.
11. Guthrie, *Hebrews*, 235.
12. Brown, *The Message of Hebrews*, 212.
13. F. B. Meyer, *Moses: The Servant of God*(New York: Revell Company, 1893), 19.
14. Bauer 외, *A Greek-English Lexicon*, 17.
15. 같은 책, 689.
16. Allen, *Hebrews*, 573.
17. R. Kent Hughes, *Hebrews*, 387.
18. 앨런은 “본문에 무슨 죄라고 밝히지는 않았으나 ‘죄’ 앞에 붙은 정관사와 11장의 맥락으로 미루어 문맥상 믿음 없는 죄라고 볼 수 있다”고 주해했다(*Hebrews*, 573).
19. Bauer 외, *A Greek-English Lexicon*, 158.
20. Lewis, *The Problem of Pain*, 93.
21. John Baillie, *A Diary of Private Prayer*(New York: Scribner's Sons, 1977), 25.(『매일 기도』 성서유니온 선교회 역간)
22. 앨런에 따르면 “여기 25절의 논증 형식은 2장 1–3절과 비슷하다. 이로써 모든 경고 본문이 더욱 한데 연결되어 동일한 주제를 표현해준다”(*Hebrews*, 596).
23. Bauer 외, *A Greek-English Lexicon*, 1058–1059.
24. Guthrie, *Hebrews*, 269.
25. 다음 책을 참조하라. Allen, *Hebrews*, 607.
26. Charles W. Colson, *Loving God*(Grand Rapids: Zondervan, 1996), 194(강조 원문).(『러빙 갓』 홍성사 역간)
27. 다음 책을 참조하라. Philip Edgcumbe Hughes, *Epistle to the Hebrews*, 566.
28. Allen, *Hebrews*, 609.
29. 같은 책.
30. 다음 책에 인용된 말이다. S. Morris Engel, *The Study of Philosophy*, 제5판(San Diego: Collegiate Press, 2002), 32.(『철학, 어떻게 할 것인가』 문예출판사 역간)
31. Nathan D. Holsteen & Michael J. Svigel 편집, *Exploring Christian Theology*, 제1권, *Revelation, Scripture, and the Triune God*(Minneapolis: Bethany House, 2014), 261.
32. A. W. Tozer, *The Knowledge of the Holy*(San Francisco: Harper and Row, 1961), 49.(『하나님을 바로 알자』 생명의말씀사 역간)
33. J. Scott Horrell, with Nathan D. Holsteen & Michael J. Svigel, “God in Three Persons: Father, Son and Holy Spirit”, 출전: Holsteen & Svigel, *Exploring Christian Theology*, 제1권, 1, 147–148.
34. Bauer 외, *A Greek-English Lexicon*, 842.
35. Brown, *The Message of Hebrews*, 257.
36. Guthrie, *Hebrews*, 274.

37. 다음 책을 참조하라. Philip Edgcumbe Hughes, *Epistle to the Hebrews*, 198.
38. G. Llyod Carr, "*Shālōm*", 출전: R. Laird Harris, Gleason L. Archer, Jr. & Bruce K. Waltke, *Theological Wordbook of the Old Testament*, 제2권(Chicago: Moody, 1980), 931.(『구약원어 신학사전』 요단출판사 역간)
39. Bauer 외, *A Greek-English Lexicon*, 526.
40. Leon Morris, "Hebrews", 출전: Frank E. Gaebelein 편집, *The Expositor's Bible Commentary*, 제12권(Grand Rapids: Zondervan, 1981), 155.
41. 같은 책, 156.
42. Bauer 외, *A Greek-English Lexicon*, 78.
43. 다음 책을 참조하라. Philip Edgcumbe Hughes, *Epistle to the Hebrews*, 593.
44. Bauer 외, *A Greek-English Lexicon*, 199.
45. Allen, *Hebrews*, 629-630.
46. Guthrie, *Hebrews*, 280.
47. Bauer 외, *A Greek-English Lexicon*, 144.

찰스 스윈돌의 신약 인사이트 시리즈

히브리서

1쇄 발행 2020년 8월 18일

지은이 찰스 스윈돌
옮긴이 윤종석
펴낸이 고종율

펴낸곳 주) 도서출판 디모데 〈파이디온 선교회 출판 사역 기관〉
등록 2005년 6월 16일 제 319－2005－24호
주소 서울특별시 서초구 서초대로 141–25(방배동, 세일빌딩 8층)
전화 마케팅실 070) 4018–4141
팩스 마케팅실 031) 902–7795
홈페이지 www.timothybook.com

값 22,000원
ISBN 978–89–388–1661–0 04230
ISBN 978–89–388–1499–9 (세트)